运动表现测试与评估指南

[意] 戴维·H.富库达 (David H. Fukuda) 著

闫琪 赵芮 译 吕万刚 审校

人民邮电出版社

北京

图书在版编目（CIP）数据

运动表现测试与评估指南 /（意）戴维·H. 富库达
(David H. Fukuda) 著；闫琪，赵芮译. -- 北京：人
民邮电出版社，2020.10
ISBN 978-7-115-50395-4

Ⅰ. ①运… Ⅱ. ①戴… ②闫… ③赵… Ⅲ. ①人体测
量(运动医学)—指南 Ⅳ. ①G804.49-62

中国版本图书馆CIP数据核字(2020)第079710号

内 容 提 要

教练和健身专业人员常需要通过合适的测试和统计方法，收集和分析运动员和健身客户的各项数据，从而对其运动表现水平进行综合评估。本书作者基于多年的研究和实践经验，提供了制定个性化运动表现评估方案的系统指导，包括测试方法的选择依据、涉及器材的使用方法及针对人体测量和身体成分、柔韧性和平衡能力、敏捷性和冲刺能力、爆发力、肌肉力量和肌肉耐力、心肺适能、监测训练的测试方法的详细介绍。书中介绍的测试方法使用低成本器材且可在训练环境中实施，便于操作，简单实用。针对每一种测试方法，书中都详细说明了测试前应做哪些准备、测试中如何指导受试者、测试后收集哪些数据及如何分析它们，还提供了可用于对比分析的标准数据。对于任何一位相关从业者来说，本书内容都具有极高的参考价值。

♦ 著　　　　[意] 戴维·H. 富库达（David H. Fukuda）
　　译　　　　闫　琪　赵　芮
　　责任编辑　王若璇
　　责任印制　周昇亮

♦ 人民邮电出版社出版发行　　北京市丰台区成寿寺路 11 号
　　邮编　100164　　电子邮件　315@ptpress.com.cn
　　网址　https://www.ptpress.com.cn
　　三河市中晟雅豪印务有限公司印刷

♦ 开本：700×1000　1/16
　　印张：19　　　　　　　　　　　2020 年 10 月第 1 版
　　字数：413 千字　　　　　　　　2020 年 10 月河北第 1 次印刷
　　　　　　著作权合同登记号　图字：01-2019-3986 号

定价：168.00 元

读者服务热线：(010)81055296　印装质量热线：(010)81055316
反盗版热线：(010)81055315
广告经营许可证：京东市监广登字 20170147 号

　　致多美子（Tamiko），谢谢你多年来在没有获得应有赞誉的情况下一直容忍我的所有修订和随笔。如果没有你的爱和无条件的支持，这个项目是不可能完成的，我的生命肯定是不完整的。

　　致布罗根（Brogan）和乔塞特（Josette），衷心地希望我所能够赋予你们的生命的意义与你们赋予我的同样多。当我们在谷底时，总是努力坚持、互相支持，然后全力以赴，共同攀上高峰、欣赏美景。

目　录

前　言

　　本书旨在为教练和健身专业人员提供与常见的专业教科书中不同的、浅显易懂且全面的各种评估知识。成为本书作者的机会是非常吸引人的，因为早在我获得运动生理学博士学位并开始大学阶段的教学和科研工作之前，我就是一名教练。

　　关于运动表现评估的书通常都包含许多标准数据表，其列出的百分比多得让人眼花缭乱。本书采用不同的呈现方式：将标准数据分成几类，并以简单易懂的、统一的格式来呈现相关信息。本书还有一个独特之处：以脚本格式清楚地呈现评估方案，这有助于标准化评估流程。

　　在我教练生涯的早期，我所参与的大多数运动项目中，成功并不能简单地通过距离、高度、重量或时间的变化来衡量，运动员在这些活动中的表现是否有所提高，往往只是基于我自己的感觉，其中可能存在偏见。在面对衡量运动员是否进步的艰巨任务时，只需进行几个评估就可以让我充分了解相关情况。此外，对于所有基层教练和其他自愿投入时间去帮助他人参加体育和健身活动的人士来说，重要的是提供资源，以确保每个参与者都获得积极的体验且充分发挥自身的潜力。

　　美国国家医学图书馆（National Library of Medicine）将运动表现定义为"接受过训练或掌握相应技能的个体在体力活动中执行特定动作或程序"，这受到"生理、心理和社会文化等因素"的综合影响。值得注意的是，这个定义的主体并不局限于精英运动员，教练和健身专业人员在所列出的每个影响因素中均起主要作用。此外，运动表现存在一个范围，在该范围内的训练和技能发展方面的进步是一个非常个性化的过程。从周末战士或近期停训的个体到很有前途的天赋者，每个参与者都可以在实现其目标的过程中受益于自己所接受的评估。

致　谢

　　在我的职业生涯中我非常幸运地受到了很多优秀同事的帮助，还有多位教练和导师鞭策我踏上成功之路。这里需要感谢的人显然太多了，所以只好笼统地说一句"谢谢"，以后我会努力报答大家的恩情。

　　我要感谢美国人体运动出版社（Human Kinetics）的罗杰·厄尔（Roger Earle）在本书的写作过程中一直给予我鼓励和指导。他丰富的经验和创造力对于最终的作品呈现无疑有着非常积极的影响。我还要感谢贾斯廷·克卢格（Justin Klug）和杰夫·马西斯（Jeff Mathis）在本书撰写之初所做的贡献，以及劳拉·普利亚姆（Laura Pulliam）在编辑过程中提供的反馈和指导。

　　我的家人总是让我感受到无限的智慧和热情，我无法用言语表达这对于我的工作来说是多么重要。谢谢！

评估目录

---

* 1 码约为 0.91 米，余同。

第7章　爆发力

第8章　肌肉力量和肌肉耐力

第9章 心肺适能

第10章 监测训练

第 **1** 部分

评估基础知识

　　本书的第1部分首先解释为何应将评估纳入教练的基本技能及为何将其作为决策和执行的考虑因素，随后介绍有助于成功执行评估程序的各种器材，最后讨论基本体能特征并简要说明评估选择的过程。

第 1 章

评估101：对象、原因和方法

教练和健身专业人员的工作重点是增进健康、增强体能和提高运动表现水平。评估是他们用来更清楚地了解客户、运动员或团队当前状态的专用工具之一。但是，评估不仅可用于衡量当前状态，还可作为判断与客户管理、人员基本信息、人员选择、人才发展及标准化训练方案相关的决策是否有效的关键指标。

通常情况下，我们作为教练和健身专业人员都能熟练地使用自己的系统或个性化的方法来改善我们的客户或运动员的生活质量，并在整个过程中为其提供保持积极发展所需的日常支持。这当然是成功的专业人员的一个特征，但考虑到持续的进步和特殊的情况，我们可能需要回答以下问题："我目前所做的有效果吗？我可以更好地为我的客户服务吗？"

当您将汽车开到服务中心时，技术人员可能会进行一系列诊断测试，以确定现有问题出现的原因或做出调整的建议。同样，客户或运动员在努力实现其个人目标的过程中会寻求教练和健身专业人员的反馈和指导。

在对客户或运动员进行一般健康评估并确定其目标和需求之后，下一步自然就是进行基准评估，以回答"我们要解决什么"的问题。用于识别优势和劣势的这一过程可以让您更清楚地规划成功之路。对于客户或运动员来说，持续评估有助于确定进展，或确定是否需要对计划进行调整。

决策过程的信息输入

虽然"输入的是垃圾，输出的也是垃圾"这种说法说明了做出一个明智的决策是需要准确的信息的，但是不输入任何信息或仅凭有限信息所做出的决策则只是猜测。教练和健身专业人员合理地使用评估就可以获得有价值的数据，为决策过程提供信息。例如，教练或健身专业人员可能会注意到客户或运动员在足球比赛临近结束时出现明显的速度下降，并认为这种疲劳状态是摄氧量不足所致。仅凭这一快速判断，并且没有从一般体能档案中收集信息，教练可能会选择额外增加有氧训练，这将占用宝贵的技术训练

3

时间或延长现有训练课的时间。然而，定期评估（包括与摄氧量或自我报告的用力/疲劳感相关的评估）可能会显示此运动员由于累积或残余的疲劳而出现速度下降且确实需要缩短训练时间或延长恢复时间。

虽然此时测得的摄氧量数据可能会受到个人疲劳状态的影响，但根据赛季前测量的摄氧量数据及重点解决任何已确定问题的后续训练，教练组可以确信运动员已做好充分准备，并且其竞技状态不太可能失常。每日（或每周）的主观用力或疲劳感评估将有助于确定应何时针对这些类型的问题进行训练课的调整。

无论重点是一般管理、运动表现、教育还是健康，大多数教练和健身专业人员的目标都是看到那些将愿望或发展交到他们手中的个体取得进步。这些工作重点与科学方法的应用之间的交集相当复杂，有时也存在问题。这一点大家都很清楚，因为在教练会议中，当提到一种新的评估方法时，大家都会叫苦连天。执教可以而且应该被视为一种艺术；然而，如果没有定期的量化反馈，前面提到的进步可能会停滞不前。尤其是在历史悠久的活动（如武术）中，改变并非易事，并且"坚持我们一直以来的做法"是固有的思维方式。然而，正如我们期望客户或运动员在改变的过程中会有所反应，我们也应该以评估我们的实践活动为目标，并灵活调整我们的方法。

由于许多项目面临着资源减少的问题，教练通常需要在他们的专业领域之外承担广泛的责任。虽然理想的情况是由专业人员在设备齐全的实验室中进行单独评估，但大多数项目都存在时间和资源方面的限制。因此，评估通常被安排在运动专项练习或健身/体能训练课中，并由运动专项教练组、训练员或健身专业人员负责执行。

评估的用途

通常，评估结果用于明确运动员的技能组合的特征，以确定其适合的场上位置或运动项目专长。健身专业人员可能会将这些结果编制成比较数据或标准数据以用于评估客户，而评估可以预测运动表现的潜力则可能特别吸引教练。评估还可以用于教育，让客户、家长和教练了解到特定的技能组合对于特定的运动项目的重要性。最近，这些评估的结果被用于帮助预防损伤（通过预康复）或识别肌肉不平衡问题。下面将更详细地解释评估在每个领域内的用途。

标准数据对比

与个人、小团体客户或运动员合作的困难之一是可能会落入在没有与他人比较的情况下，凭空观察其能力的陷阱。这可能导致其自满或忽视基础技能和身体能力。这个难题的一个很好的例子就是，被归类为"小池塘里的大鱼"的运动员从初级比赛过渡到高级比赛或从高中校队进入大学校队时的情况。例如，当队中跑得最快的运动员突然被一群同样厉害的跑者包围时，他可能会觉得很难脱颖而出；而在大学摔跤室中，碰面的都是表示自己有多年大学比赛经验的州冠军，这可能会让一个获得过州冠军的高中摔跤手不知所措。在第1种情况下，跑得快的运动员可以进行以提高竞争力为目标的额外预备训练；在第2种情况下，摔跤手可能需要接受评估，以确定与级别更高的选手之间的潜在差距。无论是哪种情况，获取相似个体的标准评估数据或先前积累的评估数据都有助于更清晰地了解客户或运动员目前的水平，或确定他们朝向预期目标的进步有多大。

与运动表现的关系

在运动科学领域，有多项不同类型的研究致力于确定特定的身体素质与运动表现潜力之间的关系[18, 23]。预测的形式可能是区分个体的竞技级别或技能水平，也可能是确定个体是否具有与成功运动员相似的特定技能组合。但应注意的是，大多数情况下，这些预测实际上基于两个特定结果是否高度相关，而不是其中一个结果是否明确地引发另一个结果。也许在这方面探索得最多的是通过摄氧量评估来预测耐力表现或通过最大爆发力输出评估来预测涉及爆发力的运动是否成功。还有另外一些研究探索了可以在实验室外轻松执行的评估（被称为基于场地的测试，简称"现场测试"），它们被用于快速评估大批运动员在特定运动项目中的潜力。例如，与非精英足球运动员相比，精英青少年足球运动员的体脂百分比更低，有氧运动能力更强，且其在敏捷性和速度评估中往往会获得更高的分数[19]。许多经验丰富的教练也会形成自己的独特方法去物色他们认为有可能取得成功的人。在这种情况下，评估数据可以起到关键的补充作用，以完善或核实定性评估结果。

在统计学中，"简约"一词用于描述通过最小化输入数量来产生最大化预测能力的期望。这个概念有时被称为"简约法则"。考虑到程序的复杂性和完成程序的可用时间，规划和实施过程应该以此为先导原则。就评估而言，简约是指仅通过少量评估获得尽可能多的有用信息的能力。

教育和信息数据

在就特定主题对客户、运动员及其他利益相关者（家人、队友、其他教练或健身专业人员）进行教育或向他们提供反馈时，评估数据特别有用。在我们小时候，我们的父母或监护人就会接触到一些关键的评估数据，即基本的人体测量指标（身高、体重、身体质量指数等），并将这些数据与以生长曲线图形式呈现的标准数据进行比较。医疗保健机构和家人会细心地跟踪这些信息，以确认我们是否发育正常。如果向大多数父母或监护人询问统计数据，只会看到他们一脸茫然，但他们很可能可以说出自己孩子的身高和体重的百分位数，以及孩子的这两项数据应该达到什么标准。类似地，我们可以使用包括人体测量数据在内的评估来阐明进展情况并为决策过程提供支持。与那些利益相关者（父母或监护人）合作并让他们了解为什么要以这种方式训练及下一步可能有哪些训练时，这些评估数据尤为有用。

对于客户或运动员而言，评估结果有助于提高他们坚持执行训练计划的积极性，也有助于他们接受或支持干预措施。例如，在炎热、潮湿的环境中，许多客户或运动员在训练课开始时已处于身体缺水的状态，并且在训练后没能正确地补充水分[20]。简单的自我报告式尿液颜色评估就可以让运动员了解到这个问题[1, 2]，再通过一节简短的教育课，强调水合作用和疲劳及运动表现（如足球运动员的冲刺和运球表现）之间的关系[13]，就可以提醒运动员在全天和训练后注意补水。

训练计划的设计和修改

在设计新的训练计划或对现有计划进行修改时，可以使用评估。首先要确定基准值，以制订个性化的计划，并为设定适当的训练目标提供基础。例如，运动员的新教练最重视速度，而前任教练主要关注体形或力量，那么新教练可能需要通过初步评估来确定具体的训练重点。在训练时还可以考虑划分力量组与速度组或爆发力组与摄氧量组。这可以作为休赛期训练的一种选择，可以向不同级别的客户或运动员提供特定的训练计划和目标及在评估过程中发现进步的机会。

当超越初始目标时，可以在训练计划中加入渐进式训练。例如，当最初被确定为力量弱于同龄组的个体达到与同龄组相当的最大力量或肌肉耐力值时，就可以调整其计划，关注另一项想提高的身体素质或进一步增强力量；也可以通过持续评估来监测疲劳程度，并管理休息和恢复时间。评估疲劳程度的方法可能包含对各项指标的常规评估[6, 22]，包括但不限于主观用力感、爆发力（如跳跃的高度或距离）或移动速度（如移动杠铃的速度）。举个例子，在训练课开始前进行简单的纵跳测试，如果特定客户或运动员的跳跃高度低于其正常水平，则可能需要降低当天的训练强度或执行其他修改过的训练计划。

损伤和预康复

预康复是指参与特别选择的锻炼计划，以尽量减少损伤的可能性[14]。肌肉失衡可以通过各种测试方法（肢体间比较、上/下半身比较、推/拉比较等）来确定，它可能与损伤或个体解剖特征造成的运动表现缺陷有关，也可能是由训练引起的。有些运动员的膝关节很容易受伤，特别是在落地或突然减速的过程中发生前交叉韧带（Anterior Cruciate Ligament, ACL）撕裂。这个问题可能是由肢体的不对称和肌肉发育的差异引起的，并且在女性中更常见[8, 26]。肌肉群之间（股四头肌主导）、双腿之间（优势腿）和肢体之间（躯干主导）的力量和柔韧性失衡会导致ACL损伤的风险增加，通过评估可以确定失衡的情况[7]。例如，体现下半身力量和爆发力的单腿跳跃测试可用于识别肌肉失衡以及确定是否有进行单侧（如主要使用一条腿）训练的必要[21]。随后，可以采用预防性训练计划来尽量降低发生此类损伤的可能性。

基于运动表现的持续改进

客户或运动员的管理过程应被视为持续改进的过程。考虑到这一点，并且我们强调通过科学方法提供质量反馈，因此可以使用一个源于质量管理领域的模型[9]来说明评估的重要性。该模型被称为"计划—执行—检查—处理（Plan–Do–Check–Act, PDCA）循环"（见图1.1）。

该循环的"计划""执行"和"处理"部分代表了教练和健身专业人员的传统定性优势。"计划"部分包括目标设定过程和初始策略分析，"执行"是计划的实施，而"处理"是总结性响应（即评估或理解可用信息）和对执行的调整。PDCA循环的"检查"部分代表通过适宜的评估进行基于知识的定量数据收集以形成格式化反馈（即汇集或监测可用信息），从而为决策过程提供信

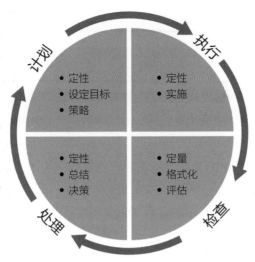

图1.1 PDCA循环

息。这种循环方法综合了定性（通过观察）和定量（通过数据）因素，既可以管理个人客户或运动员的需求，又有助于反思策略性方法。例如，通过使用PDCA循环，教练和健身专业人员可以确定是否需要根据单个循环以个别处理的方式进行特定的调整，或者在几个循环之后考虑是否需要修改训练员所采用的过程。

评估应适当地考虑到决策过程。在完成精心设计且适当选择的评估之后，其结果可由教练、训练员和其他利益相关者用于设计和修改训练计划，还可用于识别个人和团队的优势或不足。许多用意良好的评估措施都会有一个常见缺陷：采用一次性方法，即未能进行后续评估。这是不正确的，因为定期进行评估可形成有助于与以前的表现进行对比、设定目标和识别机会的基准数据。

使用PDCA循环：客户或运动员角度

从客户或运动员的角度来看，PDCA循环允许他们以一个清晰的、以过程为导向的、基于结果的方法进行训练和健身准备。它为客户或运动员提供了对具体目标提出自己的意见的机会，并且使他们能够积极地参与计划的制订或更深入地了解决策过程。初步的咨询或会议构成了该循环中的"计划"部分，这时要确定客户或运动员的目标和他们主观感知的优缺点，并列出初步的评估策略。在首次使用PDCA循环方法时，应将"执行"和"检查"部分结合在一起，包括一系列评估（测试方案）的实施，以验证个体所感知到的优缺点及其实现先前所设定的目标的潜力。

"处理"部分让教练和健身专业人员有机会从自己的定性角度去评估和解释定量数据。如果需要，可以在客户或运动员参与训练计划或干预措施的第1次迭代之前获得其反馈，以重新审视"计划"部分，并将其作为该循环中的完整的"执行"部分的工作内容。此后，可以进行定期"检查"，以确定客户或运动员朝向目标的进展情况及训练计划或干预措施是否需要修改。随着PDCA循环的持续，教练和健身专业人员可能会发现一些机会和威胁，这就需要对计划进行其他更改。例如，如果其中一项评估的运动表现数据一直没有变化，则应质疑其与客户或运动员的相关性。

使用PDCA循环：教练和健身专业人员角度

除了设计和修改训练计划或干预措施外，教练和健身专业人员还可以利用PDCA循环来帮助自己对客户或运动员进行评估，并优化此过程中所使用的评估。也就是说，教练和健身专业人员可以利用他们关于运动项目或目标活动的现有知识和经验来选择最初的一系列评估，以识别客户的重要优缺点。而使用PDCA循环则让教练和健身专业人员可以有条不紊地调整这组评估，以解释记录的测量值与感兴趣的活动之间的相关性。还可以考虑加入一些新的或替代的评估，以便对客户的体能状态有进一步的了解。最终，这组评估将成为教练或健身专业

人员使用的定制评估方案，并且它允许用户对所包含的评估进行微调。这个迭代过程可帮助教练和健身专业人员避免对其整体方法进行大幅改动，而这正是许多计划的常见缺陷。

客户或运动员基本信息

我们可以用倒U形曲线代表任何一组客户，其中大多数人拥有极为相似的运动或体能特征（标准），而拥有优异（杰出）或较差（欠佳）能力的个体相对较少（见图1.2）。评估方法和评估过程，或教练、健身专业人员的观点，可能会限制被考虑纳入团队或特定训练计划的候选客户或运动员的数量。教练往往以前也是参加比赛的运动员，更倾向于选择那些技能或身体能力突出的个体。当然，评估过程可能会放大这个潜在的问题，因为这些运动员是极容易被识别的。评估还能够使我们确定大多数运动员的表现，并结合之前的测试结果，确定最近进步了的个体。此外，它为我们中的教育工作者

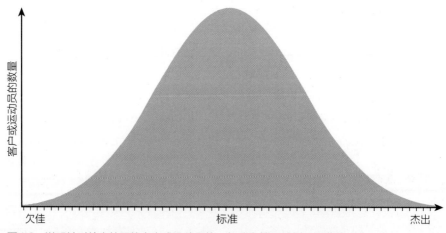

图1.2　说明针对给定结果的客户或运动员的一般分布情况的倒U形曲线

提供了识别需要我们帮助的个体或最近在所评估的体能指标方面遭受了挫折的个体的机会。这是一个通过实施新的或独特的干预措施来真正证明我们自己的执教能力并促进我们自身成长和发展的机会。

那么这条倒U形曲线究竟代表什么呢？当我们第1次指导客户或与客户合作时，我们的知识库中的储备可能非常有限。与我们合作的每一位新客户或运动员都会向该知识库添加新的信息，我们对杰出运动员的定义也会不断变化。随着经验的不断增加，我们的知识库不断扩充，最终我们可以清楚地区分能力杰出和能力欠佳的运动员及能力适中的运动员。这个知识库可以形成我们自己的倒U形曲线，我们可以将每一位新运动员的数据与之进行对比。标准数据的美妙之处就在于其为我们提供了类似的信息，使我们能够做出更明智的评估。

偶尔，我们会看到一组运动员中的大部分位于倒U形曲线的欠佳区域。当这种情况发生时，我们可能会感觉没有希望；但是，通过评估确定的大多数体能特征是可以改变的，我们有能力通过指导或训练干预来提高客户或运动员的特定的身体素质。事实上，可以认为，与几乎没有提高空间的杰出个体相比，在欠佳或标准个体身上更容易看到改变。从这个意义上讲，谨慎的做法是考虑与更多有可能实现提高的运动员合作，而不仅仅是选择那些已拥有极好的身体素质的运动员。这给我们带来了几个在运动员评估和准备方面值得思考的问题：我们是否倾向于先考虑高于平均水平的个体？所有运动员都需要做同样的准备吗？在与青少年运动员合作时，这些问题可能是很难回答的，因为不同年龄组间及相同年龄组内的青少年运动员的身体（和心理）能力和提高的潜力都有很大差异。这一点使人们相信，与青少年运动员合作的应该是具有较强的教学或技能背景的教练或训练员，而不是业余爱好者或志愿者，而那些具有较强管理背景的教练或训练员则应该与水平更高的运动员合作。

人才评估与管理

这种方法对于人才的识别、筛选、培养和转移过程尤为重要[15, 27]。在人才的识别过程中，评估可用于那些未接受过特定体育项目训练的个体，以估计其获得成功的可能性。在确定运动员并将其引入该项运动之后，需要针对此运动项目执行更具体的额外的评估程序，这对于进行在培养和竞赛情况下的安排是很有价值的。对于那些通过这一过程被确定某项身体能力特别突出但未继续参与最初计划的体育活动的运动员，可以选择将其引入另一项体育活动。这些概念已直接应用于青少年培养。教练和其他利益相关者可以使用按特定间隔收集的纵向数据来做出可能会对运动员产生长远影响的决策。

人才识别与筛选

人才识别往往涉及评估的使用，这些评估旨在评价大量个体的一般身体素质和身体能力[23]。因为这些个体尚未参与某项运动或体力活动，所以这些评估的结果可能是特定目标或预期结果能否实现的预测因素，或换成更恰当的描述，可能与成功"高度相关"。这个过程旨在更快地将个体的兴趣和能力调整至与竞技机会相匹配的水平。人才筛选可能包括更具体的评估，而且会考虑成功运动员或运动专项技能的已知指标，这些指标有助于引导个体进入适当的发展路线[11]。总而言之，评估在人才识别与筛选的过程中可以提供关键信息，这些信息可能对决策过程及客户或运动员在未来的运动项目或活动中的经历产生长远影响。

人才培养

人才培养包括在整个发育过程中使用评估来监测青少年运动员[10, 12]。将运动员与其年龄特定的标准数据进行比较，就可以确定运动员各项身体能力的发展水平属于早熟、正常还是晚熟。在与青少年运动员打交道时，教练和健身专业人员必须认识到其身体素质将发生很大的变化，但发生变化的具体年龄及变化的速度在不同个体之间有很大差异。儿童运动生理学家常说的一句话是："儿童不是迷你版的成年人"。然而，有人提出一个论点：从11~14岁的青少年运动员中随机选出的两个人也可能会在身体和生理方面表现出类似的差异。这些差异非常重要，它们能促使教练和训练员根据运动员的需求管理训练和评估过程，并有助于尽量减少运动员退出体育活动的情况。特别是，一些正在发育的运动员可能会遇到青春期的问题，他们可能需要重新训练一些基本的运动技能（或运动模式），然后将重点放在力量和爆发力的提高上[10, 17]。在成年人中，评估可以为处于某一特定竞技水平的人才或涵盖其整个职业生涯的人才培养过程提供参考数据。

人才转移

人才识别与筛选的概念也适用于更多样化的运动员人才库，这一人才库由朝着最初确定的目标可能没有取得进展但通过了人才转移评估且经验丰富的运动员组成。其中一个有趣的人才转移例子是澳大利亚体育学院[3]举办的"体育选秀"。"体育选秀"集中于几项格斗运动及划艇运动，这些运动项目需要速度、爆发力和敏捷性等特定的身体技能，并且只有结合专项指导和技术准备才可以更好地发挥这些技能。这种方法可能会被认为野心过大，更常见的人才转移示例包括短跑运动员在雪橇运动中取得成功、体操运动员在空中运动方面表现优异。教练和健身专业人员的知识储备在确定用于人才转移决策的评估时尤为重要。

评估的实施

评估过程可以而且应该既考虑教练和健身专业人员的观点，又从客户或运动员管理的角度出发。特别有效的方法可能是首先将用于确定客户或运动员需求的方法应用在教练或健身专业人员身上。

教练和健身专业人员应该避免仅仅为了评估而评估，而是必须解决以下问题：教练和健身专业人员希望从评估中获得什么？已得出的数据是否可用于帮助客户或运动员实现目标？这种基于需求的方法将确保避免执行不必要的评估，并尽量减少对与之相关的资源的影响。此外，采用这种方法时，相关人员应将注意力放在由增值决策推动的持续改进，而不是数据收集过程上。因此，就本部分的内容而言，我们将从教练或健身专业人员的角度提出考虑因素。尽管他们拥有丰富的基础知识，但仍可能由于不熟悉、想省

评估结果与激励

在设定和实现有形目标的过程中，可使用评估来提供激励。对于阻力训练，可以通过提供进入代表精英地位的小组的机会来激励运动员。例如，举重运动员的500磅（1磅约为0.45千克，余同）或1000磅俱乐部，"俱乐部"前的数字代表使用几种不同的举重技术所能举起的总重量。对速度（40米时间小于4.6秒）或耐力（1英里时间小于5分钟，1英里约为1.61千米，余同）也可以设定类似的组别。然而，使用这种方式也许会产生意想不到的后果，比如会为某些个体设定无法实现的目标。因此，如果同一小组中各人的水平参差不齐（同时存在高水平的个体和初学者或表现较差的客户或运动员），更恰当的方法是基于切合实际的百分比或增量进度来设定个性化目标。对于团队，通过评估来激励获得特定结果有助于在小组、团队或俱乐部中识别或确立领袖人物。

点事儿、害怕承担责任或偏离标准操作程序而对参与评估犹豫不决。

资源和潜在障碍

要确定所需的资源，我们必须首先确定需要评估的客户或运动员的人数。是只对少数客户或运动员偶尔进行一次评估，还是在特定时间对整个团队（或多个团队）进行评估，这两种情况所需要的资源区别很大。例如，一组守门员或边锋的纵跳测试可以在训练课开始之前进行，并且只需要使用少量设施，而全队的摄氧量或最大力量测试可能需要使用整个场地、球场、体育馆或举重室。教练和运动员利益相关者实施评估时会遇到许多障碍，主要的障碍包括财务资源、专业知识和时间。然而，评估有很多种，有便宜且简单的，也有复杂且耗时的，任君选择。当客户或运动员和教练或健身专业人员的需求、能力，以及可能受到的限制都确定后，就可以改进实施合适的评估系统的过程。

现有评估的深度和广度

通常，评估旨在评价身体围度和身体成分、柔韧性和平衡等身体指标，以及速度、敏捷性和力量等运动表现指标，但评估还包括与心血管系统或爆发力相关的功能性能力。在每个功能领域内，都可以使用侧重于目标活动或特殊动作模式的特定评估。评估可以用于监测客户或运动员，监测的内容包括定期的个人评估（主观用力感、疲劳感、酸痛感等）或其他与健康相关的指标（心率、身体成分等）。教练或健身专业人员可根据客户或运动员的需求决定是将评估重点放在涵盖若干身体素质、功能性能力和健康指标的多项评估上，还是深入评估特定的细分领域。

过分强调专项性

前面提到，在类似于竞赛或训练的环境中进行测试的好处导致有人提出：运动专项测试模式可能也是理想的评估方法。然而，有用数据收集和专项性之间的平衡往往要求具备精心设计的测试环境，而大多数健身专业人员不易或无法获得这种环境。比如，滑冰跑步机可以帮助穿着冰鞋的冰球运动员控制速度、坡度和方向，又比如可用于评估视觉运动能力的沉浸式虚拟现实或增强现实模拟器。虽然这两种测试运动员的方法都可以在受控的实验室类环境中提供独特的运动专项测试功能，但教练和健身专业人员也可以凭借自己独特的经验和知识从各种评估中做出选择，例如本文中介绍的一些容易实施的评估。

教练和健身专业人员的基础知识水平

成功实施评估的关键之一是教练和健身专业人员具备的知识和提供的指导。必须从这些个体的角度来考虑客户或运动员的需求、运动项目或活动的要求，以及实施评估的潜在限制因素。在这些领域中，通过个人经验和专业经验积累的智慧可以真正优化所选评估的计划和最终效果。从这个意义上讲，如果评估得以正确实施，则应将其视为教练和健身专业人员技能的延伸。

评估实施的限制因素

卡尔·纽威尔（Karl Newell）的约束模型通常用于描述"一项活动的最佳协调和控制"[16, 24]。传统的做法是通过识别与人类动作和决策相关的个体、任务和环境的限制因素来进行指导，但这种方法也可用于制订框架并概述与实施评估计划相关的因素，并且可能需要进行本章最后一节所述的SWOT分析。个人限制因素可以反映教练和健身专业人员对此过程的个人影响，其中可能包括与评估相关的专业知识、个人发展的意愿、独创性、柔韧性和投入精力的程度。任务限制因素可以反映评估的性质，其中包括所关注的活动或运动项目、基于实验室或场地的测量措施，以及检查运动专项素质或一般身体素质的意愿。影响评估实施的环境限制因素

分析瘫痪

测试设备软件为了满足众多相关人员（教练、训练员、经营管理者、父母或监护人、运动员等）的需求提供综合的分析，往往会输出过多的数据，从而给教练和健身专业人员带来压力，导致一种可怕的状况：分析瘫痪。任何第1次获得心率或全球定位系统（Global Position System, GPS）数据的人都会明白，我们很容易就会迷失在数据中，或者"见树不见林"，这是因为我们只深入研究数据的具体情况而没有关注评估或训练期间发生的事情。通过实施能呈现简单的结果的评估，例如平均心率或峰值跑步速度评估，以及生理学的某些相关变量（如摄氧量或主观用力感）的估计值评估，可以轻松避免这种情况。

与资源的可用性有关，包括公职人员或员工、外部支持（经营管理者、家人、支持者）、运动员的接受程度、资金和时间。

可持续性

为了确保长期的成功，必须制订明确的时间表。在计算了需要评估的客户或运动员的人数及完成所选评估所需的时间之后，应确定多次评估的日期。开始此过程的合理时间点为在特定训练计划开始之前或赛季开始之前。如本章前面所述，完成一轮评估有可能会提供重要信息；然而，这个过程的真正益处要等到几个迭代完成之后才能获得。因此，应规划后续的评估（用于执行特定训练计划足够长的时间后或赛季中和赛季后），并使其前后一致，以便评估进展或帮助决策。

预算的考虑

预算可能是教练或健身专业人员实施评估程序的一个限制因素，包括缺乏资金或难以获得适当的设施和器材。然而，运动员评估不一定要在研究实验室中或力量训练设施上进行。事实上，有些人认为在类似于竞赛或训练的环境中评估可能更理想。财务问题也可能与积极营销的各种市售测试设备相关，这些设备往往会带来预期之外的费用或投入。技术先进的硬件和软件的真实用途或感知到的用途、大众媒体中体育科学项目追求轰动效应的特性，以及可能过于复杂的结果，都可能会让上述常见障碍变成更大的难题。例如，虽然具有内置GPS和环境传感功能的穿戴式代谢分析仪可用于确定一名运动员的摄氧量，但配以简单的计时系统和当地天气报告的间歇性折返跑测试也可以提供类似的信息，并且它还有一个额外的好处，即多名运动员可以同时进行测试。

SWOT分析

为了确定将评估纳入教练或健身专业人员的工具库是否值得，我们首先可能需要进行一些反思和信息收集。因此，可使用SWOT（Strengths, Weaknesses, Opportunities, threats, 即优势、弱势、机会、威胁）分析框架[4, 5, 25]来帮助确定评估实施的可行性。

SWOT分析涉及内部因素的确定，其中包括个体特别熟练的技能（优势）或可能存在缺陷的技能（弱势）；然后还要结合教练和健身专业人员对当前情况的评价，其中包括识别可能影响实施的外部因素，即好处（机会）和障碍（威胁）。下面的一般性分析使用了本文讨论的一些SWOT分析中的因素，以便确定一个典型的教练或健身专业人员如何推进评估计划的实施。

与SWOT分析相关的内部和外部因素

在考虑评估的内容时，教练和健身专业人员可能会犹豫不决，担心这项工作带来额外的时间压力，或占用训练的时间并转移对训练的注意力。他们也可能害怕未知，因为对评估缺乏先前知识可能会阻碍他们获得潜在的好处。这些弱势应与优势，也就是与对客户或运动员的高度熟悉及关于运动项目或专项活动的丰富知识进行比较。

还应考虑潜在的威胁，如资源的可用性，包括执行评估可能需要的教练、训练员及专业技术人员。此外，根据所选的评估，还可能产生与设备、消耗品、训练和使用适当训练或测试设施有关的费用。我们要权衡这些与实施评估相关的威胁和机会，如有关健身的丰富信息、改善客户或运动员的运动表现的可能性及教练或健身专业人员的成长前景。

SWOT矩阵

通过教练或健身专业人员对决策和规划的优化，机会加优势（OS）的组合让客户或运动员有机会改善其运动表现或实现目标。这是利用SWOT分析中的有利因素取得最佳效果的情况。而机会加弱势（OW）的组合则将通过积累与评估程序相关的知识和获得有利于客户或运动员的经验，为其提供在个人和职业发展中克服弱势的可能性。最有意思的情况也许是威胁加优势（TS）的组合，教练或健身专业人员可以利用其个人知识和技能来制订评估方案，以最大限度地减少对额外资源的主观需求。最糟糕的情况

是，教练或健身专业人员最终认定评估计划不可行，而潜在威胁和弱势（TW）的组合可能会为能在未来实施的评估计划提供帮助。有关SWOT分析的示例见表1.1，其目的是检查评估计划的实施情况并探讨与教练或健身专业人员相关的因素。

小　结

评估能够使教练和健身专业人员完善决策和目标设定过程，同时促进客户或运动员的发展。若干因素（包括资源的可用性和特定的结果）可能在确定上述工作的可行性方面有一定的影响。有多个令人信服的理由支持在给定策略框架内纳入和实施评估。随后的章节将探讨所需器材和如何选择适当的评估过程，从而提供有助于成功完成这项任务的更多中肯意见。

表1.1　从教练或健身专业人员角度实施评估计划的一般SWOT分析

	优势 运动项目或专项活动的技能，熟悉客户或运动员	弱势 对评估程序的知识有限，担心会影响训练环境
机会 对客户或运动员更深入的了解	OS：提升客户或运动员的运动表现，改善教练或健身专业人员的决策	OW：促进个人发展和职业发展；持续改善
威胁 耗尽资源（人力、财力、技术）	TS：针对具体情况制订独特的评估程序，创造性地利用资源	TW：识别在资源或个人发展机会出现时可以解决的具体需求

第 **2** 章

评估201：器材

用于评估的器材类型取决于所选择的具体程序和资金预算，这些器材可能包括测量设备（秒表、体重秤、米尺、照相机、计算机等）和器材（配重、训练凳、记号笔、锥桶等）。虽然参与评估的个体通常希望采用极具创新性且很复杂的技术设备，但也应考虑所收集数据的普及性及使特定测试环节过度复杂化的可能性。还必须考虑教练或健身专业人员执行评估和记录评估结果的方法，同时还需配备适当的评估空间并提供如半可控环境、安全的测试表面、足够的操作空间和辅助性设施等。

运动表现指标

大多数评估的主要指标是指以这样或那样的形式在一定时间内完成某种工作的能力，可更具体地定义为功率。因此，所使用的器材通常有助于确定与功率输出相关的因素，包括力/阻力、距离/位移和时间。这些指标（力量、速度等）与运动表现的关系非常清晰，但其他指标与运动表现的关系就没有那么清晰了。例如，体重不一定是运动表现的指标；然而，当我们了解身体成分（即构成体重的肌肉、脂肪的相对量等）时，它对冲刺或跳跃能力的影响就凸显出来了。肌肉量会对力量产生积极影响，而从整体来看，重力作用又使体重对运动表现有负面影响，这两者之间有一个微妙的平衡[1]。由于运动表现是一个相对模糊的术语，可以用许多不同的方式来描述，所以评估器材也是多样化的，可以用来量化许多不同的指标。

成本效益

用于评估的器材在成本和复杂性方面有很大差异。传统力量测试基本只需要举起再放下一个沉重的器材，体能评估可能只需要一只秒表，但最近的技术进步和不断扩大的监控设备消费市场使得教练和健身专业人员的可用器材的深度和广度大幅增加。那些具有研究级功能、极高测量精度和多种控制功能且需配合专用软件使用的设备可能非常昂贵，并且在大多数应用环境中并不是必需的。然而，由于消费产品的需求增加以及标准化移动技术的使用，许多以前局限于实验室的评估得以在健身房、运动场地或举重室中进行。计算能力的提升也使这些类型的评估的成本下降，同时让评估人员有机会在单次测试期间收集若干个同时产生的数据流。因此，最终的评估复杂程度取决于教练或健身专业人员和客户或运动员的需求、可用预算，以及其所掌握的技术知识的水平和受支持的程度。

普 及 性

标准数据是由一组在大量不同个体或具有相似性的人群中获得的标准值或范围发展而来的。因此，了解评估期间用于创建标准数据的器材类型非常重要。尽管使用最新和最好的评估技术很有吸引力，但如果教练或健身专业人员计划将客户或运动员的数据与其他人的数据进行比较，就必须确定是否有足够可用的比较数据，特别是接受相似训练的个体的数据。此外，特定运动项目或专业的标准可能要求使用特定的器材，而不是最合适或最新开发的器材。新秀选拔或团队人员选拔可能就属于这种情况，特别是如果已积累了多年的标准数据。

比较和对比评估结果的能力可能由所使用的器材决定。当收集大量的标准数据时，研究人员要让所有研究参与者都使用标准化的特定器材，从而使结果标准化。就身体成分而言，用于评估体脂百分比的设备和技术对最终的估计值可能有极大的影响[8]。虽然皮褶卡尺和生物电阻抗设备都可以用来估量体脂百分比，但两者的技术和使用方法有非常大的差异（本章后文将简要介绍），并可

能导致不同的结果。当然，可以就哪种方法更准确这一问题展开辩论，但对于客户或运动员的结果比较来说，更为重要的是选择使用类似器材得出的标准数据，或选择最符合相关标准数据的器材。从运动表现角度来看，示例包括进行力量和耐力评估[12]所使用的杠铃[9]、吊带[2]或皮带的类型，或者用于速度和敏捷性评估的计时设备的类型[3]。因此，教练和健身专业人员必须了解如何收集标准数据及可以使用的器材类型。

有时候，制定标准数据或评估程序的科学家会忽略这一点。例如，某研究小组为完善老年人的训练方案而制定了标准化的评估程序[4]。他们选择了几个简单的评估指标（身高、体重和握力），根据客户的身体成分估算值的特征对客户进行分类，并与（昂贵的）临床诊断程序的结果进行比较。是个好办法，对吧？身高、体重和握力的测量都很简单；然而，研究人员决定使用数字握力测试设备而不是更常用的液压式设备。虽然用数字设备得出的测量值会更精确，但大多数从业者所拥有的是液压式握力测试设备。最终，由于这种差异，该研究小组所公布的结果对从业者的用处有限。

可调节性

在选择器材时，教练或健身专业人员应该问自己"我将测试谁"和"我所有的客户或运动员的体形是否相同"这两个问题。大多数情况下，第2个问题的答案都是否定的。因此，在器材尺寸甚至其设计方面的个体要求，都可能会影响运动表现。

一个尺寸规格可以通用吗

大多数产品的设计，包括评估期间所使用的器材，在可调节性方面都碰到了一个有趣的问题：它们通常是针对一般的身体围度和体形而设计的，并且旨在量化平均值；然而，体育的性质和人类运动表现一般会要求教练和健身专业人员不断努力将客户或运动员推向极限。此外，杰出的运动员和极限挑战者往往具有独特的身体围度和体形（想想马术运动员、体操运动员、职业篮球运动员、相扑选手），甚至在同一个球队中的运动员也会存在很大差异（想想美国橄榄球运动员）。在可能的情况下，选择器材时应考虑到男性和女性、成年人和儿童、普通妇女和孕妇之间在体形方面的直观差异。

设计会影响运动表现吗

这一潜在问题的一个简单例子就是握力设备，这是我成为运动科学研究人员之初所购买的东西之一。这个特殊的设备让我可以记录一段时间内产生的力量的变化，由于我有格斗运动的背景，特别是柔道，我很高兴实验室能配备这款设备。我当时没有考虑到可调节性的潜在需求，并且这款设备的设计（形状类似于棒球棒的手柄）也不允许我进行调节。如果我想测试手掌比较小的青少年运动员或手掌很大的精英篮球运动员，该怎么办呢？在柔道运动中，我不得不问自己的问题是，"运动员们有权利选择适合自己对手的体形和制服的特定设计吗？"最后，考虑到评估的目的，我不希望手掌的大小影响结果。

有趣的是，具有我所需要的特定功能的握力测试设备在当时很有限。幸运的是，大多数可在现场使用的标准握力测试设备都是可调节的……但它们对于儿童来说仍然可能太大！教练和健身专业人员必须确定只有一个尺寸规格的设备是否合适，或者是否有可用的替代设备，无论是单一尺寸规格还是具备可调节性的替代设备。

正式测试前的评估人员培训

虽然本章主要关注评估所需的器材，但对辅助人员和教练的要求也不容忽视。为了成功进行评估，这些个体必须熟悉器材及熟知如何将其用于潜在的专门用途。所有将参与评估过程的教练和辅助人员都应适当了解标准化方案及测试期间可能出现的常见错误或问题。此类培训将通过尽量减少可能影响结果但与运动表现无关的因素来帮助保持评估执行的一致性并提高数据质量。

应考虑制定标准操作程序，并且至少应该准备一份语言简明的基本说明，用于向所有客户或运动员解释评估结果。语言应简明扼要，确保测试对象能够对测试任务有基本的了解。经过练习后，以统一的方式向每个测试对象宣讲这份说明。此外，在评估说明过程中，教练下达指令时所表现出来的热情、鼓励的态度或紧张程度的变化可能也会影响运动表现。在正式测试之前，应在与实际测试环境类似的环境中进行一轮评估练习，以发现不可预见的问题，并使工作人员和教练具备更多的经验。

数据收集和整理

评估过程中最便宜的工具可能是数据收集表（见图2.1），其中包含许多重要信息，如客户或运动员的ID、测试日期和时间、环境条件及最重要的测试结果。在整个评估过程中，特别是在对大量客户或运动员进行全面测试的情况下，标准化记录和整理所收集数据的方法至关重要。在条件允许的情况下，记录测试期间存在的不一致性或可能影响运动表现的相关信息是非常重要的。虽然许多评估设备都配备软件，而且现在很多人都能熟练使用移动记录设备，但对于在特定测试中收集到的最重要的数据仍然应该保留纸质版的备份文档，以防将来设备出现任何技术问题或丢失关键信息。无论如何，保存准确的记录是非常重要的，这有助于充分评估长期的变化，并确保教练和训练员在有需要时可以有效地共享所收集的数据。

器材的类型

身体素质包含很多方面，包括身体成分、力量、摄氧量等，因此，所使用的器材也必须多种多样。有些器材是针对特定目的而设计的，例如用于确定身体脂肪百分比的皮褶卡尺；而有些设备更为通用并且适用于多种评估，例如杠铃和哑铃。考虑到这种多样性及它们在多种类型的评估中可能的用途，我们将器材分为以下几类：人体测量器材、阻力器材、基于重力的器材、距离或长度测量器材、计时器材、心率监测器和GPS、跑步机和划船测功仪、文档和问卷、衣着和运动服装以及数学公式和列线图。

人体测量器材

最基本的人体测量指标包括站立身高和身体质量或体重。站立高度通常使用测距仪以手动方式测量，测距仪应采用垂直测量

地点：_____　测试地面类型：_____　评估日期：_____

温度：_____摄氏度　相对湿度：_____%　评估时间：_____

_____华氏度　气压：_____帕　评估员：_____

运动员/客户ID#：_____　年龄：_____岁　服装/鞋：_____

性别：□男　　　　　　　身高：_____厘米　体重：_____千克
　　　□女

评估：反向跳跃

	总跳跃高度 （厘米）	-	站立摸高 （厘米）	=	纵跳高度 （厘米）
测试1		-		=	
测试2		-		=	
测试3		-		=	
平均成绩				=	
最好成绩					

图2.1　数据收集表示例

[源自：D. Fukuda, *Assessments for Sport and Athletic Performance* (Champaign, IL: Human Kinetics, 2019).]

柱，测量柱可以是独立式、壁挂式或医师秤的一部分（见图2.2）。坐高近似于躯干或腿的长度，通常可以让被测人员坐在椅子或平台上，然后使用相同的设备测量。用于评估身体质量或体重的最常用的设备是平衡梁式秤，它通常被称为医师秤。这种类型设备的特殊优势包括无须接入电源即可使用、有清晰的校准程序（验证空载时读数为零），但用其进行手动测量确实有一些缺点，包括精度不足、测试时间较长等。数字秤的精度更高，也无须专业技术知识；但是，这类设备需要接入电源，并且用户依靠电子功能才能进行校准。平衡梁式秤和数字秤之间的成本差异很小，但由于对扩展功能及高精度的需求，秤的总体成本会大幅提高。

　　卷尺用于确定特定身体部位的长度和围度，例如腰、臀、肱二头肌等。虽然标准的柔性卷尺可用于这些类型的评估，但是更好

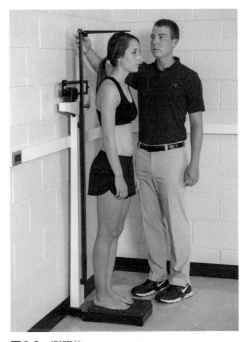

图2.2　测距仪

的选择是由纺织品或玻璃纤维材料制成、具有回收功能按钮和Gulick配件的人体测量卷尺。纺织品或玻璃纤维材料制成的卷尺可以紧贴身体轮廓，而可回收功能则能够避免设备在长时间的使用过程中出现缠结或损坏的情况。Gulick配件是卷尺末端的弹簧加载结构，它能够使各评估保持统一张力，从而提供精确的标准化测量。

　　目前有多种测量身体成分的方法，但它们往往都只关注体脂百分比或去脂体重的评估。皮褶厚度通常用皮褶卡尺测量（见图2.3），可以将测量值代入公式来估算体脂百分比。由于精度、可靠性和耐用性方面的差异，皮褶卡尺的价格各不相同。最便宜的皮褶卡尺是简单的塑料制品并由评估人员提供张力，但其使用寿命和校准精度比较有限。较耐用和精确的设备具有金属外壳和弹簧加载结构，可提供统一的张力和校准程序。必须注意的是，以皮褶厚度估算体脂百分比的公式需要通过特定类型的皮褶卡尺来推导，使用不同的皮褶卡尺有可能导致估算误差。如果担心可用的公式未涵盖被测试人员的类型，则可以使用实际的皮褶厚度。事实上，对于比较瘦的运动员或青少年而言，实际的体脂百分比可能并不那么重要，此时用皮褶卡尺测量皮褶厚度的方法更可取。

　　生物电阻抗分析（Bioelectrical Impedance Analysis, BIA）设备提供了另一种确定体脂百分比的方法，其原理是通过测量电阻抗来估算体内水分总量。最常用且对用户友好的BIA设备是嵌入足电极、进行下肢生物电阻抗分析的体重秤。虽然所有测量身体成分的方法都需要标准化的饮食和体力活动来提供有效的估算，但BIA设备测量的体脂百分比

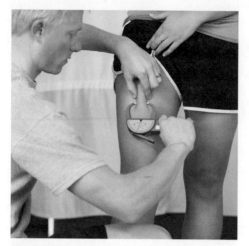

图2.3 皮褶卡尺

受水合作用的影响特别大[5]。因此，许多体重监测计划（如摔跤运动中使用的计划）都需要进行尿液比重评估，以验证是否达到BIA评估所要求的水合水平。

阻力器材

力量和爆发力评估依赖于量化在阻力训练期间产生力的能力。因此，需要阻力训练器材来进行这些类型的评估，包括自由重量（即杠铃和哑铃）或举重训练器等器材。虽然杠铃有许多类型，但标准举重杆都是直的，由钢制成，长约2.2米，握持直径约为28毫米，加上用于放置配重铃片的套筒，共重20千克（见图2.4a）。力量举杠铃（如Texas Power Bar）更坚实，可以承受更大的阻力，而奥林匹克举重杠铃所包含的轴承使其在动态上升过程中可以旋转。滚花或网纹图案（杆的较粗糙部分，旨在增加握持摩擦力）因型号而异。最近，已经开发出集合了奥林匹克举重和力量举功能的混合型杠铃，也有较小型的杠铃（15千克，2米长，握持直径25毫米），适合体格较小的个体或青少年使用。还可以使用铝制的轻质训练杆，但不应像其他杠铃那样加配重铃片，因为较小的重量就可能使这种训练杆永久弯曲。还可以考虑使用镁粉来增大在各种举重过程中握杆的摩擦力，特别是在硬拉过程中。最后，应始终使用安全夹或卡箍将配重铃片固定在杠铃上（见图2.4b）。弹簧式和夹式卡箍对已配重的杠铃的重量几乎没有影响，而单个金属的比赛用卡箍则重2.5千克。

根据评估的性质，标准铸铁配重铃片的重量范围为1.25~20千克。如果评估包括动态运动，铃片可能掉下或迅速被放到地板上，则建议使用重量相近的配有橡胶的缓冲铃片。也可以选择铸铁和橡胶包裹的哑铃和壶铃，它们通常需要成对购买；然而，有些个体可能需要重量更大的铃片以提供足够的阻力。在肌肉力量和耐力评估过程中，可用于提供阻力的其他类型的器材包括药球、沙袋、雪橇和负重背心。特别是药球具有多种类型，包括能够反弹的硬橡胶球以及在撞击时会塌陷的软球，这种软球的原材料分为乙烯基塑料和皮革两种。根据使用个体的体形或计划的活动不同，教练或健身专业人员可以选择直径随着重量增加而增加的药球，或者不管重量如何变化都采用统一直径的药球。

在进行力量评估时可能需要举重架或杠铃架和卧推凳，它们的质量和结构必须足以承受所使用的重量。平的卧推凳和可调节角度的卧推凳可用于特定评估，主要是那些侧重于评价上半身肌肉组织的评估。通常，力量架（见图2.5）是独立式结构，有4根立柱和可调节高度的J形挂钩，J形挂钩用于固定杠铃和防止杠铃落下时越过某一个

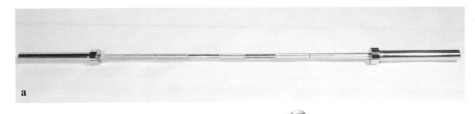

图2.4 a.杠铃；b.卡箍

点的安全杆。力量架用于保证安全地进行不
同类型的举重。壁挂式举重架、独立式深蹲
架和带有卧推凳的组合架也是测试中的常用
设备。

　　装有可选配重块和滑轮系统或可加载标
准配重铃片的改进杆的举重训练器，可在进
行评估时作为自由重量的替代方案。这些装
置通常模拟举起自由重量时的运动；但是，
它们通常限于单个运动平面。因此，举重机
可以为不习惯使用自由重量的个体提供更好
的安全保障，或者至少可以让他们更舒适。
但是，应该注意的是，这些设备在质量和可
调节性方面差异很大。

基于重力的器材

　　在评估中，即使体重是主要的阻力，仍
可能需要使用特定的器材。跳箱、踏凳、台
阶或顶置式绳索等器材需要客户或运动员移
动其重心，以执行可量化和可评估的运动。
为了在高强度动态活动期间保证安全，所使
用的跳箱、踏凳和台阶应该有防滑表面，并
且在使用顶置式绳索时可能需要缓冲垫。在

图2.5 配有J形挂钩的力量架

评估肌肉耐力时，独立式、机架式或壁挂式
引体向上单杠或双杠可提供相似的阻力功
能。此外，这些器材应该稳定且坚固，难以
被翻倒。

　　如本章前文中几次提到的那样，握力设
备，也称为握力计（见图2.6），在现场测试中很常见，它可以在不受基于动作的技术实力影响的情况下估算整体力量。另外，可能还需要用于测试平衡（例如，平衡木和泡沫平衡垫）或有助于做出特定身体姿势（定制垫或训练凳）的器材来进行全面评估。

图2.6 握力计

距离或长度测量器材

最大化地测量距离或长度是绝大多数评估的主要目标。测量长度或距离也是确定总功和功率输出的关键部分。对于较短的长度测量，米尺或码尺可能就足够了；而测量较长的距离时可能需要使用加长的卷尺。这些卷尺通常具有实用型手柄和卷轴结构，以便在标记所需距离之后可以很容易地快速缩回。为了清楚地确定标记的长度，可能需要使用锥桶、标记物或其他标示工具。使用常用评估距离进行速度或敏捷性评估时可以使用标准化的、预先标记好的地面，例如跑道、球场草坪或篮球场。大面积的定制测量场地可能需要使用多种市售器材，例如测量轮、场地分界绳和球场涂料。

虽然某些评估有专门的设备，但也可以采用不需要额外设备的替代方法。例如，柔韧性测试可以使用带有内置测量系统的坐位体前屈箱进行（见图2.7），而纵跳测试使用的设备则是叶片均匀分布的立柱（见图2.8）。这些设备的替代方案包括在带有某种标记或可视验证物的地板（柔韧性）或墙壁（纵跳）上进行相应的测量。

计时器材

最基本的计时器材是秒表（或计时器），它成本低、易于使用，并且相对实用，因此可能是最常用的。然而，当需要达到更高的精度和控制人为误差时，各种计时系统便被开发出来。具有红外光电管的计时门可用于短跑和敏捷性评估。这些设备以有线或无线的方式连接到计算机或接收器上，通过记录红外光束（或光束）被截断的时间来指示某项测试的开始和停止。由压力触发的光学计时系统或接触垫（见图2.9）的工作原理与计时门类似，可记录跳跃过程中被评估者在空中的时间和与地面接触的时间。还有几种台式计算机和移动应用程序可用于计算在短跑、举重和跳跃活动的录制视频内的特定事件之间的累计时间。

钟转数）。

图2.7 坐位体前屈箱

图2.8 纵跳测试设备

图2.9 接触垫

心率监测器和GPS

某些评估可能需要在运动过程中测量客户或运动员的心率。只需使用手表或时钟，在指定的时间内人工数出心跳次数，就可以轻松完成心率的测量；但是，这种类型的评估需要运用相关的技能，并且在某些活动过程中可能很难测量脉搏。心率监测器（见图2.10）是一种相对便宜的器材，在运动场和健身房中都很常见。可将数据传输到手表或移动应用程序中的胸带及集成了腕式脉搏监测器的手表，都可以在体力活动期间实时显示心率。此外，许多手表现在还配有全球定位系统，除了可以确定时间和距离之外，还可以确定速度和加速度。

使用心率监测器时，可能需要考虑隐私问题和佩戴仪器的位置，尤其是在使用胸带的时候。教练和健身专业人员需要清楚地

虽然许多评估需要由评估员直接给出开始、停止或变换方向等信号，但最近的集成技术的进步使视觉或听觉信号能够在给定的程序中传输和调节。此外，旨在将声音设定为特定节拍的节拍器可用于将多项评估过程中的动作速度标准化，如举重（每分钟重复次数）、跳跃（每秒周期数）或自行车（每分

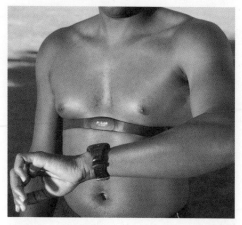

图2.10　心率监测器

向客户或运动员说明如何佩戴监测器，并且需要提供私密的区域供其佩戴设备，比如更衣室。

跑步机和划船测功仪

　　虽然大多数评估不需要使用跑步机和测功仪，但在有些特殊情况中可能需要使用这种类型的器材。在恶劣天气或难以确定受控条件（如地形）的情况下，跑步机是较为理想的器材。选择跑步机时，应考虑最大潜在速度（许多设备在这方面是有限制的）、跑带和跑板的宽度和长度，以及维持安全环境所需的空间。跑带的表面应保持清洁，没有过度磨损，以便在跑步时提供适当的摩擦力。此外，跑步机可能需要设置一定的坡度，以模拟在室外或地面上跑步的条件或便于与现有的标准数据进行合理比较。

　　虽然市面上有多种划船测功仪（见图2.11），但大量的标准数据和最近几项具体测试的进展使Concept 2的划船测功仪成为一种流行的选择。这些测功仪使用风扇提供的风阻，同时在其集成显示器上提供大量有用数据，许多健身房中都配备了这样的测功

图2.11　划船测功仪

仪。教练和健身专业人员应该知道，虽然这些划船测功仪提供的强度或空气阻力取决于人的拉力大小，但是可调节的风门设置（类似于自行车上的齿轮）也会影响特定拉力下能够与风扇相互作用的空气量，从而影响运动表现。因此，在大多数情况下，应记录并使各次评估的风门设置标准化。客户和运动员还应该明白，划船技术正确与否会极大地影响运动表现，因此可能需要足够熟练地掌握技术。与所有先前提到的器材一样，定期维护和定期校准对保证跑步机和划船测功仪的正常运作和使用寿命至关重要。

文档和问卷

　　某些评估可以采用纸质、电子文档或问卷的形式进行。这些评估通常要求客户或运动员根据预先给定的评分量表或比较值报告他们在给定时间点对特定问题的感受。这些问题应该能被大多数客户或运动员理解且能够标准化，以便比较多次评估的结果。文档或问卷最好由专业知识丰富的专业人员制作和评估，他们应已经在类似的环境中验证了文档或问卷的有效性。当使用特定的评分系统（如图2.12那样的数字量表或视觉量表）

时，应提供定位点，明确定义量表内的特定值，以供客户或运动员参考。其中，数字量表的定位点可以包括值和术语，比如"1=完全不用力"等同于躺在沙发上，而"8=非常辛苦"等同于必须努力坚持。视觉量表的定位点可能包括直线的左右两侧，左侧相当于"无疲劳/酸痛"，而同一条线的右侧相当于"非常严重的疲劳/酸痛"。这些定位点的描述及客户或运动员理解评分量表的能力对于结果的适用性至关重要。

要说明这个问题，有一个很好的例子：学术领域中小组演讲的同行评审。要求学生按照几个标准使用1~5的量表对每个小组进行评分，其中1是"差"，5是"优秀"。因为学生知道导师将审查他们的打分，并且他们的评分可能会影响小组成员的最终成绩，所以大多数人的评分是4和5。然而，有一名学生对所有小组的全部成员都评了1分，导师不知道是这名学生的标准极高（或个人与全部成员长期不和）、指示传达不当，还是该学生误解了定位点和评分量表。这个例子突出说明了评估人员的潜在影响，也说明客户或运动员在回答时会假设其答案将产生某种特定结果。

衣着和运动服装

虽然要穿什么这个问题的答案显而易见，但我们应明确给出答案，因为它可能会改变评估的过程。想想客户或运动员（在非军事环境）试图穿着战靴完成敏捷性或冲刺能力测试，或者有人试图穿凉鞋或人字拖鞋进行跳跃测试。因此，通常建议穿针对预期活动设计的不露趾的、针对特定地面的、合脚的鞋。例如，在与肌肉力量相关的评估中，平底鞋可能是最合适的；对于涉及跑步的评估，有缓冲胶垫的鞋子可能最合适；而对于在草皮或草地上进行的敏捷性评估，钉鞋是最理想的。但是，最后一项建议可能取决于用于编制现有标准数据的评估是否在类似地面上使用钉鞋进行。至于服装的其他方面，建议选择面料透气、可以实现全方位动作但又不过度宽松的衣服，这样可以在自由移动的情况下确保安全。对于运动或活动的专项测试，一般在训练或比赛中穿的标准制服或服装也是适合的。最后，应检查使用的所有配件（如举重带、皮带等），确保其处于正常工作状态，还应检查佩戴的物品（手表、珠宝、发带等）是否会对运动表现造成不利影响。

数学公式和列线图

许多评估的结果可用于估算其他参数，如果没有昂贵的设备或不通过侵入性手段，这些参数原本是难以测量的。这些估计值是通过研究和后续的统计分析并建立预测方程

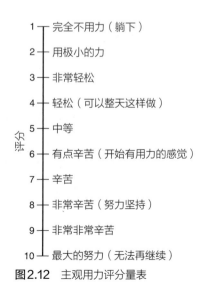

图2.12 主观用力评分量表

而得出的。预测方程需要用到的公式可能是简单、直观的代数公式，也可能是极其复杂的公式，需要掌握高等数学知识。有一种方法可以简化预测方程的使用，就是用列线图提供快速的图形换算结果[7]。这里举一个列线图的例子，使用父母身高中值粗略估算孩子在成年时可能达到的身高，并考虑男女之间存在13厘米的平均高度差[13]。对于男孩，父母身高中值的计算是用母亲的身高加13厘米，然后计算出该值与父亲的身高的平均值；对于女孩，首先将父亲的身高减去13厘米，并计算出该值与母亲的身高的平均值。在这个基本示例中，如果给定的男孩或女孩的父母身高是已知的，则可以在两侧的竖直线上分别找出父母的身高值，然后使用直线来连接相应的身高值。直线和中间竖直线的交点就是估算出的父母身高中值。如果男孩的父亲身高180厘米，母亲身高160厘米，则手动计算过程如下。

$$父母身高中值=$$
$$\frac{（160厘米+13厘米）+180厘米}{2}=176.5厘米$$

可以使用图2.13中提供的图形计算验证此结果。虽然父母身高中值的计算可能不需要这种方法，但当使用更复杂的公式时，列线图就特别有用，本书将会提供相关的列线图。

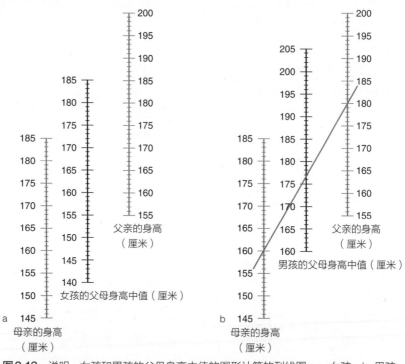

图2.13   说明：女孩和男孩的父母身高中值的图形计算的列线图；a. 女孩；b. 男孩（公式源自本章文献[13]。）

器材的校准和维护

在针对评估目的选择器材的过程中，有一个经常被遗忘但至关重要的部分，就是特定器材要始终如一地提供准确的运动表现数据。如果评估期间所使用的器材提供的信息不准确或与运动表现无关的因素对其影响很大，则收集的结果对教练或健身专业人员就几乎没有任何用处。假设器材处于正常工作状态，如果定期使用，则可能需要定期校准。此外，用于评估的设施和器材应保持清洁并进行妥善维护，以确保客户或运动员和教练或健身专业人员的安全[6]。图2.14是基本设施和器材安全检查表。

虽然大部分评估程序都不需要达到国际测量标准所要求的精度，但我们确实希望尽可能准确，以确定我们的客户或运动员何时有进步或退步。因此，应考虑定期维护和校准程序，包括执行此程序的频率、完成此程序所需的技术知识，以及任何与执行此程序相关的潜在成本。许多常用的器材（如跑步机、体重秤等）可能需要专业协助以保持其准确性和一致性。即使校准程序不适合某一特定器材，也应对该器材进行定期维护和清洁，以延长其使用寿命。此外，正常运行并进行妥善维护的器材将有助于确保评估人员和被测试人员的安全。因此，评估人员可能需要一份检查表来进行相关工作，其中包括必要的清洁和维护程序以及执行程序的日期清单。

- ☐ 检查所有地板是否有损坏或磨损
- ☐ 清洁（清扫、吸尘或擦洗、消毒）所有地板
- ☐ 清洁饮水机并对其进行消毒
- ☐ 检查固定器材与地面的连接状况
- ☐ 清洁与皮肤接触的器材表面并对其进行消毒
- ☐ 检查所有器材是否有损坏、磨损、松动或突出的皮带、螺钉、线缆或链条；是否有不安全或不能正常工作的脚绳和背带；是否有工作异常或没有正确使用的配件、钉销或其他设备
- ☐ 清洁并润滑器材的活动部件
- ☐ 检查所有衬垫是否有裂缝或撕裂
- ☐ 检查防滑垫是否正确放置，有无损坏和磨损
- ☐ 检查测量器材是否有适当的张力，是否能正确显示时间和每分钟转数
- ☐ 确保有足够的照明和通风
- ☐ 确保器材在使用后收回并妥善存放

图2.14 基本设施和器材安全检查表

[源自：D. Fukuda, *Assessments for Sport and Athletic Performance*. (Champaign, IL: Human Kinetics, 2019). A. Hudy, "Facility Design, Layout, and Organization." In *Essentials of Strength Training and Conditioning*, 4th ed., edited for the National Strength and Conditioning Association by G. G. Haff and N.T. Triplett (Champaign, IL: Human Kinetics, 2016), 637.]

评估空间和器材

应特别注意执行评估程序的空间和安置器材的空间。传统的实验室（以及一些举重室）通常会提供专用的评估空间；但是，现场评估的空间往往是暂时的，必须解决器材的便携性和存储问题。在这两种情况下，可能都需要考虑电源接入和互联网连接的问题。虽然科技往往是我们日常活动的重要组成部分，但我们必须记住，更简单的解决方案可能会更理想。在最近的一次运动科学计划会议上，有一段5分钟的对话讨论了如何在训练场上获得Wi-Fi访问以记录训练后的主观用力感，在有人建议"用写字夹板"并手工记录数字（1~10）时，这段对话便立即停止了。

无论是专用空间还是临时空间，安全都应该是最重要的，并且应该根据评估员和被测试人员的人数为评估留出足够的空间。如果评估要求使用无干扰的环境或限制测试过程中的观众人数，则可能需要划出等待区域或私密空间。类似地，环境（包括温度、湿度、噪声和照明）最好可操控，以便为多项测试创造类似的条件或模拟比赛环境。在确定首选或可用的测试表面（球场、草皮、草地、垫子等）时还必须特别考虑一点，即在运动或活动的可转换性和限制受伤或完成规定评估程序的能力之间进行权衡。此外，测试表面会影响客户或运动员的潜在运动表现，因此应与用于收集标准数据的表面相似。

评估过程中应保留足够的移动空间，并且各测试点保持足够的间距。此外，应尽量避免接触电线或其他潜在危险。还应适当考虑器材如何妥善储存，以减小其损坏或被不当使用的可能性。幸运的是，大多数教练和健身专业人员也被要求获得急救和心肺复苏（Cardiopulmonary Resuscitation, CPR）认证；另外，现场应准备好配置齐全的急救箱和自动体外除颤器（Automated External Defibnllator, AED），使他们能够在紧急情况下充分运用这些技能。最后，应制订书面计划，以便在有需要时寻求适当的医疗支持。

恶劣的环境状况（如热、冷、湿度和风）不仅可能对客户或运动员的运动表现产生不利影响，还可能对评估过程中使用的器材产生不利影响[10, 11]。当然，电子设备在任何时候都有可能因极端环境而发生故障，即使是运动员与地面、草皮或器材的简单相互作用也会受到摩擦力变化的影响。另一种情况是逆风或顺风条件可能会对各种现场运动表现指标产生影响。因此，教练或健身专业人员应该清楚地了解评估期间的每日预测天气或室内环境，以及所用器材的局限性。

小　结

在评估过程中使用器材的一般考虑因素包括特定设备或仪器的潜在成本和优势、可调节性、维护状况和安全性。此外，在开始评估程序之前，应解决与数据收集过程、技术可用性及结果对其他运动员或标准数据的最终普遍适用性有关的问题。教练和训练员在评估期间所接受的关于器材使用的适当培训、积累的经验及标准化测试环境的能力可能会影响客户或运动员发挥出最佳运动表现水平。最后，可以使用不同类型的器材来测量或辅助与人体测量学、运动表现（力量或阻力、距离或长度、速度等）及其他关键领域相关的评估。

第 **3** 章

评估301：选择方法

虽然可用的评估可能多得吓人，但我们可以简化选择的过程，首先需要确定被评估的客户或运动员的运动专项需求及教练或健身专业人员认为至关重要的信息。此外，客户或运动员及教练或健身专业人员都应能够容易实施所确定的方案，以便重复进行评估。评估完成后，客户或运动员及教练或健身专业人员必须能够将结果与基准测试或一般人群的基准数据进行比较。因此，客户或运动员及教练或健身专业人员的需求应该与可提供格式化反馈的相关评估的选择和实施相匹配。

客户或运动员的需求

评估的选择应该根据客户或运动员的自我识别的需求或根据教练或健身专业人员的知识和经验来决定。这些需求的表现形式可能是特定的目标或运动表现的成绩。重要的是要考虑可用的评估也许并不能直接达成目标或成绩，而是更多地用于提供更多关于客户或运动员的身体素质或当前状态的信息。越野跑运动员可能希望缩短完成时间，这可

能与摄氧量直接相关；但他们也有可能在快要结束的时候输掉比赛，因为这可能与冲刺能力相关。

外接手可能想赢得橄榄球队的首发位置，这需要高水平的冲刺速度、力量和爆发力。客户或运动员可能希望在减掉体脂的同时变得更强壮或增加肌肉，但他们仍需要执行简单的评估过程以确定各肌群的基准力量水平和身体成分。

教练或健身 专业人员的需求

在进行实际评估之前，教练或健身专业人员可以利用他们的知识、专长和经验来关注并拓展客户或运动员的目标或运动表现的成绩。此外，选定的评估将有助于做出训练或比赛的决策，也许目标或运动表现的成绩将与此决策直接相关。然而，更典型的情况是，涵盖多项身体素质的多项评估有助于做出多个决策，而这将导致增量改进（称为边际增益），并最终满足客户或运动员的需求。通过结合教练或健身专业人员和运动科学家

29

的观点来选择和实施评估的方法确实提供了实质性的好处。

评估的相关性

虽然有效性和可靠性（本章后文将阐述）是判断特定评估的完善程度的关键指标，但在开始选择评估时，相关性一词可能更有用。更具体地说，必须提出的问题是"评估与此个体或此情况的相关性有多高"或"评估如何帮助我满足客户或运动员的需求"。解决这个难题的第1步是要确定哪些身体素质与评估相关。对于一般的体能评估，采用覆盖面较广的测试方案比较合理。如果客户或运动员有特定目标或存在较容易发现的缺陷，则此过程相对直观。许多体育运动也有常用的评估，您可以此为基础开发自己的一套测试程序。

如第1章所述，评估的目的是阐明客户或运动员和教练或健身专业人员的既定目标。这些目标或运动表现的成绩可能很难使用单一的身体素质指标来量化。在这种情况下，应该谨慎选择与身体素质潜在相关的评估，以尽可能地明确目标或运动表现的成绩。例如，如果客户或运动员的目标或成绩与耐力表现的成绩有关，则首选的评估可能与心肺适能有关（由图3.1中标记为"评估1"的深色圆圈表示）。客户或运动员的身材与同伴们相比也许较瘦小，他们的力量也可能较弱，因此要选择与其身体成分和肌肉力量相关的评估（由图3.1中标记为"评估2"和"评估3"的深色圆圈表示）。在这一过程中可能会不断纳入其他评估（由图3.1中标记为"评估4"和"评估5"的深色圆圈表示），直到客户或运动员和教练或健身专业人员确信实施此评估方案将充分加深他们对商定目标或成绩的了解。使用简化的理论示例方法，由各个独立的评估（由图3.1中的深色圆圈表示，圆圈的大小代表其相关性）组成的评估方案将有助于解释或"预测"尽可能多的预期目标或运动表现的成绩（由图3.1中的浅色圆圈表示）。

实施的难度

在选择评估时必须考虑到可用资源和所有实施障碍。为此，应确定可能需要的所有特定器材或设施，并且应确定它们当前是否可用或是否存在任何相关费用。例如，一些肌肉力量评估可能需要使用阻力训练器材。如果有现成的阻力训练器材，实施评估就比较容易；但是，如果没有现成的器材，获取或购买相关器材的成本可能会较高。如果评估对于客户或运动员和教练或健身专业人员来说是全新的，则必须考虑学习曲线。如果所选的评估从长远来看是有用的，那么学习曲线通常不会成为问题，因为其益处会超过前期投资（即时间）。

冗余评估的问题

如果某项评估非常有用，何不尽可能多地执行？当教练或健身专业人员想要更深入地了解其运动员并且以培养某一特定的身体素质（如敏捷性）为目标时，他们通常会求助于运动科学家。教练或健身专业人员在结束会议时会列出一份清单，上面的评估过多，让人无法保持清醒（并且让人头疼）。

在研究、设计项目时，这种情况也经常发生，直到有人指出要注意资金预算和完成时间表。

虽然理想情况是实施全面且详尽的评估方案，但想必所有客户或运动员和教练或健身专业人员的时间和预算都有限。因此，目标应该是根据已确定的需求选择足够数量的评估，同时尽量减少关于特定身体素质的评估的重复次数。回到简化的理论示例，我们希望避免以下情况：存在额外增加的评估（由图3.2中标记为"评估3"的深色圆圈表示），其与现有评估（由图3.2中标记为"评估2"的深色圆圈表示）严重重叠，但未能加深相关人员对预期的目标或运动表现的成绩（由浅色圆圈表示）的了解。在这种情况下，时间或经济上的负担可能无法证明使用第3种可能是冗余的评估的合理性。

基本身体素质的评估

本书中的评估通常侧重于评价基本的身体素质[14, 19]，包括人体测量和身体成分、柔韧性和平衡能力、速度和敏捷性、功率和爆发力、肌肉力量和肌肉耐力、心肺适能及客户或运动员监测。本章将对每项身体素质进行概述，而后续章节将更加详细地阐释这些身体素质，并提供特定的评估和建议评估程序。

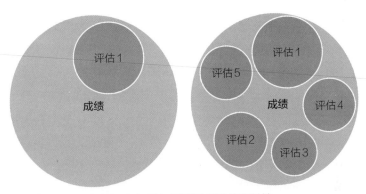

图3.1 示例1：根据运动表现的成绩确定评估的相关性

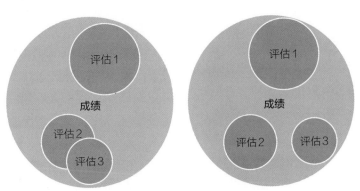

图3.2 示例2：根据运动表现的成绩确定评估的相关性

人体测量和身体成分

人体测量的值是为了量化个体的体形和成分比例。体重和身高评估是典型的人体测量评估，也可用于计算身体质量指数。测量身体特定部位的长度或围度，以确定其相对大小；比较这些部位的比例，以了解客户或运动员的体形或体格。腰围与臀围的比值（腰臀比）是常用的人体测量值，可用于快速评估潜在的健康风险，但特定类型的运动员的腰臀比与常人不同，并且该比值在男女之间有着明显差异。

身体成分是构成个体总体质量的各独立成分（脂肪、肌肉、水、骨骼等）的总称。体重（科学家们以牛为单位衡量力，或者更普遍地以磅为单位衡量）与身体质量（科学家们以千克为单位衡量）由于重力的可变影响而不同。因为我们的所有评估都会在地球上相对稳定的重力条件下进行，结果最终也不会发表在科学期刊上，所以我们将在本书中统一使用"体重"（以磅或千克为单位）这一术语。皮褶评估和生物电阻抗分析是两种常用的现场评估脂肪量和去脂体重（代表身体的其余部分，包括肌肉量）的方法。你知道什么类型的运动员的去脂体重最大吗？相扑运动员！一名相扑运动员的去脂体重超过265磅，其体脂百分比为33%，所以其总体重约为397磅[9]。该信息提供了有关运动员训练状态的独特见解，通过其他方法可能无法提供这样的见解。这些类型的测量值是身体素质档案的重要组成部分，而且会影响各种体重管理和运动训练策略的决策。在选择最合适的人体测量和身体成分估算方法的过程中的影响因素可能包括可用器材、与评估相关的成本及测试执行人员的专业知识等。

柔韧性和平衡能力

柔韧性描述了围绕关节（肘、膝、髋、颈等）移动身体部位（手臂、腿部、躯干、头部等）的能力。与身体成分评估类似，柔韧性评估往往会间接影响运动表现。某项特定活动的适当灵活性往往对柔韧性有一定的要求，但是柔韧性过好（术语为"活动过度"）可能导致受伤。因此，柔韧性评估往往用于验证所需的必要灵活性、识别特定关节或肌肉群中的缺陷，以便制订拉伸计划或管理训练过程。

平衡能力由几个独立的特征组成，但通常可以定义为在静态（有限移动）和动态（移动）情况下让身体保持所需姿势或保持稳定的能力。平衡能力评估可以通过多种方式进行，同时检查客户或运动员将身体（更具体地说，重心或质心）保持在其双脚的接触区域（支撑基础）内的能力。

这些评估包括测量客户或运动员在将身体伸展到其支撑基础边缘，或者在有限的支撑基础内移动尽可能长的距离时可以保持特定姿势或方向的时间。可以通过改变环境来增加这些平衡能力评估的复杂程度，例如闭眼、改变支撑基础或使表面不稳定。根据研究报告，在睁着眼睛的稳定条件下，芭蕾舞演员和柔道运动员的平衡能力的测量值相近，而在闭上眼睛且处于不稳定的条件时，柔道运动员的平衡能力更好，这很可能是因为芭蕾舞演员在训练和表演过程中非常依赖视觉反馈[17]。与柔韧性一样，平衡能力的不足也可能导致损伤风险，但这一身体素质的含义也可以延伸到它与身体成分、运动控制和运动表现的关系等方面。

速度和敏捷性

速度可以被简单地定义为在一定持续时间内移动的距离；实际上，还可以通过提高速度的能力（加速度）与达到尽可能快的速度的能力（最大速度）对其进行进一步的描述。用于测量加速度和最大速度的器材并不常见，因此通常会测量移动预定距离所需的时间，来量化这些能力。根据需评估的运动项目或活动来选择距离是为了提供有意义的信息。此外，如果活动是间歇性的，则还可以评估重复冲刺能力，方法是进行若干（<10）次短距离冲刺（5~6秒或20~40米），每次冲刺后有短暂的休息时间（<30秒）。

敏捷性的定义是在保证速度、平衡能力和协调性的同时改变方向的能力。此外，加速（提高速度）和减速（降低速度）是影响敏捷性表现的关键因素。敏捷性的评估因方向变化的次数、方向变化之间移动的距离、所移动的总距离及动作模式而异。大多数敏捷性评估都有预先计划的动作模式；但是，通过让客户或运动员对指示适当变向的信号做出反应，可以提高评估的复杂程度。例如，虽然有报告指出，在预先计划的敏捷性测试中，精英级和非精英级橄榄球运动员之间的成绩差异有限，但是技术更高超的运动员的反应敏捷性（随机方向变化）的分数明显更高[20]。

功率和爆发力

功率的正式定义是在指定时间段内完成的工作量，或者力与速度的乘积。在实践中，功率（也称为爆发力）取决于快速地产生极大力量的能力（称为发力率）。因此，必须在力的产生和速度之间进行权衡以优化爆发力。例如，我们来比较力量举和奥林匹克举重，前者是以较慢的速度在有限的动作范围内举起重物，后者则需要快速地举起重量较轻的物体（相对来说）。另外的证据是，在反向跳跃这种常见的爆发力评估中，奥林匹克举重运动员比力量举运动员的评估成绩更好[13]。有时，爆发力评估被称为"无氧"测试，因为它们使用的是支持短时间高强度活动的能量系统。这也解释了为什么用于确定爆发力的评估的耗时都很短，通常在几秒内完成。现场的爆发力测量一般通过确定客户或运动员的身体或测试器材的位移，或者身体或测试器材移动指定距离所需的时间来量化该身体素质。

肌肉力量和肌肉耐力

肌肉力量是特定肌肉或肌群产生力的结果，它可能受肌肉纤维成分、肌肉大小和结构以及神经肌肉系统的影响。为了进行评估，肌肉力量通常被定义为估计的最大自主力量，可通过个体在若干（1~5）次重复中可以举起的最大重量来衡量。无论完成几次重复，这些评估都要求客户或运动员负载额外的重量。因此，正确的技术和安全的动作模式对于降低损伤的可能性非常重要。虽然肌肉力量评估通常测量的是举起的实际重量或实际产生的力量（称为绝对力量），但是为了进行比较，一些教练或健身专业人员可能会选择用结果除以客户或运动员的身体质量或体重（该指标称为相对力量）。

另外，肌肉耐力的定义是重复产生自主力量的能力，或者特定的肌肉或肌群在次最大强度水平下长时间维持产生自主力量的能力。大多数肌肉耐力评估会使用预定负荷

（例如，体重、体重百分比或最大力量值的百分比），并计算客户或运动员可重复完成特定动作的次数。例如，美国职业橄榄球联盟（NFL）每年的选秀都有一项卧推测试，要求运动员尽可能多次地重复举起225磅[12]的重量，而美国职业冰球联盟（NHL）的选秀也有类似的测试，要求运动员举起相当于其体重的70%~80%的重量，另外需要注意的是他们必须保持每分钟重复25次这一速度[3]。考虑到肌肉力量和肌肉耐力之间存在一定的关系，肌肉耐力评估的重复次数有时会被用于估算最大力量值。另一种评估肌肉耐力的方法为计算客户或运动员保持特定身体姿势而不发生移动的时间（称为等长肌力）。

心肺适能

心肺适能是身体利用氧气的能力，即身体在运动期间通过肺、心脏和肌肉吸收并使用氧气的能力。有时心肺适能评估被称为"有氧"测试，因为这一评估要使用支持更长时间活动的能量系统，擅长长距离项目的运动员比擅长较短距离项目的运动员更重视该身体素质。就这一点而言，这些评估所采用的测试方案要求量化完成给定的工作量（即移动一定的距离）所需的时间或在给定时间内完成的工作量（即移动的距离）。根据客户或运动员的训练状态或教练或健身专业人员的需要，可以进行最大强度或次最大强度评估，也可以选择强度递增（即速度递增）的方式。虽然最大强度评估要求客户或运动员运动至力竭，但是次最大强度评估可以在客户或运动员达到由主观用力感或心率所表示的预先确定的某个强度水平时终止。

客户或运动员监测

另一个有用的评估途径是对客户或运动员进行监测。监测过程包括多种不同的评估，其重点是对生理或心理压力、训练负荷或训练量，以及恢复情况进行每日或每周的测量。其中一些评估用于量化外部训练负荷，即客户或运动员完成的工作；而另一些评估用于量化内部训练负荷，即与训练相关的生理或心理压力。还有一些措施，包括对恢复情况、酸痛程度和水合状态进行监测。大部分监测可由客户或运动员通过自我报告自行完成，这使其比之前讨论的评估更易于在短时间内进行多次记录。由于这些监测具有高度个性化的特点，我们不采用与标准数据进行比较的方法，而是将客户或运动员的标准值变化作为依据来帮助调整训练计划或其他生活方式因素（如睡眠、饮食等）。

使用SWOT分析进行评估选择

要判断在给定时间点针对单个客户、运动员或团体的评估是否合适，可以使用SWOT分析来进行判断[2, 4, 22]。与第1章描述的方法略有不同，此过程涉及选择评估，以确定客户或运动员特别熟练的内部因素或领域（优势），或者确定其可能需要改进的特定身体素质（弱势）。该决定将与对客户或运动员的当前状态和所处环境的评估相结合，包括识别可能对实现预期目标或运动表现的成绩有利的外部因素（机会）和造成阻碍的外部因素（威胁）。下面来详细说明。

内部因素

为了进行比较，我们要更明确地解释优势和弱势，并将客户或运动员主观感知的身体素质作为内部因素。例如，也许教练或健身专业人员已经确定某篮球运动员在抢篮板时的跳跃能力特别强（由爆发力和下半身力量支持），但其心肺适能较差（在比赛下半场一直感到疲劳），并且上半身力量不足（在突破普通防守球员的防守时很费劲）。在基准测试过程中，可使用评估来验证这些主观感知的优势和弱势。而在后续测试中，可以检查先前确定的优势和弱势，以了解是否有任何改进。

外部因素

应考虑潜在的威胁，例如资源的可用性，包括客户或运动员的时间投入及执行选定评估所需的指导或训练人员数量。此外，根据所选择的评估，与器材、消耗品、训练及使用适当的训练或测试设施相关的成本也属于外部因素。要将这些威胁与所确定的身体素质中能够明显改善或与边际增益相关联的机会及其对客户或运动员的预期目标或运动表现的成绩的影响进行权衡。

表3.1展示了使用本书讨论的一些SWOT因

素所进行的一般分析，它将有助于确定所选评估对客户或运动员的预期目标或运动表现的成绩的影响。

机会加弱势（OW）的组合所产生的最佳情况是明显改善有缺陷的或欠佳的身体素质，这可能有助于使客户或运动员的运动表现更趋近其目标。这说明所选评估适当，并利用了SWOT分析的好处。考虑相关的机会加优势（OS）的共同作用，有可能使被归类为标准或杰出的身体素质发生增量改进（或边际增益），从而使客户或运动员的目标或运动表现的成绩有所进步。对于教练或健身专业人员而言，提供最多信息的情况也许是威胁加弱势（TW）的组合，在这种情况下，个体有缺陷的或欠佳的身体素质几乎没有改善，从而导致需修改训练计划或进行其他干预。最后，在最坏的情况下，无法继续合理使用资源来评估标准或杰出的身体素质，潜在威胁加优势（TS）的组合可能会导致评估或干预措施被中止。

应该注意的是，此一般SWOT分析有一个假设前提，即所确定的身体素质是可以提高的，但情况可能并非总是如此。无论如何，我们将依靠教练或健身专业人员的知识和经验来解决这个问题。

表 3.1 从客户或运动员的角度对评估选择进行一般SWOT分析

	优势 主观感知或经过验证的身体素质	弱势 主观感知或经过验证的身体素质
机会 明显改善或获得边际增益	OS：获得现有优势的边际增益，有可能提高成绩	OW：现有弱势的明显改善，有利于达到目标成绩
威胁 没有改善且耗尽资源（人力、财力、技术等）	TS：浪费资源并对现有优势关注不当	TW：通过确定替代干预措施来合理使用资源

评估原则

　　坚持有效性和可靠性的理念将有助于确保评估的效用。此外，我们必须考虑对客户或运动员的适当管理以及对所选评估的顺序和时间的安排。

特异性

　　在确定了相关的身体素质后，教练或健身专业人员必须选择相关的评估。该步骤需要客户或运动员坚持一项关键原则，即关注目标运动项目或活动的特异性。有许多因素可用于确定特异性如何影响评估的选择，这些因素包括但不限于活动的一般动作模式、活动的速度和持续时间、使用的肌肉及这些肌肉的使用方式[6, 15]。然而，正如初始评估步骤中要注意的那样，必须根据一定的常识来考虑特异性。

运动项目或活动的一般要求

　　在选择评估的过程中，我们必须在目标运动项目或活动的范围内考虑动作模式。选择评估程序时，需要确定在进行该运动项目或活动（例如，跑步、跳跃、投掷、骑自行车）过程中所需的运动类型（或动作模式），并确定它们是用单个（独立）动作完成、还是用一系列的若干个互相连接（连续）的动作或相同动作的重复模式（循环）来完成。在独立和连续动作中，通常很容易识别出身体的具体动作；但是，可能需要将它们分解为多个阶段才能满足特定需求。在考虑循环动作时，重复的具体动作是主要关注点，而需要重复多长时间则是所需评估类型的主要指标。本节将以网球运动为例简要介绍该过程[5, 10]。

　　网球运动由几个连续动作组成，例如发球、正手击球、反手击球及网前截击，这些连续动作之间是短时间的冲刺。每次击球都包括独特的准备姿势、后摆引拍、挥拍击球和随挥跟进阶段。

　　然后，就需要确定身体的具体动作及用于完成这些动作的运动神经或肌肉。要描述身体的具体动作，就要描述运动项目或活动主要使用的是手臂（上半身主导）还是腿（下半身主导），或者两者都会用到（全身）；还要说明大多数时间需要的是推、拉、旋转还是稳定，或者很有可能是这些动作的组合。还有一个可能相关的问题是优势肢体（手臂/腿）的使用是否会影响这些动作，或者肢体是同时（双侧）还是单独（单侧）参与动作。然后，我们可利用这些信息确定要使用的具体关节和肌群，这对于选择具有相关性的评估特别有用。

> 下半身的力量和爆发力，以及整体的平衡能力和稳定性，有助于上半身释放出完成网球击球所需的爆发力。

　　我们还必须考虑动作的总体持续时间和强度，这反映了与目标运动项目或活动相关的代谢能量系统的使用情况。无氧能量系统由两部分组成：磷酸肌酸系统和糖酵解系统。持续时间非常短的、仅维持几秒的爆发性活动主要由磷酸肌酸系统供能，而持续时间超过10秒甚至长达几分钟的高强度活动主要由糖酵解系统供能。因为独立和连续动作的开始和结束非常明确，并且持续时间很短，所以通常由磷酸肌酸系统供能。以非常高的强度进行的循环动作可以由糖酵解系统供能。然而，当在较低强度下长时间持续循环动作或在高强度（连续或循环）动作之间有休息或恢复时间（如冲刺间歇或高强度间歇训练）时，则由负责长时间活动的有氧能量系统供能。

> 网球比赛由重复的连续动作（每个动作不足 10 秒）组成，每次得分后有短暂的休息时间（20~40 秒）。各场比赛的持续时间各不相同，有的可能持续数小时。

不要担心，在本节之后没有测验，但是掌握与在目标运动项目或活动中使用的能量系统以及要评估的身体素质有关的一般知识将有助于正确选择评估。例如，由以下评估组成的测试方案可能适用于网球运动[5]。

- 反应敏捷性测试，用于评估速度、平衡能力和协调性。
- 重复冲刺能力测试，用于评估速度。
- 纵跳测试，用于评估下半身的爆发力。
- 药球投掷测试，用于评估上半身的爆发力。
- 3 次重复最大强度深蹲测试，用于评估下半身力量。
- 间歇折返跑测试，用于评估心肺适能。

主导与影响

在某些情况下，我们可能需要对客户或运动员的目标或预期活动进行更全面的评估。这些评估可能非常复杂，包括收集时间动作分析中的信息和能量系统所贡献的信息，可能没有正当的理由，也可能对评估员造成不利影响（或至少造成混乱）。可以将两项运动作为示例来说明此问题。足球比赛的时间动作分析显示，比赛中的绝大部分时间都花在步行上[23]；而研究表明，在格斗运动中主要使用有氧能量系统[8]。在这两个例子中，如果评估员在不了解活动的情况下进行评估，就可能会导致外行认为评估重点应是心肺适能。然而，教练或训练员会很快告诉你，足球运动员的速度和敏捷性以及格斗运动员的爆发力才应该是主要关注点。这并不是说心肺适能在这两个运动项目中无关紧要，但这两个例子确实能让我们明白，我们既要考虑某项运动的主导因素，也要考虑取得成功的决定性因素。

客户或运动员约束

如前所述，纽威尔的约束模型通常用于描述"活动的最佳协调和控制"[16, 21]。因此，明确潜在的个体、任务和环境对运动或人类运动表现的约束有助于适当地选择评估。

个体　反映客户或运动员身体和心理状态的个体约束可能会影响对评估的选择。特别是，身体成分可能会决定个体是否能够成功完成评估，或者是否需要根据关键的人体测量指标（如体重、身高、臂长和腿长等）来解释结果。某些方案的性质可能会限制其适用性。我们也应特别考虑儿童和老年人的情况，以确保安全。如果客户或运动员具有较高的成熟度（身体和心理）、体能水平和较丰富的训练经验，则可以进行更复杂和体力要求更高的评估。根据损伤的严重程度或位置，旧伤或潜在的损伤可能会使某些个体无法完成特定的评估。与性别有关的标准数据（以及各种其他个体因素）的可用性也可能会对评估的选择形成限制。

任务　任务约束反映目标运动项目或活动的性质和要求以及相应的身体素质，它对于哪些评估适合特定的客户或运动员这一判断有极大的影响。这就是特异性概念特别重要的地方，任务约束、身体素质和所选评估之间的一致性至关重要。特定运动项目的工作休息时间比率决定了身体素质类型和相应评估的选择。看看之前的足球示例，足球是典型的工作休息比率大于1：4[11]的运动项目。其中，工作代表短时间冲刺和方向变化，而长时间的休息则代表步行和站立。在这种情况下，可以选择短距离的速度和敏捷性评估。对于一些运动员来说，不同的场上位置对运动员的要求可能会决定哪些评估是相关的。以美式橄榄球为例，纵跳测试可能更适合外接手，他们应该在尽可能高的位置接球；而卫线队员则不然，他们的任务是通过推开对方的卫线队员来进行防守，对于他们来说，最大上半身力量和耐力的测试可能更适合。目标运动项目或活动的竞争水平或参与水平及其规则也可能会对评估的选择产生影响。

环境　有些环境约束可能会对评估的选择产生影响，包括训练场地或体育组织的政策，例如对可以测量或解释的信息类型的限制，以及对物理环境（如室内或室外场地、噪声、隐私等）的限制。此外，也必须考虑社会规范、教练或健身专业人员和客户或运动员支持团队中的其他人（管理人员、家人、朋友、啦啦队）对所进行的评估类型和所提供的信息的期望。一般而言，环境或组织对变化和持续改进的支持将有助于评估的选择和实施。

有效性

如前所述，有效性的概念不同于有用性，并且可以通过多种方式应用于评估[7, 15, 18]。一般而言，有效性（或者更具体地说，即逻辑有效性或表面效度）是指评估对计划衡量的指标的衡量能力，但可以延伸到生态效度概念，即评估结果在测试环境之外的现实世界中的合理性。从研究的角度来看，有效的评估意味着它与评估特定身体素质的最佳方法所提供的测量值相近。例如，如果旨在估算摄氧量的评估的结果与使用代谢仪器的气体交换分析所确定的最大摄氧量相近，则可以认为该评估是有效的。

由于难以直接比较在评估中使用的现场测量值与基于金标准的实验室测量值，教练或健身专业人员通常依赖于这两种测量值之间的强相关性，这被称为同时效度。生态效度是其中一个问题，在受控环境（如实验室）中测量的临床类型结果和在客户或运动员更可能遇到的环境中测量的运动表现结果之间的差异可能导致无法归纳结果。区别效度是另一种形式的有效性，是指特定评估的结果可以有效地区分预期具有不同身体素质的个体（例如，运动员与非运动员、耐力型运动员与力量型或爆发力型运动员等）。选择本书包含的评估时应考虑到这些类型的有效性。但是，教练或健身专业人员务必要考虑特定评估对其具体情况的有效性。

可靠性

可靠性的概念是指获得特定值的一致性[7]，之前已经就评估的实施和评估中所使用的器材这两个方面进行了介绍。可靠的评估与金标准高度相关，但可能无法提供与之完全相同的结果，这样的评估仍可用于验证特定身体素质的变化。术语"精度"可以被认为是可靠性和有效性的子类别，可用于描述对给定数据点的确信程度[7]。更具体地说，精度给出了一个特定结果可能落入的大致范围。例如，我们可以确信，体重为220磅的人使用精度为0.1磅的秤进行测量，其测量值会在219.9磅和220.1磅之间。这种对特定身体素质测量值的确信程度使我们能够适当地比较每次评估之间的变化。由于评估的主要目的之一是明确客户或运动员的运动表现是否有所改善，所以教练或健身专业人员必须从实际方案、测试环境和器材方面考虑所选评估的可靠性。

客户或运动员分段进行评估

需要评估的客户或运动员的人数以及完成评估的可用时间是需要考虑的主要问题。这些信息将决定所选择的评估类型、所需器材的数量及所需工作人员的数量。根据评估和可用资源的具体情况，可能需要对客户或运动员进行单独评估，例如在反应敏捷性测试中，外部干扰可能会影响成绩；如果各小组的人数在可管理范围内，也可采用团体评估，例如耐力测试或折返跑。最终的决定很大程度上取决于教练或健身专业人员对活动或运动项目、客户或运动员及测试环境的要求的了解。

顺序

由于测试方案中通常包含多项评估，教练或健身专业人员必须考虑每项评估所需的时间（包括休息或恢复时间）、需要安排的评估次数、参加测试的客户或运动员的人数及执行评估的顺序。一般而言，安排评估时应确保前面的评估不会导致下一项评估的成绩下降[24]。因此，应首先进行非疲劳评估，然后按速度或敏捷性、功率（爆发力）、肌肉力量或肌肉耐力、心肺适能的顺序进行评估。这些一般准则可能需要根据所选的具体评估进行调整，尽量在执行体力消耗较大的任务

之前执行对技能要求更高的任务，并且先安排力量任务，再安排耐力任务[15, 18]。如果完成所选评估所需的总时间长于可用时间，则必须在给定时间内安排多次评估。在这种情况下，建议遵循前面提到的准则来对评估进行排序。

各次评估之间应安排足够的恢复时间（数小时到数天，具体取决于评估的强度），但评估之间的间隔不能太久，以免客户或运动员的体能水平发生变化。此外，如果需要对大量客户或运动员进行测试，则可能需要将他们分成不同的批次。根据测试点的数量，可以将评估分成多组，将残余疲劳对彼此影响有限的评估分为一组，并在完成这组测试后再继续进行其他体力消耗更大的评估。这种方法可以通过尽量缩短评估之间的休息时间来加快评估进度。

时间

时间是实施评估时另一个需要考虑的因素。时间限制可能取决于目标运动项目或活动的特定要求（评估是否会对训练时间或进度产生不利影响）、客户或运动员的时间安排（评估是否会对客户或运动员的其他个人或职业安排产生不利影响），以及与设施和其他工作人员的协调（是否需要特殊设施）。

建议在开始计划的训练进程之前，在相对稳定的训练期内进行基准评估。通常选择在赛季前或训练周期之间的过渡期进行基准评估；然而，在客户或运动员较多的情况下，由于难以确定相对的训练稳定性，单次基准评估的结果可能作用有限。因此，应考虑定期进行评估。定期评估的频率因情况而

异，但过渡期（如赛季前后或训练周期之间）是极好的评估机会，有助于进行未来的规划。评估之间应留出足够的时间，以便进行干预性调整。对于青少年运动员而言，建议每3个月进行1次评估，以跟踪其与成熟度相关的成长和发展状态[25]。

标准数据的可用性

能够使客户或运动员的测试结果与之进行比较的参考数据，即标准数据的可用性也有可能决定特定评估的选择。这些标准数据是一组标准值或规范值，来自大量不同的个体（用于与一般群体进行比较）或大量具有相似性的个体（用于与特定目标群体进行比较）。特定目标群体的数据非常有用，并且当他们与被评估的客户或运动员的基本信息相匹配（相近的年龄、性别、运动项目或活动、技能水平等）时，这些数据与标准数据的相关度会变得更高。尽管有些教练或健身专业人员已从自己的客户或运动员那里获得了足够多的评估结果以供比较，但本书后续章节中将为书中所包含的评估提供已有的标准数据。

先前介绍的身体素质（或被认为与特定情况相关的身体素质分组）和用于量化这些身体素质的、选定的评估可共同用来表示客户或运动员的体能状况（或优势和弱势）。可以将每个身体素质的测量值与标准数据进行比较，并使用先前介绍的术语，将接受评估的客户或运动员的每个身体素质划分为欠佳、标准或杰出。图3.3所示的雷达图展示了本章中涉及的身体素质。为了更好地解读雷达图，我们还在其中添加了在第1章中介绍过的倒U形曲线，以及表示欠佳、标准和杰出数值范围的阴影区域。

该信息将相关评估可视化，有利于完善决策过程。例如，与特定身体素质的标准值进行比较，其偏差值可用于确定是否应该选择特定干预措施，客户或运动员与同类型群体的水平相比是超前、相同还是落后。图3.4所示的雷达图描绘的运动员表现出特别发达的柔韧性、平衡能力、力量和爆发力，但心肺适能较弱。而图3.5所示的运动员表现出特别强的心肺适能，但其缺乏肌肉力量和耐力。

在了解个体客户或运动员、整个团队或客户团体的体能概况后，教练或健身专业人员可以针对这些情况做出决策，包括修改训练计划或采取一些干预措施。然后可以进行跟进评估，比较之前的结果（黑色的线条和标记）和当前结果（白色的线条和标记），从而了解所选反应是否成功，如图3.6的雷达图所示。在图3.6中，肌肉力量和耐力似乎已经从欠佳上升为标准，同时其他几项身体素质也有微小的变化。

一般性建议

在列出与前述身体素质相关的具体评估之前，应该先总结一些有助于开展这些程序的一般性建议。这些建议涉及客户或运动员筛查和体检、熟悉程序、测试前指南、热身和执行评估的相关程序等内容。

评估前筛查

在客户或运动员参与评估之前，必须检查其整体健康状况和运动能力。本书假设客户或运动员已经获得医生的许可或通过其他途径获准参与评估，并且目前已参与目标运动项目或活动。

图3.7所示（第44~47页）的自我引导式"2018年版体力活动准备问卷（2018 PAR- Q+）"可以帮助确定何时需要医生签发的许可。还应该注意的是，在选择评估时，教练或健身专业人员可能需要特别考虑一些先前存在的伤病（如长时间的伤病或有缺陷的动作模式）。

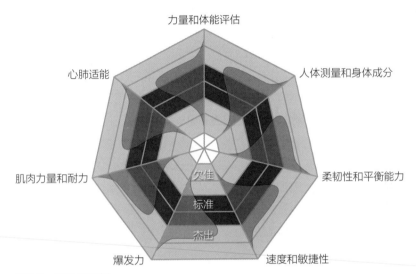

图3.3 雷达图示例

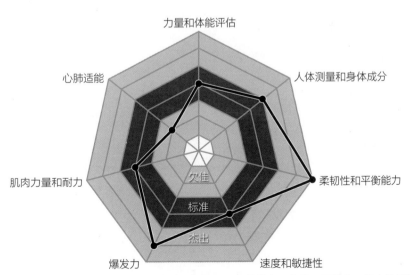

图3.4 雷达图显示运动员具有发达的柔韧性、平衡能力、力量和爆发力，但心肺适能较弱

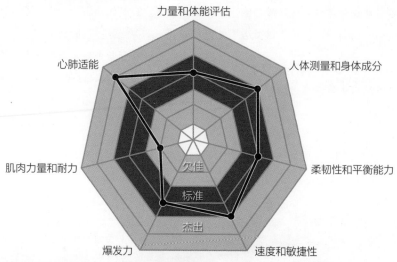

图3.5　雷达图显示运动员的心肺适能特别强，但缺乏肌肉力量和耐力

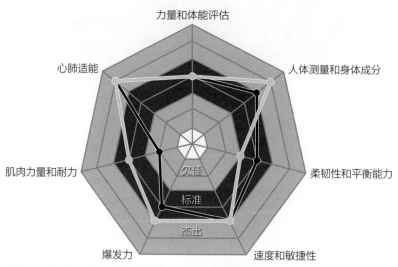

图3.6　显示比较结果的雷达图

熟悉程序

　　在收集正式数据之前应先进行几次熟悉性（或练习）评估，以便客户或运动员和教练或健身专业人员熟悉评估的程序和器材。此过程有助于确定是否有可能会影响获得最有用的和最相关的评估结果的程序问题和外部因素。可能需要考虑快速掌握新任务的能力（称为学习效果），即与动作学习或战术策略相关的快速提高。因此，熟悉评估有助于客户或运动员沿着学习曲线移动，以便更清楚地识别与训练计划或其他干预相关的变化。

测试前指南

正如需要相对的训练稳定性，我们还建议保持每日的自我平衡状态（定义为周围环境的平衡），这包括与水合作用、饮食、之前的体力活动造成的残余疲劳以及睡眠有关的因素，可以通过传达具体的测试前指南来解决[18]。考虑到这些建议和生物活性的日常变化，评估通常应在一天中的某个特定时间段进行。为了尽量减少饮食习惯的急剧变化所产生的影响，身体成分测试通常在早上完成。客户或运动员应在评估前约24小时内避免高强度体力活动，并在测试前2~4小时（体重测试4~6小时）避免大吃大喝，具体以评估的要求为准。如果最近实施了新的干预措施，特别是阻力训练产生了变化，成绩的提高可能会延迟，并且可能需要额外减轻负荷并缩短训练时间才可以充分捕捉成绩的变化。当评估结果被用作评估竞技状态的指标时，教练或健身专业人员和客户或运动员可以考虑两种做法，一是在正式比赛之前进行最低程度的疲劳评估，二是在模拟比赛之前执行要求更苛刻的评估程序。这种方法可以让客户或运动员进入标准的准备状态，但并不代表这是稳定的日常状态。

热身

在参与评估之前，应完成一般性和专项活动热身[15]。建议客户或运动员在大多数评估之前避免长时间静态拉伸，因为这可能会对成绩产生潜在的负面影响。因此，应该采用强度逐渐增加的动态拉伸。表3.2（见第48~49页）列出了一般性热身的示例。在随后的章节中出现的评估方案也提供了专项活动热身的示例。

简洁明了的评估方案

为了获得可信的数据并有效地比较不同人和时间点的结果，通过始终如一地描述和执行评估使程序标准化是至关重要的。因此，在描述和执行评估时应该有效地进行沟通，以便客户或运动员清楚地了解要求。如前所述，可以使用教练或健身专业人员已实践过并针对特定情况调整过的书面脚本来完善指南。这种方法有助于识别和最小化每次测试之间的偏差。然而，当偏差确实发生时（例如，客户或运动员改变其动作模式或处于几乎没有睡觉或穿着不合适的衣服或鞋子等受影响状态），教练或健身专业人员应在测试笔记中记录这些潜在的问题，并在解读评估结果时考虑到这些问题的影响。

让相同的教练或健身专业人员对所有要测试的客户或运动员进行某一给定的评估，这有助于评估方案的标准化。这种做法将最大限度地减少指令传达过程中所产生的差异，提高客户或运动员的舒适度，同时减轻性格、鼓励和反馈等因素对成绩的影响。在可能的情况下应提供积极的反馈，以便在评估环境中使客户或运动员保持高水平的参与度和积极性。因此，教练或健身专业人员需要确认客户或运动员在测试过程中达到了必要的努力水平且没有采取任何节奏策略（为测试过程中的特定时刻留力），这一点特别重要。如果发生上述两种情况，则结果可能无效，需要再次进行评估。

2018 PAR-Q+
适合所有人的体力活动准备问卷

经常参加体力活动对健康的好处显而易见；应该有更多的人每天都参加体力活动。对于大部分人来说，参加体力活动是非常安全的。本问卷将让您了解您是否有必要在提高身体活跃水平之前向医生或有资质的运动专业人员寻求更多的建议。

一般健康问题

请仔细阅读以下7个问题并如实地回答每个问题：勾选"是"或"否"。	是	否
1）您的医生是否曾经说过您有心脏问题□或高血压问题□？	□	□
2）您是否在休息时、在日常活动中或在体力活动中感到过胸部疼痛？	□	□
3）您在过去12个月中是否曾因眩晕而失去平衡或失去意识？ 如果您的眩晕与过度呼吸有关（包括在剧烈运动中），请勾选"否"。	□	□
4）您是否曾被确诊患有其他慢性疾病（除心脏病或高血压外）？ **请在此处列出慢性疾病：**	□	□
5）您目前是否在服用慢性疾病的处方药？ **请在此处列出慢性疾病及药品：**	□	□
6）您目前是否患有（或在过去12个月内曾患有）可能会因运动而恶化的骨骼、关节或软组织（肌肉、韧带或肌腱）问题？如果您过去曾患有此类问题，但不影响您目前的活动能力，请勾选"否"。 **请在此处列出病症：**	□	□
7）您的医生是否曾说过您只应该在医务人员的监督下进行体力活动？	□	□

☑ **如果您对上述问题的回答均为"否"，您可以获准参加体力活动。**
　请签署"参与者声明"。您不需要填写第2页和第3页。

◉ 开始增加运动量——慢慢开始，逐渐增加。

◉ 遵循适合您年龄的"国际体力活动指南"。

◉ 如果您超过45岁，并且不习惯定期进行剧烈到最大体力消耗的运动，请在参与这种强度的运动之前先咨询有资质的运动专业人员。

◉ 如果您有其他问题，请联系有资质的运动专业人员。

参与者声明

如果您的年龄未满签署同意书所要求的法定年龄或需要医疗保健机构的同意，那么您的父母、监护人或医疗保健机构也必须在此声明上签字。

我，签字人，已阅读、完全理解并完成了这份问卷。我知晓此体力活动许可的有效期限为自完成本问卷之日起12个月，并且在我的身体状况发生改变时，此许可即失效。我也同意社区/健身中心保留此许可的副本作为记录。这些副本具有相同的机密性，并遵守其所适用的法律。

姓名：_____　日期：_____

签字：_____　见证人：_____

家长/监护人/医疗保健机构签字：_____

● **如果您对上述的一个或多个问题的回答为"是"，请填写第2页和第3页。**

⚠ **如果出现下列情况，请延期参加体力活动。**

✓ 您暂时患病，如感冒或发烧；最好等感觉好一点再运动。

✓ 您怀孕了，在参加体力活动前请咨询您的保健医师、医生、有资质的运动专业人员，和/或在相关网站上完成ePARmed-X+。

✓ 您的健康状况发生变化，请在继续参与任何体力活动项目之前回答本问卷第2页和第3页上的问题，和/或咨询您的医生或有资质的运动专业人员。

图3.7　2018年版体力活动准备问卷

（经PAR-Q+ Collaboration和PAR-Q+的作者许可引用。）

2018 PAR-Q+

关于您的健康状况的跟进问题

1. 您是否有关节炎、骨质疏松症或背部问题？
　　如果患有上述病症，请回答问题1a~1c。　　　　　如果**否**□，请转到问题2

1a. 您是否难以通过药物或其他医生的处方治疗来控制病情？
　　如果您目前没有服用药物或接受其他治疗，请回答"否"。　　　　　　　　　　　是□　否□

1b. 您是否有导致疼痛的关节问题、近期的骨折或由骨质疏松症或癌症引起的骨折、椎骨移位，
　　例如，脊椎前移和/或脊椎滑脱/神经弓应力性骨折缺损（脊柱背部骨环中有裂缝）？　　是□　否□

1c. 您到目前为止定期注射类固醇或服用类固醇药片的时间是否超过3个月？　　　　　是□　否□

2. 您目前是否患有任何一种癌症？
　　如果患有上述病症，请回答问题2a~2b。　　　　　如果**否**□，请转到问题3

2a. 您的癌症诊断是否包括以下类型：肺/支气管、多发性骨髓瘤（浆细胞癌）、头部
　　和/或颈部？　　　　　　　　　　　　　　　　　　　　　　　　　　　　　　是□　否□

2b. 您目前是否正在接受癌症治疗（如化疗或放疗）？　　　　　　　　　　　　　　是□　否□

3. 您是否患有心脏病或心血管疾病，包括冠状动脉疾病、心力衰竭、确诊心律异常？
　　如果患有上述病症，请回答问题3a~3d。　　　　　如果**否**□，请转到问题4

3a. 您是否难以通过药物或其他医生的处方治疗来控制病情？
　　如果您目前没有服用药物或接受其他治疗，请回答"否"。　　　　　　　　　　　是□　否□

3b. 您是否有需要就医的心律不齐（例如，心房颤动、室性早搏）？　　　　　　　　是□　否□

3c. 您是否患有慢性心力衰竭？　　　　　　　　　　　　　　　　　　　　　　　　是□　否□

3d. 您是否被确诊患冠状动脉（心血管）疾病并且在过去2个月内没有定期参加体力活动？　是□　否□

4. 您是否有高血压？
　　如果患有上述病症，请回答问题4a~4b。　　　　　如果**否**□，请转到问题5

4a. 您是否难以通过药物或其他医生的处方治疗来控制病情？
　　如果您目前没有服用药物或接受其他治疗，请回答"否"。　　　　　　　　　　　是□　否□

4b. 在有或没有用药的情况下，您的静息血压是否等于或大于160/90毫米汞柱？如果您不知道
　　自己的静息血压，请回答"是"。　　　　　　　　　　　　　　　　　　　　　是□　否□

5. 您是否患有任何代谢疾病，包括1型糖尿病、2型糖尿病、糖尿病前期？
　　如果患有上述病症，请回答问题5a~5e。　　　　　如果**否**□，请转到问题6

5a. 您是否经常难以通过食物、药物或其他医生的处方治疗来控制血糖水平？　　　　是□　否□

5b. 您是否经常在运动后和/或日常生活的活动中出现低血糖的体征和症状？低血糖的体征可能
　　包括颤抖、紧张、异常烦躁、异常出汗、眩晕或头晕、心慌、说话困难、软弱无力或困倦。　是□　否□

5c. 您是否有糖尿病并发症的体征或症状，如心脏病或血管疾病和/或影响您的眼睛、肾脏、
　　脚趾或脚部感觉的并发症？　　　　　　　　　　　　　　　　　　　　　　　　是□　否□

5d. 您是否患有其他代谢疾病（如孕期糖尿病、慢性肾脏疾病或肝脏问题）？　　　　是□　否□

5e. 您是否有计划在不久的将来参加对您来说强度非常高（或剧烈）的运动？　　　　是□　否□

图3.7 （续）　　　　　　　　　　　　　　　　　　　　　　　　　　　　　　2/4
（经PAR-Q+ Collaboration和PAR-Q+的作者许可引用。）

2018 PAR-Q+

6. 您是否有任何心理健康问题或学习困难，包括阿尔茨海默病、痴呆、抑郁症、焦虑性障碍、进食障碍、精神疾病、智力残疾、唐氏综合征？
如果患有上述病症，请回答问题6a~6b。　　　　　　　　　如果否□，请转到问题7

6a. 您是否难以通过药物或其他医生的处方治疗来控制病情？
如果您目前没有服用药物或接受其他治疗，请回答"否"。

6b. 您是否患有唐氏综合征和影响神经或肌肉的背部问题？　　　　　　　　　　　　　　　　是□　否□

7. 您目前是否患有呼吸系统疾病，包括慢性阻塞性肺疾病、哮喘、肺动脉高血压？
如果患有上述病症，请回答问题7a~7d。　　　　　　　　如果否□，请转到问题8

7a. 您是否难以通过药物或其他医生的处方治疗来控制病情？
如果您目前没有服用药物或接受其他治疗，请回答"否"。　　　　　　　　　　　　　　是□　否□

7b. 您的医生是否说过您在静息或运动时的血氧水平低和/或您需要补氧治疗？　　　　　　是□　否□

7c. 如果您患有哮喘，您目前是否有胸闷、喘息、呼吸困难、持续咳嗽（每周超过两天）的症状，
或者您在上周使用过两次以上的援救药物？　　　　　　　　　　　　　　　　　　　　是□　否□

7d. 您的医生是否说过您的肺部血管有高血压？　　　　　　　　　　　　　　　　　　　是□　否□

8. 您是否有脊髓损伤，包括四肢瘫痪和截瘫？
如果患有上述病症，请回答问题8a~8c。　　　　　　　　如果否□，请转到问题9

8a. 您是否难以通过药物或其他医生的处方治疗来控制病情？
如果您目前没有服用药物或接受其他治疗，请回答"否"。　　　　　　　　　　　　　　是□　否□

8b. 您是否经常表现出明显的静息低血压，以致引起眩晕、头晕和/或昏厥？　　　　　　是□　否□

8c. 您的医生是否曾指出您会出现突然性高血压（自主神经反射异常）？　　　　　　　　是□　否□

9. 您是否曾中风，包括短暂性脑缺血发作（TIA）或脑血管事件？
如果患有上述病症，请回答问题9a~9c。　　　　　　　　如果否□，请转到问题10

9a. 您是否难以通过药物或其他医生的处方治疗来控制病情？
如果您目前没有服用药物或接受其他治疗，请回答"否"　　　　　　　　　　　　　　是□　否□

9b. 您是否有步行或行动障碍？　　　　　　　　　　　　　　　　　　　　　　　　　是□　否□

9c. 您是否在过去6个月内出现过中风、神经受损或肌肉受损？　　　　　　　　　　　　是□　否□

10. 您是否患有未在上面列出的任何其他疾病，或者您是否患有两种或两种以上的疾病？
如果患有其他病症，请回答问题10a~10c。　　　　　　　如果否□，请阅读第4页的建议

10a. 您是否在过去12个月内因头部受伤而经历过眼前发黑、昏厥或失去意识的情况，或者您在过去
12个月内是否有被诊断为脑震荡的情况？　　　　　　　　　　　　　　　　　　　　是□　否□

10b. 您是否患有未列出的疾病（如癫痫、神经系统疾病、肾脏问题）？　　　　　　　　是□　否□

10c. 您目前是否患有两种或更多种疾病？　　　　　　　　　　　　　　　　　　　　　是□　否□

请在此处列出您的病症和所有相关药物：＿＿＿＿＿＿＿＿＿＿＿＿＿＿＿＿＿＿＿＿＿＿＿＿

> **请参阅第4页，了解有关您当前疾病的建议并签署"参与者声明"。**

图3.7 （续）

3/4

（经PAR-Q+ Collaboration和PAR-Q+的作者许可引用。）

2018 PAR-Q+

☑ 如果您对所有关于您的疾病的跟进问题（第 2~3 页）都回答"否"，那么您已准备好参加体力活动，请签署以下"参与者声明"。

◉ 建议您咨询有资质的运动专业人员，帮助您制订安全有效的体育锻炼计划，以满足您的健康需求。

◉ 建议您慢慢开始，然后逐渐提升：20~60 分钟的低到中等强度的运动，每周 3~5 天，包括有氧运动和肌肉力量训练。

◉ 随着您的进步，您的目标应该是每周累计进行 150 分钟或更长时间的中等强度体力活动。

◉ 如果您超过 45 岁，并且不习惯定期进行剧烈到最大体力消耗的运动，请在参与这种强度的运动之前先咨询有资质的运动专业人员。

◉ 如果您对一个或多个关于您的疾病的跟进问题都回答"是"：您在参加更多体力活动或进行体能评估之前应该了解更详细的信息；您应该完成特别设计的在线筛查和锻炼建议计划——在相关网站上的 ePARmed-X+，和/或咨询有资质的运动专业人员，与其一起完成 ePARmed-X+ 并获取更多信息。

⚠ **如果出现下述情况，请延期参加体力活动。**

✔ 您暂时患病，如感冒或发烧；最好等感觉好一点再运动。

✔ 您怀孕了，在参加体力活动前请咨询您的保健医师、您的医生、有资质的运动专业人员，和/或在相关网站上完成 ePARmed-X+。

✔ 您的健康状况发生变化，请在继续参与任何体力活动项目之前回答本问卷第 2 页和第 3 页上的问题，和/或咨询您的医生或有资质的运动专业人员。

● 建议您复印 PAR-Q+。您必须使用完整的问卷，不得更改。

● 作者、PAR-Q+Collaboration、合作伙伴组织及其代理人不对参加体力活动和/或使用 PAR-Q+ 或 ePARmed-X+ 的人承担任何责任。如果在完成问卷后存有疑问，请在参加体力活动前咨询您的医生。

参与者声明

● 所有完成 PAR-Q+ 的人请阅读并签署以下声明。

● 如果您的年龄未满签署同意书所要求的法定年龄或需要医疗保健机构的同意，那么您的父母、监护人或医疗保健机构也必须在此声明上签字。

我，签字人，已阅读、完全理解并完成了这份问卷。我知晓此体力活动许可的有效期限为自完成本问卷之日起 12 个月，并且在我的身体状况发生改变时，此许可即失效。我也同意社区/健身中心保留此许可的副本作为记录。这些副本具有相同的机密性，并遵守其所适用的法律。

姓名：_____　　日期：_____

签字：_____　　见证人：_____

家长/监护人/医疗保健机构签字：_____

图 3.7 （续）　　　　　　　　　　　　　　　　　　　　　　　　　　　　4/4
（经 PAR-Q+ Collaboration 和 PAR-Q+ 的作者许可引用。）

表3.2　一般性热身

练习			时间/重复次数
1. 低到中等强度的运动（以客户或运动员可轻松进行对话的速度慢跑、骑自行车或划船）			5分钟
2. 自重深蹲			10次
3. 自重行走弓步			10次
4. 臂绕环			10次
5. 行走腘绳肌伸展（收膝）			10次

续表

练习		时间/重复次数
6. 摆臂		10次
7. 行走四头肌伸展（后踢腿）		10次
8. 俯卧撑		10次
9. 自重深蹲跳		10次

小 结

有多种因素可影响评估的选择。选择评估必须考虑客户或运动员和教练或健身专业人员的需求，同时应了解某些资源（包括时间）的可用性。评估的选择需确定满足目标运动项目或活动的动作模式和代谢需求所必需的基本身体素质。为了完成这项工作，教练或健身专业人员需了解现有的个体约束、任务约束和环境约束，并遵循评估的基本原则（包括有效性和可靠性）。在对客户或运动员进行筛查和体检之后，熟悉程序、测试前指南、热身和执行与评估相关的程序将有助于成功完成所选评估。最后，作为持续改进过程的一部分，使用标准数据分析评估结果，有助于教练或健身专业人员对客户或运动员的体能状况进行合理评价。

第**2**部分

评估方案

本书的第2部分将为第1部分涉及的基本身体素质提供评估方案，分别针对以下几方面：人体测量和身体成分、柔韧性和平衡能力、敏捷性和冲刺能力、爆发力、肌肉力量和肌肉耐力及心肺适能。通过步骤解析、研究笔记和标准数据，这些评估被更全面地呈现出来。最后一章的安排则略有不同，其重点是监测训练，监测训练通常比基本身体素质评估的使用频率更高。

第 4 章

人体测量和身体成分

人体测量和身体成分通常被用于评估客户或运动员的整体健康状况。这些测量值的重要性在很大程度上取决于被评估的个体的运动背景和目标。极端的人体测量值（例如较高的身体质量指数或腰臀比）被看作疾病风险分级的信号，而身体部位的围度和皮褶厚度可用于比较并估算身体成分和外观的变化。许多人关注体脂百分比；然而，我们所依赖的估算公式往往是从一个小群体中开发出来的，这些公式尚未通过长时间对变化的跟踪而得到真正的验证。因此，我们建议尽可能记录和评估实际测量值。由于身体成分及其与运动表现的关系因人而异，因此本章将使用"低"和"高"，而不是"欠佳"和"杰出"来表述。本章将介绍的评估如下。

■ 体重、身高和身体质量指数[11,15]。

■ 身体部位围度[8, 11]。

■ 皮褶评估（体脂百分比、脂肪量和去脂体重）[8, 11]。

■ 生物电阻抗分析[8]。

体重、身高和身体质量指数

目的

体重和站立身高是客户或运动员的标准身体测量指标。身体质量指数（BMI）通常用于健康风险分级，但也可作为相对于身高的体重指标。

结果

体重，单位为千克；站立身高，单位为厘米；身体质量指数，单位是千克/米^2。

需要的器材

采用平衡梁式秤（或数字秤）和壁挂式测距仪或独立式测距仪（身高测量装置）；或采用组合式秤和测距仪；计算器或列线图。

开始之前

进行身高和体重测试的时间应该统一为一天中的某个特定时间，因为两者都会在24小时内发生变化。应提示客户或运动员在评估前4~6小时内不要进食并使身体保持充足的水分。确保秤或测距仪安装在稳定、平坦的表面上。在评估过程中，建议让第三方在场记录这些测量值，并重述一遍，以确保记录准确。应在保护客户或运动员的隐私方面进行适当的考虑，包括更衣室的使用规则及客户或运动员对评估过程中的在场人员的舒适度或熟悉感。

方案

体重

1. 在开始时，首先对客户或运动员说："我们将测量你的体重。你准备好了吗？如果准备好了，请脱下所有不必要的衣物，包括鞋子、袜子和饰品。"通常，必要的衣服（T恤和短裤）的重量很轻，建议每次评估时客户或运动员都穿类似的衣服。如果需要测量裸重，则可以单独称衣服的重量，并从穿衣体重中减去衣服的重量。

2. 若使用数字秤，则应先确认数字读数已调整为零；若使用平衡梁式秤，则应先将滑砣置于零刻度，平衡臂应居中。

3. 对客户或运动员说："踏上秤台，双脚分开至与肩同宽，双手和双臂放在身体两侧。在我们成功记录你的体重之前，请尽可能保持不动。"

4. 若使用数字秤，则将读数记录为体重值；若使用平衡梁式秤，则将平衡臂居中时滑砣所在位置对应的读数记录为体重值，精确到0.11千克。

5. 完成评估后，应说"谢谢"，并指示客户或运动员："请离开秤台。"

站立身高

1. 在开始时，首先对客户或运动员说："我们将测量你的身高。你准备好了吗？如果准备好了，请脱下你的鞋子和袜子，以及所有头饰和配饰。"

2. 指示客户或运动员："背对着测量设备站立（如果使用壁挂式测距仪，则提示要背靠墙壁，如果使用独立式测距仪/医疗秤，则提示要背靠立柱），双脚分开至与肩同宽，双手和双臂放在身体两侧。"

3. 对客户或运动员说："请直视前方，下巴与地面尽量保持平行。"如有必要，再询问"我可以帮助你将头部调整到合适的位置以测量你的身高吗？"在收到肯定答复后，调整客户或运动员的下巴，使其眼睛的下半部分与耳孔水平对齐。

4. 接下来，指示客户或运动员："在进行测量时，尽可能站直并深吸气直到完成测量。"在此期间，将水平臂放在客户或运动员头部的最高点。

5. 记录身高，精确到6~12毫米。

6. 完成评估后，指示客户或运动员："请离开测距仪。"

替代或修改方案

如果需要测量坐高或腿长，则可再次执行站立身高的测量程序，但应要求客户或运动员采用坐姿，双脚放在地板上，放松下半身的肌肉。然后可以用站立身高减去坐高来估算腿长。

完成之后

身体质量指数（单位是千克/米^2）可以手动计算，用以千克为单位的体重除以以米为单位的站立身高的平方。计算身体质量指数的另一种方法是使用图4.1所示的列线图。

研究笔记

身体质量指数通常用于对健康状况进行分级，其原理是评估特定身高的个体是否超重或体重不足（见表4.1）。但这种方法可能不适合那些肌肉非常发达的个体，因为它无法区分身体中的脂肪和肌肉组织的重量，他们可能被划分到超重或肥胖级别中。不同体育项目的运动员的身体质量指数不一样。在田径运动员中，竞技距离越短（或平均速度越快），身体质量指数的值越大：大多数100米短跑运动员的值大约为24千克/米^2，200米运动员的值为23千克/米^2，400米运动员的值为22千克/平方米~23千克/米^2，800米和1500米运动员的值为21千克/米^2，10000米和马拉松运动员的值则为20千克/米^2。有趣的是，与时间较长或速度较慢的项目相比，参与时间更短或速度更快的项目的运动员身体质量指数的变化幅度更大，这表明除了人体测量之外，某些生物力学和生理学的因素也可能对短跑成绩产生影响[17]。

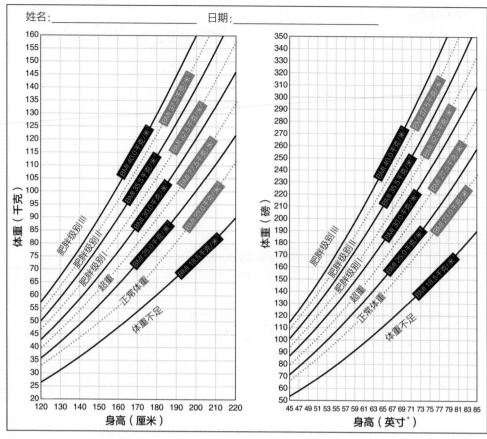

图4.1 身体质量指数列线图

[源自: D. Fukuda, *Assessments for Sport and Athletic Performance* (Champaign, IL: Human Kinetics, 2019). World Health Organization, "Appropriate Body-Mass Index for Asian Populations and Its Implications for Policy and Intervention Strategies," *The Lancet* 363 (2004): 157-163.]

表4.1 身体质量指数（BMI）分级

类别		BMI值
体重不足		<18.50
正常体重		18.50~22.99 23.00~24.99
超重		25.00~27.49 27.50~29.99
肥胖	级别I	30.00~32.49 32.50~34.99
	级别II	35.00~37.49 37.50~39.99
	级别III	≥40.00

[源自: World Health Organization, "Appropriate Body-Mass Index for Asian Populations and Its Implications for Policy and Intervention Strategies," *The Lancet* 363 (2004): 157-163.]

---

* 1英寸为2.54厘米，余同。

标准数据

图4.2所示为男性体重分级，图4.3所示为女性体重分级。表4.1所示为身体质量指数值的分级，而图4.4~4.7所示为男性和女性在各年龄阶段的身体质量指数参考值及不同运动项目的男性和女性运动员的身体质量指数参考值。

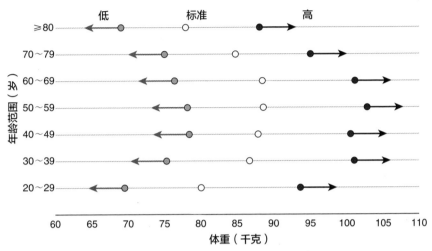

图4.2 男性在各年龄阶段的体重分级：低25%；标准50%；高75%
（数据源自本章文献[6]。）

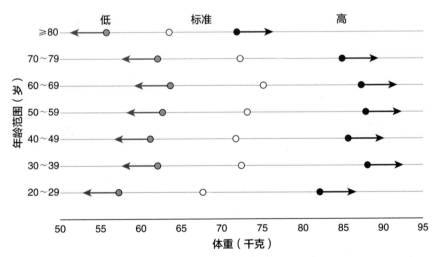

图4.3 女性在各年龄阶段的体重分级：低25%；标准50%；高75%
（数据源自本章文献[6]。）

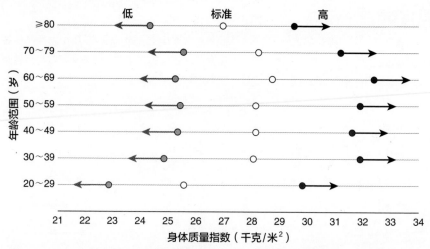

图4.4 男性在各年龄阶段中的身体质量指数分级：低25%；标准50%；高75%
（数据源自本章文献[6]。）

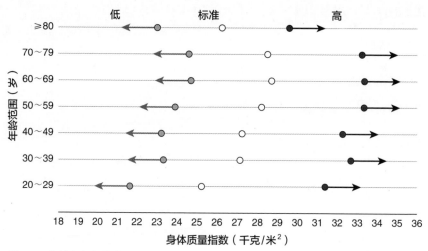

图4.5 女性在各年龄阶段的身体质量指数分级：低25%；标准50%；高75%
（数据源自本章文献[6]。）

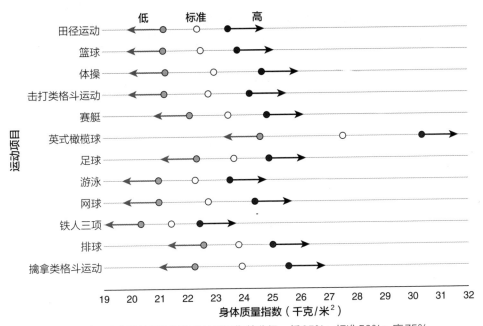

图4.6 不同运动项目的男性运动员的身体质量指数分级：低25%；标准50%；高75%
（数据源自本章文献[16]。）

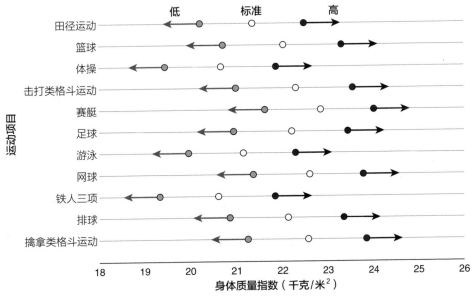

图4.7 不同运动项目的女性运动员的身体质量指数分级：低25%；标准50%；高75%
（数据源自本章文献[16]。）

身体部位围度

目的

身体部位围度评估有助于评价与身体质量（或脂肪）分布相关的健康风险。我们可以通过腰臀比及与身体部位（臂、腿和躯干）质量有关的人体测量特征来评估健康风险。

结果

特定身体部位围度，单位为厘米；腰臀比。

需要的器材

软卷尺；计算器或列线图。

开始之前

进行围度评估的时间应该统一为一天中的某个特定时间。应提示客户或运动员在评估前4~6小时内不要进食并使身体保持充足的水分。在评估过程中，建议让第三方在场记录这些测量值，并重述一遍，以确保记录正确。应在保护客户或运动员的隐私方面进行适当的考虑，包括更衣室的使用规则及客户或运动员对评估过程中的在场人员的舒适度或熟悉感。

方案

1. 在开始时，首先对客户或运动员说："我们将测量你身体几个部位的围度。你准备好了吗？如果准备好了，请脱下所有不必要的衣物，包括鞋子、袜子和饰品。"

2. 客户或运动员做好准备后，继续说："在找到特定的标志后，我们将利用卷尺围绕身体某些部位进行测量。在我进行测量时，请保持放松并正常呼吸。"

3. 在确定客户或运动员身体部位的相应标志后（见图4.8和表4.2），用卷尺缠绕身体部位一周。确保卷尺与地面平行（除了测量手臂时，卷尺应与地面垂直）的同时平贴着皮肤、没有扭曲或弯曲，并且对卷尺下的组织的挤压程度最小（见图4.9）。如果使用Gulick弹簧配件，请确保弹簧装置每次都拉伸到相同的标记处。

4. 将眼睛与卷尺对齐，在客户或运动员正常呼气结束后读取并记录测量值。

5. 在每一个身体部位上找到适当的位置重复测量围度，直到记录的测量值之间的偏差在5毫米以内。

6. 评估完成后对客户或运动员说："谢谢你的合作。"

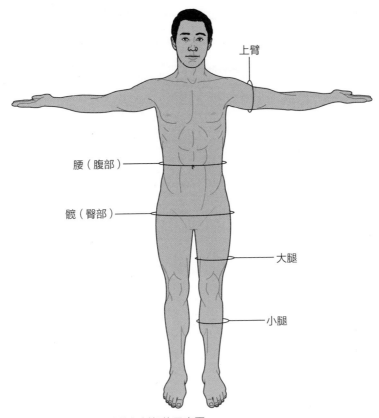

上臂

腰（腹部）

髋（臀部）

大腿

小腿

图4.8 身体部位围度的解剖部位示意图

表4.2 身体部位围度的解剖部位描述

部位	描述
上臂或手臂（放松）	上臂，取肩部和肘关节之间的中间位置；测量时采用放松的站立姿势，双臂侧平举
腰或腹部	在肋骨和髋骨上部之间的躯干最窄的部分；测量时采用放松的站立姿势，双臂放在身体两侧或屈臂交叉放于胸前，重心位于双脚之间
髋或臀部	位于髋和臀部的最宽处；测量时采用放松的站立姿势，双臂放在身体两侧或屈臂交叉放于胸前，重心位于双脚之间
大腿或大腿中部	在髋关节和大腿前部膝盖骨（髌骨）上角之间的中间位置；测量时双臂放在身体两侧，并以放松的姿势站立，双脚略微分开，重心位于双脚之间
小腿	采用坐姿或将脚放在有一定高度的盒子上（膝关节和髋关节弯曲成直角），水平地测量最大小腿围；测量时也可采用放松的站立姿势，双脚略微分开，重心位于双脚之间，双臂放在身体两侧

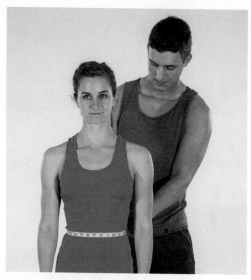

图4.9 围度测量示例

替代或修改方案

臂围测量也可以采用屈臂姿势，并在上臂最粗的部位进行测量。

完成之后

腰臀比的计算方法是用腰围（不要与腹围混淆）除以臀围，也可以使用图4.10所示的列线图。腰臀比通常用于区分将脂肪累积在腰部（苹果形身材）的个体和将脂肪累积在臀部（梨形身材）的个体，并确定其相应的疾病风险。该比率也是质量的相对分布指标，质量分布可能会影响个体的重心和被称为"姿势稳定性"的平衡指标。可以用同一身体部位的围度值和皮褶厚度值（在本章后文中将讨论）对基础组织的构成（脂肪量和去脂体重）进行整体估算。

研究笔记

在艺术体操运动中，人体测量指标与运动表现高度相关。有趣的是，研究证明，人体测量值和摄氧量对竞技排名分数具有同等的影响力，而柔韧性、爆发力和无氧能力则影响较小。此外，虽然精英和非精英体操运动员的身体部位围度数值可能相近，但是对于精英运动员来说，该测量值似乎与他们在全国性赛事中所获的排名分数具有更大的相关性[5]。

标准数据

图4.11和图4.12所示为男性和女性腰臀比对应的健康风险分级，而图4.13~4.20所示为不同运动项目的男性和女性运动员的身体部位围度参考值。

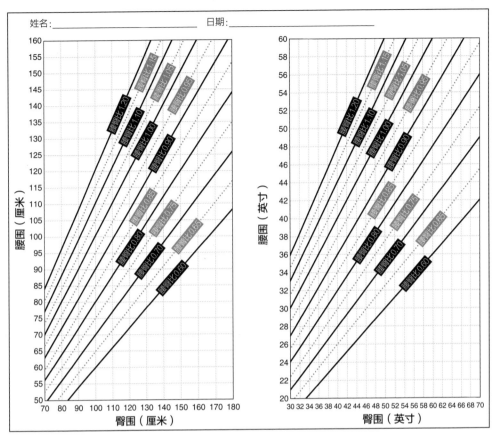

图4.10 腰臀比列线图

[源自: D. Fukuda, *Assessments for Sport and Athletic Performance* (Champaign, IL: Human Kinetics, 2019).]

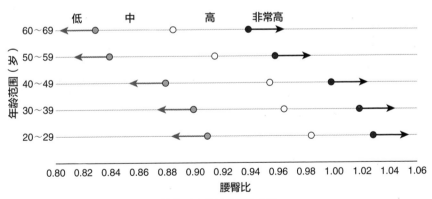

图4.11 男性在各年龄阶段的腰臀比对应的健康风险分级

（数据源自本章文献[8]。）

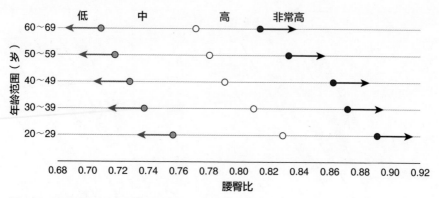

图4.12 女性在各年龄阶段的腰臀比对应的健康风险分级
（数据源自本章文献[8]。）

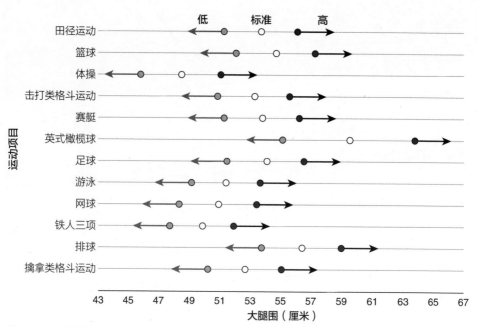

图4.13 不同运动项目的男性运动员的大腿围分级：低25%；标准50%；高75%
（数据源自本章文献[16]。）

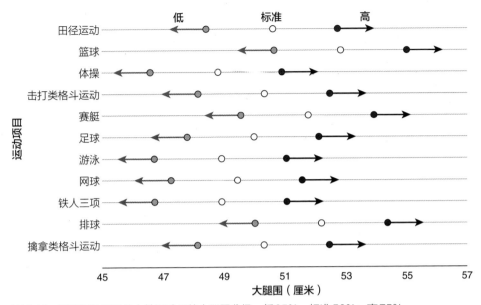

图4.14 不同运动项目的女性运动员的大腿围分级：低25%；标准50%；高75%
（数据源自本章文献[16]。）

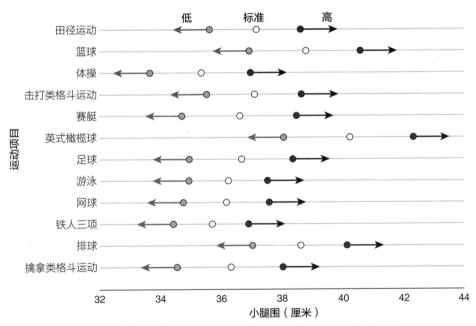

图4.15 不同运动项目的男性运动员的小腿围分级：低25%；标准50%；高75%
（数据源自本章文献[16]。）

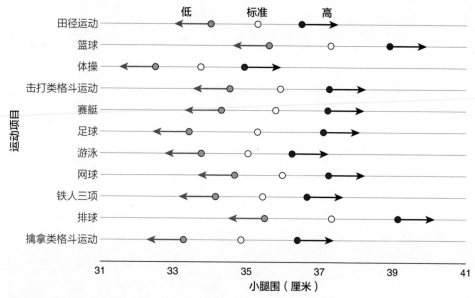

图4.16 不同运动项目的女性运动员的小腿围分级：低25%；标准50%；高75%
（数据源自本章文献[16]。）

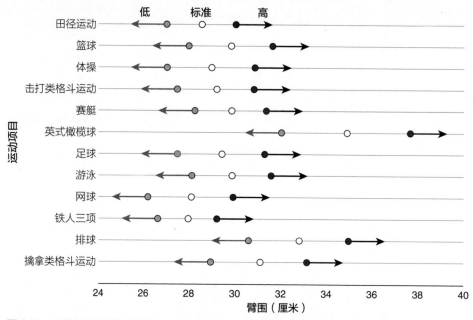

图4.17 不同运动项目的男性运动员的臂围分级：低25%；标准50%；高75%
（数据源自本章文献[16]。）

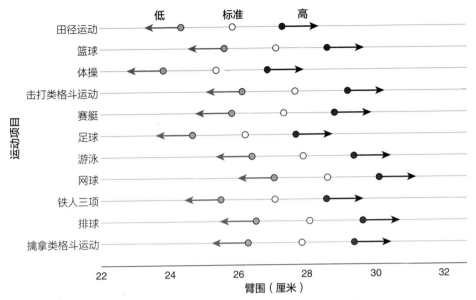

图4.18 不同运动项目的女性运动员的臂围分级：低25%；标准50%；高75%
（数据源自本章文献[16]。）

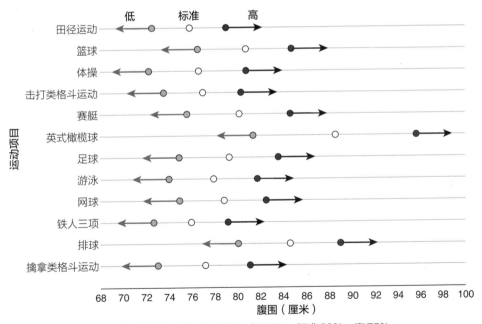

图4.19 不同运动项目的男性运动员的腹围分级：低25%；标准50%；高75%
（数据源自本章文献[16]。）

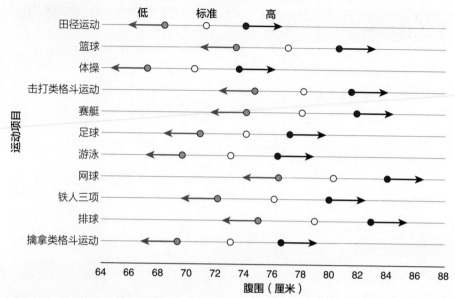

图4.20 不同运动项目的女性运动员的腹围分级：低25%；标准50%；高75%
（数据源自本章文献[16]。）

皮褶评估

目的

皮褶评估可用于估算身体成分。

结果

皮褶厚度，单位为毫米；测得的皮褶厚度总和，单位为毫米；估算出的体脂百分比。

需要的器材

皮褶卡尺；笔或记号笔；卷尺。

开始之前

进行皮褶评估的时间应该统一为一天中的某个特定时间。应提示客户或运动员在评估前4~6小时内不要进食并使身体保持充足的水分。润肤露会使皮褶评估极为困难，客户或运动员在测试前应避免使用润肤露。在评估过程中，建议让第三方在场记录这些测量值，并重述一遍，以确保记录正确。应在保护客户或运动员的隐私方面进行适当的考虑，包括更衣室的使用规则及客户或运动员对评估过程中的在场人员的舒适度或熟悉感。

方案

1. 在开始时，首先对客户或运动员说："我们将使用皮褶卡尺测量你的皮褶厚度并以此估算体脂百分比。你准备好了吗？如果准备好了，请脱下所有不必要的衣物或饰品。"

2. 客户或运动员准备好后，继续说："为了获得准确的测量结果，我需要用手指紧捏住你的皮肤，这可能会引起一些不适。如果你感到疼痛并希望终止测量，请告诉我。在进行测量时，请保持放松并正常呼吸。你准备好了吗？"

3. 在身体右侧确定适当的标志并标记特定皮褶的位置后（见图4.21和表4.3），用拇指和食指牢牢地捏住皮肤和下面的脂肪，以便将其拉离下层组织。

4. 在将皮肤和脂肪拉离下层组织时，将皮褶卡尺的钳口放置在手指下方大约1厘米的位置，注意钳口要与皮褶垂直。

5. 将皮褶卡尺钳入捏起部位保持几秒并记录读数，同时一直捏住皮褶。（使用皮褶卡尺测量的示意图见图4.22）

6. 让钳口离开皮褶并松开捏起的组织。

7. 继续在每个适当的位置进行操作，并重复测量皮褶厚度，直到记录的测量值之间的偏差在1~2毫米内。

8. 然后，计算两个最接近的测量值的平均值。

9. 评估完成后对客户或运动员说："谢谢你的合作。"

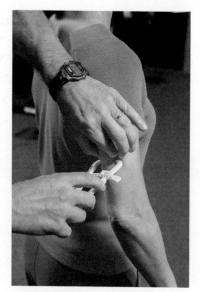

图4.21 皮褶厚度测量示例

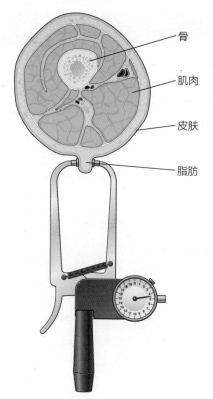

骨

肌肉

皮肤

脂肪

图4.22 用皮褶卡尺测量的示意图

表4.3 皮褶厚度的解剖部位描述

部位	描述
胸部	位于腋窝和乳头之间的中点位置的对角线皮褶
腹部	位于肚脐右侧2厘米处的垂直皮褶
肱三头肌	位于上臂后部中线上，在肩关节和肘关节之间的中点位置的垂直皮褶
髂前上棘	位于髋骨上前角的正上方，离肚脐2~3厘米的对角线皮褶
大腿	位于髋关节和大腿前部膝盖骨（髌骨）上角之间的中点位置的垂直皮褶，测量时应将重心转移到对侧（左）脚

替代或修改方案

不同部位的皮褶厚度不同，但是教练或健身专业人员可能很有兴趣测量小腿，以便获得与小腿围度有关的值。对于小腿，要在小腿围度最大处测量位于其内侧的垂直皮褶的厚度，并且测量时应采用坐姿或将脚放在有一定高度的盒子上，要求膝关节和髋关节成直角。

完成之后

可以将皮褶厚度代入许多转换方程式和公式中，从而估算体脂百分比。图4.23所示的列线图可用于简化此计算过程，它考虑了客户或运动员的年龄、男性（包括胸部、腹部和大腿的测量值）和女性（包括肱三头肌、髂前上棘和大腿的测量值）的皮褶厚度值之和。计算出体脂百分比后，可将结果除以100并乘以体重，即可计算出脂肪量。然后从体重中减去脂肪量，就可以确定去脂体重。目前有大量方程式可以用于估算身体密度（然后可以进一步估算出体脂百分比），考虑到其深度、广度及其未经验证的准确性，教练或健身专业人员可能希望直接跳过这种转换，仅记录皮褶厚度值的总和，以更准确地了解每次评估之间的变化。

研究笔记

对竞技健美运动员的评判以肌肉的外观为标准，这通常需要在保持或增大肌肉尺寸的同时大幅减少身体脂肪。表4.4所示为对某竞技健美运动员所进行的案例研究中未公开的皮褶厚度数据，包括了赛前准备和赛后恢复期的长达12个月的数据[14]。赛前准备需要严格的体能训练和饮食方案，而跟踪特定部位的皮褶厚度有助于确定其进展，特别适用于没有金标准的情况。

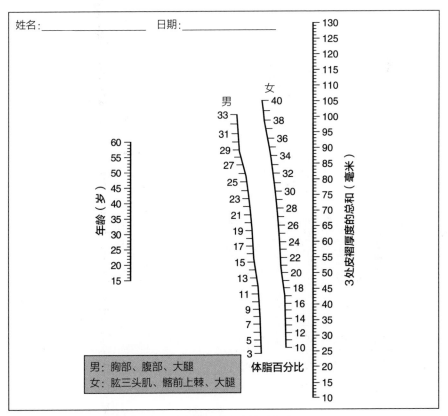

图4.23 使用3处皮褶厚度的总和估算体脂百分比的列线图
［源自：W. B. Baun, M.R. Baun, and P.B. Raven, "A Nomogram for the Estimate of Percent Body Fat From Generalized Equations," *Research Quarterly for Exercise and Sport* 52, no. 3. (1981): 380-384. Reprinted by permission of Taylor & Francis Ltd.］

表4.4　竞技健美比赛前后的皮褶厚度和体重

	月							月					
	-6	-5	-4	-3	-2	-1	比赛	+1	+2	+3	+4	+5	+6
胸部（毫米）	3	3.5	3.5	3	3.5	3.5	2.25	3.5	6	3.5	4	5.5	6
腹部（毫米）	15	13	8.5	5	6	5	4.5	9.5	11.5	11	12.5	12.25	9.5
大腿（毫米）	13	12	10	9.25	9	5.5	5.5	11.5	7.5	9	7	10.5	7
3处皮褶厚度的总和（毫米）	31	28.5	22	17.25	18.5	14	12.25	24.5	25	23.5	23.5	28.25	22.5
体重（千克）	102.9	99.4	96.5	92.3	90.8	90.2	88.9	91.1	94.6	98.0	98.1	99.5	99.0

标准数据

由于选择适当的体脂百分比估算方程式存在潜在问题，我们建议教练或健身专业人员使用皮褶厚度并结合体重或围度来评估客户或运动员的身体成分随着时间推移而发生的总体变化，如图4.24所示。男性和女性的体脂百分比分级标准见图4.25和图4.26。

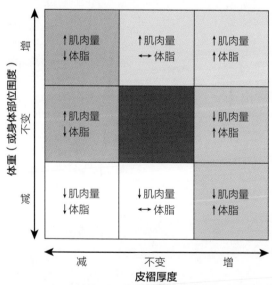

图4.24　身体成分值的变化相对于体重（或身体部位围度）和皮褶厚度的变化的一般解释
[源自：S. Slater, S. M. Woolford, and M.J. Marfell-Jones, "Assessment of Physique." In *Physiological Tests for Elite Athletes*, 2nd ed., edited by R. K. Tanner and C. K. Gore for Australian Institute of Sport (Champaign, IL: Human Kinetics, 2013), 179.]

生物电阻抗分析

目的

生物电阻抗分析可用于估算身体成分值。

结果

估算出的体脂百分比。

需要的器材

生物电阻抗分析设备。

开始之前

选择的时间应该统一为一天中的某个特定时间，同时在测试前应该避免运动（大约12小时）和饮酒（大约48小时）。应提示客户或运动员在评估之前4~6小时内不要进食并使身体保持充足的水分。还要建议客户或运动员在评估前暂时清空膀胱。应在保护客户或运动员的隐私进行适当的考虑，包括更衣室的使用规则及客户或运动员对评估过程中的在场人员的舒适度或熟悉感。每次评估后，应使用制造商推荐的擦拭物或清洁溶液处理电极表面。

方案

1. 在开始测量时，首先对客户或运动员说："我们将使用生物电阻抗分析方法测量你的体脂百分比。你准备好了吗？如果准备好了，请脱下你的鞋子和袜子，并取下所有金属物品。"
2. 根据生物电阻抗分析设备的标准提示，输入客户或运动员的个人信息，通常包括年龄、身高、体重（在设备不能直接测量的情况下）和体力活动水平。
3. 接下来，指示客户或运动员："踏上平台，将双脚放在不锈钢电极上。在我们成功记录你的测量值之前，请尽可能保持不动。"
4. 记录相关信息，包括客户或运动员的个人信息（年龄、身高、体重和体力活动水平）及估算的体脂百分比。
5. 完成评估后，指示客户或运动员："请离开测试台。"

替代或修改方案

一些生物电阻抗分析设备的电极可能需要用手接触。

完成之后

因为大多数生物电阻抗分析设备都可以通过内部转换直接得出结果，所以不需要额外的计算过程或方程式。在极瘦或极肥胖的个体中，通过生物电阻抗分析估算的体脂百分比可能与使用金标准方法计算出的结果有很大差异。在这种情况下，可以先用皮褶评估部分列出的方法来确定脂肪量和去脂体重，再据此估算体脂百分比。

研究笔记

在赛季开始时，为了确定高中摔跤运动员的最低参赛体重，需对身体成分进行评估，而生物电阻抗分析是推荐的评估方法之一。在验证运动员已适当地补充水分后，使用经批准的生物电阻抗分析设备评估体脂百分比，然后使用该设备估算体重（和相应的重量级），其中男生按7%的体脂百分比、女生按12%的体脂百分比计算。例如，某男性高中摔跤运动员的体重为79千克；体脂百分比为12%，其最低摔跤体重为75千克；而某女性高中摔跤运动员的体重为65千克，体脂百分比为15%，其最低摔跤体重为63千克。在这两个例子中，运动员都只允许在初始评估结果的基础上减去1.5%（这个数字取决于具体的规定）的体重。因此，在其他格斗运动中，这种方法被建议选作降低与快速减重相关的健康风险的方法[1]。

应该注意的是，许多生物电阻抗分析设备中所提供的体脂百分比的预测方程在运动员中的准确性差异很大[12]。因此，教练或健身专业人员应该尽可能寻求并使用技术更先进的设备（生物电阻抗谱或多频生物电阻抗分析，而不是单频生物电阻抗分析），这些设备现在已更便宜且更容易买到。

标准数据

男性和女性的体脂百分比分级标准分别见图4.25和图4.26。

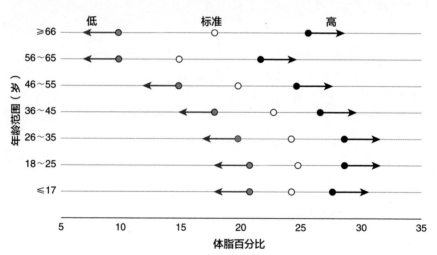

图4.25 男性在各年龄阶段的体脂百分比分级
（数据源自本章文献[1a]。）

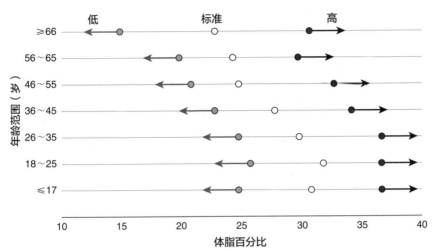

图4.26 女性在各年龄阶段的体脂百分比分级
（数据源自本章文献[13]。）

第 5 章

柔韧性和平衡能力

柔韧性和平衡能力评估可用于评估整体的健康水平和潜在的活动能力；然而，它们与运动表现的关系尚未十分明确。因此，通常会将柔韧性和平衡能力的评估结果与反映可接受的功能性水平的最小值进行比较。就柔韧性而言，某一关节的极度松弛（或松动）可能会增加受伤的可能性。衰老的过程往往伴随着柔韧性和平衡能力的下降。虽然大多数健康的运动员和青少年可能并不关心平衡能力的减弱，但对功能性活动能力有限的人或处于伤愈恢复阶段的人来说，这项评估在重返赛场或恢复活动的决策中起着至关重要的作用。因此，重要的是收集客户或运动员的平衡能力的基准测量值，以便在其受伤时可用于比较。例如，在头部受伤后，通常使用平衡误差评分系统和踵趾步态来评估与脑震荡等副作用相关的认知障碍。与身体成分一样，柔韧性和平衡能力也是高度个性化的，必须在目标运动项目或活动的背景下进行解释，因此本章将使用"低"和"高"而不是"欠佳"和"杰出"来表述。本章将介绍的评估如下。

- 坐位体前屈测试[12]。
- 抓背测试[12, 24]。
- 抬肩测试[2, 12]。
- 全身旋转测试[24]。
- 腰椎稳定性测试[14, 27]。
- 功能性前伸测试[26]。
- 平衡误差评分系统测试[22]。
- 踵趾步态测试[1, 25]。

坐位体前屈测试

目的

坐位体前屈测试用于测量髋部和下背部的综合柔韧性。

结果

坐位体前屈的长度，单位为厘米。

需要的器材

标尺；胶带。

开始之前

将标尺固定在地板上，并在23厘米刻度处贴一条胶带，作为标记。在开始评估之前，应进行标准化热身，然后进行中等强度的拉伸。

方案

1. 在开始时，首先对客户或运动员说："我们将测量你的髋部和下背部的柔韧性。你准备好了吗？如果准备好了，请脱掉鞋子。"
2. 指示客户或运动员："坐下并将标尺放在双腿之间，将脚跟的底部放在位于23厘米刻度处的胶带的边缘。保持膝关节伸直，双脚分开约30厘米。"（见图5.1）
3. 接下来，指示客户或运动员："现在将双手和手指交叠，并沿着标尺慢慢向前伸展至尽可能远的位置。在你可以到达的最远处保持该姿势2秒。"
4. 记录在运动过程中所达到的最远距离，结果精确到1厘米，并要求客户放松，再尝试进行3次。

图5.1 坐位体前屈测试

替代或修改方案

也可以使用坐位体前屈箱，将脚跟放在箱子的前缘（见图5.2a）。对于可能在标准方案中感到不适的个体，可选择护背式坐位体前屈测试来对每条腿进行单独测试，非测试腿采用屈膝姿势，并将脚跟放在地板上（见图5.2b）。我们还可以进一步修改护背式坐位体前屈测试，让客户或运动员坐在训练凳上，将非测试腿放在地板上。

图5.2　a. 坐位体前屈；b. 改良的护背式方法

完成之后

以最大测试值（通常是第4次尝试的值）作为最终结果。如果使用坐位体前屈箱，并且脚跟没有放在23厘米处，则应在将结果与标准数据进行比较时针对差异进行零点调整。例如，如果使用坐位体前屈箱时将脚跟放在26厘米处，则可能需要在进行比较之前从最终结果中减去3厘米。

研究笔记

尽管关于下背部疼痛和坐位体前屈值之间的关系存在很多争论，但对运动和活动专项要求的考虑可能与此显著相关。在特定的运动项目中，场上位置特征往往可以指明获得成功所需的身体素质。对参加美国职业冰球联盟选秀的运动员的分析表明，虽然守门员往往比其他位置的运动员有更多的体脂和更弱的力量与爆发力，但他们的坐位体前屈得分明显高得多，这表明柔韧性与在对手射门时挡出球的能力存在正相关关系[35]。

标准数据

图5.3~5.6所示分别为男孩、女孩、成年男性及成年女性的坐位体前屈值的分级标准。

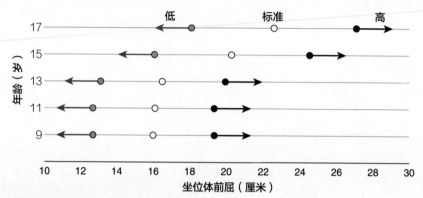

图5.3 男孩的坐位体前屈值分级：低30%；标准50%；高70%
（数据源自本章文献[34]。）

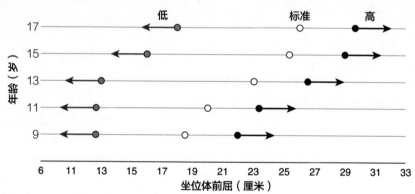

图5.4 女孩的坐位体前屈值分级：低30%；标准50%；高70%
（数据源自本章文献[34]。）

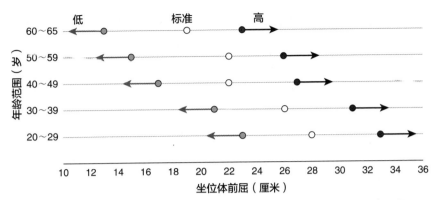

图5.5 成年男性在各年龄阶段的坐位体前屈值分级：低30%；标准50%；高70%
（数据源自本章文献[12]。）

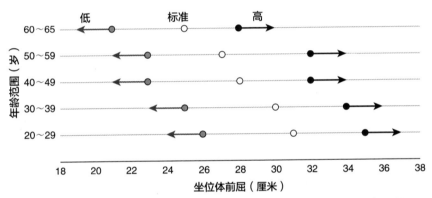

图5.6 成年女性在各年龄阶段的坐位体前屈值分级：低30%；标准50%；高70%
（数据源自本章文献[12]。）

抓背测试

目的

抓背测试用于测量肩部的柔韧性。

结果

手指的重叠距离或两手指尖之间的距离，单位为厘米。

需要的器材

标尺；卷尺。

开始之前

在开始评估之前，应进行标准化的热身，包括摆臂、臂绕环和旋肩。

方案

1. 在开始时，首先对客户或运动员说："我们将通过测量你的手指在背后重叠的距离来衡量你的肩部柔韧性。你准备好开始了吗？"

2. 指示客户或运动员："将右肘向着右耳抬起，尽可能在背后向下伸。现在慢慢地将左臂肘部直接从身体侧面向背部中间移动，同时左手尽可能向上伸，靠近（或越过）右手。尝试保持该姿势两秒。"（见图5.7a）

3. 在客户或运动员完成该动作后，使用标尺或卷尺测量并记录手指重叠的最大长度，将结果精确到1厘米（见图5.7b），指示客户或运动员："请将双臂放回身体两侧。"让他们再重复尝试3次。如果客户或运动员双手的手指不能重叠，则测量两手指尖之间的距离，并将结果记录为负值。

4. 接下来，指示客户："重复相同的步骤，但这次左手在上，右手在下。"

5. 再次使用标尺测量并记录手指所达到的最大重叠长度或指尖之间的距离，将结果精确到1厘米，并指示客户："请将双臂放回身体两侧。"让他们再重复尝试3次。

完成之后

将每一侧的最大测试值（通常是第4次尝试的值）作为最终结果。可以分别评估左侧和右侧的测试值，也可以用如下公式计算两侧的平均值。

$$\frac{右侧测试值（厘米）+左侧测试值（厘米）}{2}$$

研究笔记

许多训练计划试图将力量和摄氧量整合成单个并行的训练方案。为期11周的干预（每周训练3次）显示参加系列训练（先是力量训练课，然后是有氧训练课）和参加整合并行训练（在一节训练课中交替进行力量训练和有氧训练）的女性的力量及摄氧量都有所提高。然而，系列组中的女性的抓背测试值没有任何变化（甚至可能下降），而整

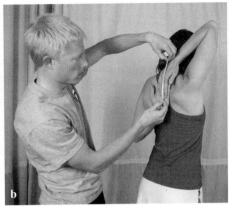

图5.7 抓背测试

合组中的女性的值则显示出明显上升[6]。这些结果很有意思，但解读时应谨慎，并考虑到客户或运动员所从事的运动项目。例如，在柔道运动中，发达的上半身肌肉可以提供一些竞争优势，而专业运动员的抓背测试值小于业余运动员[3]。

标准数据

图5.8~5.11所示分别为男孩、女孩、成年男性及成年女性的抓背测试值的分级标准。

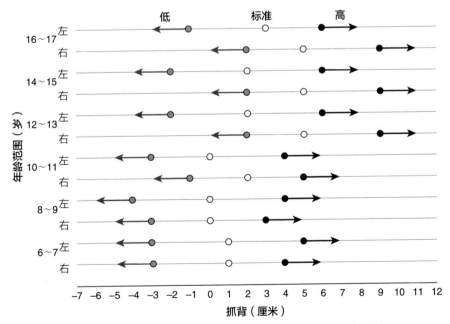

图5.8 男孩的抓背测试值分级（左侧和右侧）：低30%；标准50%；高70%
（数据源自本章文献[5]。）

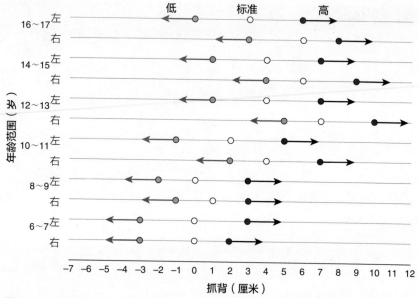

图 5.9 女孩的抓背测试值分级（左侧和右侧）：低 30%；标准 50%；高 70%
（数据源自本章文献[5]。）

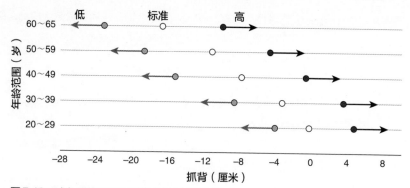

图 5.10 成年男性在各年龄阶段的抓背测试值分级：低 25%；标准 50%；高 75%
（数据源自本章文献[20]。）

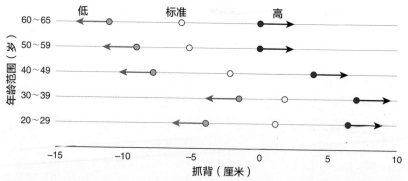

图 5.11 成年女性在各年龄阶段的抓背测试值分级：低 25%；标准 50%；高 75%
（数据源自本章文献[20]。）

抬肩测试

目的

抬肩测试用于测量腕部、胸部和肩部在做过顶动作时的柔韧性。

结果

聚氯乙烯（PVC）管到地板的距离和臂长，单位为厘米。

需要的器材

量尺；PVC管或木棒。

开始之前

在开始评估之前，应进行标准化的热身，包括摆臂、臂绕环和旋肩。

方案

1. 在开始时，首先对客户或运动员说："我们将测量你的胸部和肩部的柔韧性。你准备好开始了吗？"

2. 指示客户或运动员："在我进行第1次测量时，请采用放松的站姿，握住PVC管，双手拇指朝向PVC管的中心，双手分开，大约与肩同宽。"（见图5.12a）

3. 测量并记录客户或运动员的臂长，即肩的顶部与离PVC管最近的身体部位之间的距离。

4. 接下来，指示客户或运动员："趴下，将腹部和胸部贴在地板上。双臂举过头顶，同时握住PVC管，拇指朝向PVC管的中心，双手分开，大约与肩同宽。"（见图5.12b）

5. 然后说："现在让你的下巴与地板接触，并在我测量时慢慢地尝试让PVC管尽可能地远离地面。"

6. 在测量并记录地板与PVC管底部之间的距离后，指示客户或运动员："回到原位并放松。"

7. 重复此测量两次。

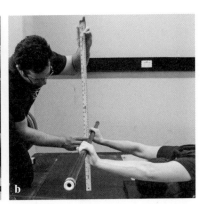

图5.12　抬肩测试

完成之后

使用以下公式（单位为厘米）来计算抬肩分数，该分数是考虑了客户或运动员的臂长的标准化结果。

$$抬肩分数 = \frac{达到的距地面最高的高度}{臂长} \times 100$$

研究笔记

对于需要做过顶动作的运动员来说，抬肩测试的潜在有效性很明确。此外，该测试在健康评估方面也有其意义。例如，医务人员常对军人的手、腕和肩进行检查，军人在任务开始后的10~15个月时的抬肩分数下降最明显。

标准数据

图5.13所示为男性和女性的抬肩测试值的分级标准。

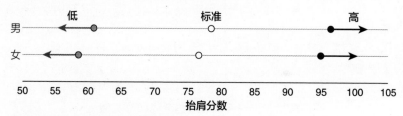

图5.13 男性和女性的抬肩测试值分级：低30%；标准50%；高70%（数据源自本章文献[19a]。）

全身旋转测试

目的

全身旋转测试用于测量躯干和与全身旋转这个动作相关的几个关节的柔韧性。

结果

在进行全身旋转时达到的距离，单位为厘米。

需要的器材

两把量尺；胶带。

开始之前

使用胶带将两把量尺水平地固定在墙壁上，高度大致与客户或运动员的肩部相同。量尺应彼此平行，并在38厘米的刻度处对齐，但上面的量尺的"0"端应在左侧，而下面的量尺应倒置，并将其"0"端放在右侧（见图5.14）。最后，对准量尺的38厘米刻度处，在地板上垂直于墙壁贴一条胶带。

要求客户或运动员脱下所有较重或限制活动的衣物，并要求他们在开始评估之前进行标准化的热身。

图5.14 对齐用于全身旋转测试的量尺的位置

方案

1. 在开始时，首先对客户或运动员说："我们将测量你旋转身体的能力。你准备好了吗？如果准备好了，请脱掉鞋子。"

2. 指示客户或运动员："首先使左肩垂直于墙壁，站立，脚趾放在地板上的胶带边缘处。左手握拳，调整身体，使自己与墙壁有一臂的距离，双脚分开，与肩同宽，双膝稍微弯曲。"

3. 确认位置正确后，指示客户或运动员："保持这个位置不动并将左手放下。右手握拳，将右臂抬至平行于地板，掌心朝下。现在向你的右侧旋转（远离墙壁），同时将你的拳头沿着量尺伸向尽可能远的位置，并保持该姿势两秒。"（见图5.15）

4. 右手小指的指关节沿着上面的量尺移动，记录到达的最大长度，将结果精确到1厘米，对客户或运动员说："回到起始位置并放松。"让客户或运动员再进行3次尝试。作为参考，38厘米测试值表示客户或运动员旋转了180度。

5. 接下来，指示客户或运动员："重复相同的步骤，但面向相反的方向，即使右肩垂直于墙壁并向左旋转。"

6. 左手小指的指关节沿着下面的量尺移动，记录到达的最大长度，将结果精确到1厘米，对客户或运动员说："回到起始位置并放松。"让客户或运动员再进行3次尝试。

替代或修改方案

对于在评估过程中可能无法保持稳定或活动能力有限的人，也可以将此测试修改为转向墙壁，而不是朝远离墙壁的方向旋转[33]。

完成之后

将每一侧的最大测试值（通常是第4次尝试的值）作为最终结果。可以分别评估左侧和右侧的测试值，也可以用如下公式计算两侧的平均值。

$$\frac{右侧测试值（厘米）+ 左侧测试值（厘米）}{2}$$

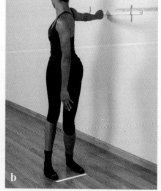

图5.15 全身旋转测试

研究笔记

经验丰富的太极拳练习者长期坚持以动作为基础的锻炼，与久坐不动的同龄老年人相比，他们的全身旋转测试值可能会更大[16]。但是，短期的训练干预也可能对这一指标产生影响。在为期8周的体能训练计划（包括力量训练、快速伸缩复合训练和柔韧性训练）后，中年高尔夫球手的全身旋转测试值也会大幅提高[13]。

标准数据

男性和女性的全身旋转测试值分级标准分别见图5.16和图5.17。

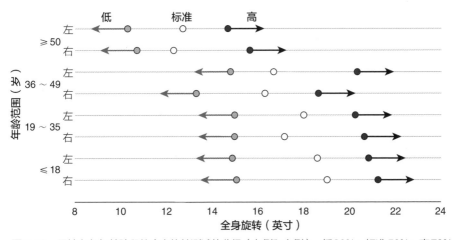

图5.16 男性在各年龄阶段的全身旋转测试值分级（左侧和右侧）：低30%；标准50%；高70%（数据源自本章文献[15]。）

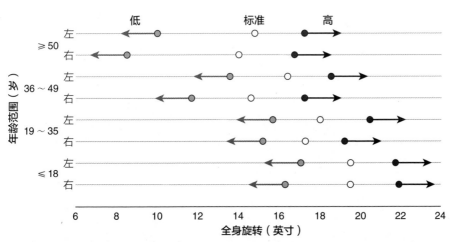

图5.17 女性在各年龄阶段的全身旋转测试值分级（左侧和右侧）：低30%；标准50%；高70%（数据源自本章文献[15]。）

腰椎稳定性测试

目的

腰椎稳定性测试用于测量躯干肌肉的耐力。

结果

在客户或运动员无法保持所要求的姿势之前的累计时间，单位为秒。

需要的器材

坚固的桌子；皮带或担任保护员的助手；椅子；成人用的60度楔子（青少年使用50度楔子）；秒表或计时设备。

开始之前

在开始评估之前，应进行标准化热身，然后进行中等强度的拉伸。

方案

在开始时，首先对客户或运动员说："我们将要把你的躯干固定为几个姿势。你准备好了吗？"

躯干伸展测试

1. 指示客户或运动员："趴下，髋部朝下，双腿放在桌子上。调整姿势，使下半身即腰部以下由桌子支撑，并将你的双臂放在椅子上支撑自己的上半身。"（见图5.18a）
2. 用皮带将客户或运动员的小腿和大腿固定在桌子上，或指示保护员按住客户或运动员的脚踝。
3. 接下来，向客户或运动员解释："当我说'开始'时，使你的双臂离开椅子并交叉于胸前，然后尽可能长时间地保持身体伸直。"
4. 发口头信号通知客户或运动员开始，并使用计时设备记录累计的时间，直到客户或运动员无法再维持水平姿势。（见图5.18b）

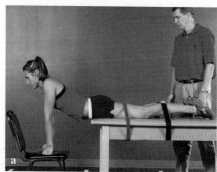
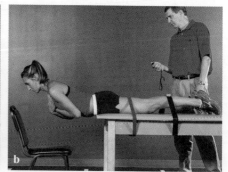

图5.18　躯干伸展测试

躯干屈曲测试

1. 指示客户或运动员："坐在桌子或地板上，双臂交叉靠在胸前，背靠着楔子。"（见图 5.19a）

2. 用皮带将客户或运动员的双脚固定在桌子上，或指示另一名评估员按住客户或运动员的脚踝。

3. 接下来，向客户或运动员解释："在我说'开始'并取走背后的楔子后，尽可能地保持这个姿势且不要离开这个位置。"

4. 发口头信号通知客户或运动员开始，并使用计时设备记录累计的时间，直到客户或运动员无法再保持原来的姿势。（见图5.19b）

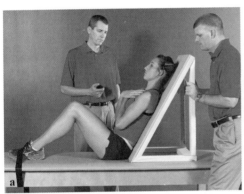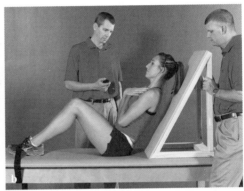

图5.19 躯干屈曲测试

侧桥测试

1. 指示客户或运动员："向右侧卧在桌子或地板上，用右肘支撑自己。保持双腿伸直，将左脚放在右脚前面，以便支撑。"

2. 接下来，向客户或运动员解释："当我说'开始'时，将你的髋部从桌子或地板上抬起，并尽量长时间地让身体从脚到肩成一条直线。继续使用右肘支撑并将左臂放在胸前，左手放在右肩上。"（见图5.20）

3. 发口头信号通知客户或运动员开始，并使用计时设备记录在髋部接触桌子或地板之前累计的时间。

4. 接下来，指示客户或运动员："换左侧重复相同的步骤。"

图5.20 侧桥测试

替代或修改方案

只要教练或健身专业人员认为适当，每项腰椎稳定性评估都可以单独执行。

完成之后

为了评估各个肌群之间的潜在缺陷，可以通过用躯干屈曲测试和侧桥测试的耐力时间分别除以躯干伸展测试的耐力时间，计算出比率。

研究笔记

由于竞技体操运动员的训练会对其身体施加重复应力，所以竞技体操运动员的下背部疼痛很常见，多达86%的运动员称有此问题[17]。在完成为期10周的躯干肌肉训练干预（每周两次，每次持续约15分钟，包括等长自重训练以及徒手阻力训练和各种腹部练习）后，女性大学生体操运动员在各项评估中的耐力时间均有所延长：侧桥提升50%；躯干伸展提升10%；躯干屈曲提升32%[10]。此外，在赛季的全过程中均没有收到与下背部疼痛有关的新问题的报告。

标准数据

表5.1提供了耐力比率的标准数据，图5.21~5.24分别提供了躯干伸展、躯干屈曲、右侧桥和左侧桥耐力时间的分级标准。

表5.1 躯干稳定性测试的耐力比率

年龄	性别	屈曲/伸展	右侧桥	左侧桥
> 18岁	男	0.99	0.64	0.66
	女	0.79	0.38	0.40
18岁	男	0.98	0.62	0.60
	女	0.79	0.30	0.30
16岁	男	0.93	0.50	0.48
	女	0.92	0.37	0.38
14岁	男	0.85	0.53	0.52
	女	0.71	0.43	0.43
12岁	男	0.73	0.47	0.42
	女	0.59	0.30	0.32
10岁	男	0.83	0.53	0.50
	女	0.73	0.47	0.42
8岁	男	1.11	0.47	0.47
	女	0.73	0.39	0.32

（数据源自本章文献[7, 8, 21]。）

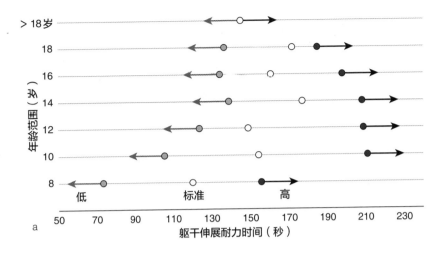

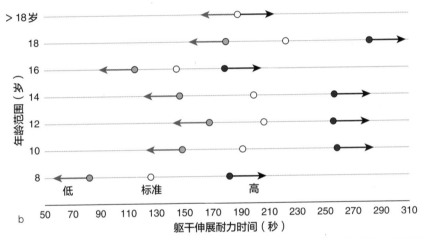

图5.21 男性和女性的躯干伸展耐力时间分级（a. 男性；b. 女性）：低25%；标准50%；高75%

（数据源自本章文献[7, 8, 21]。）

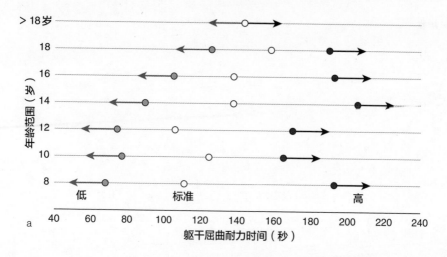

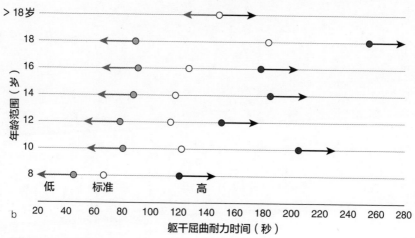

图5.22　男性和女性的躯干屈曲耐力时间分级（a. 男性；b. 女性）：低25%；标准50%；高75%

（数据源自本章文献[7, 8, 21]。）

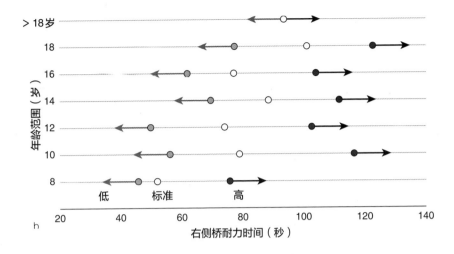

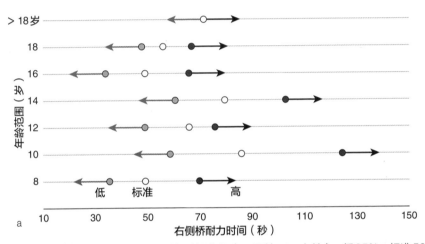

图5.23 男性和女性的右侧桥耐力时间分级（a. 男性；b. 女性）：低25%；标准50%；高75%

（数据源自本章文献[7, 8, 21]。）

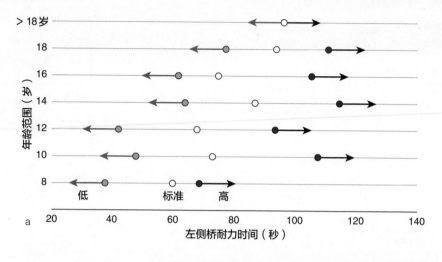

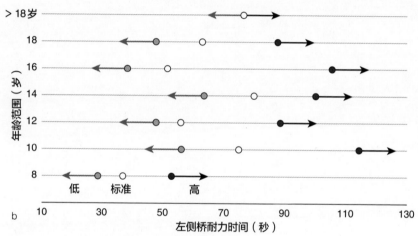

图5.24 男性和女性的左侧桥耐力时间分级（a. 男性；b. 女性）：低25%；标准50%；高75%
（数据源自本章文献[7, 8, 21]。）

功能性前伸测试

目的

功能性前伸测试用于测量动态平衡能力。

结果

前伸的距离，单位为厘米。

需要的器材

量尺；胶带。

开始之前

使用胶带将量尺水平固定在墙壁上，高度大致与客户或运动员的肩部相同。

方案

1. 在开始时，首先对客户或运动员说："我们将测量你的双臂前伸能力。你准备好了吗？如果准备好了，现在开始测试。"

2. 指示客户或运动员："以站姿开始，背部挺直，双脚分开至与肩同宽。肩部垂直于墙壁，调整你的身体，使你的双臂笔直向前时指尖位于量尺的零刻度处。"

3. 接下来，向客户或运动员解释："在我说'开始'之后，沿着量尺尽可能远地向前伸且保持平衡；与此同时，我会记录你手臂伸展的距离。"（见图5.25）

4. 记录客户或运动员手臂沿着量尺伸展的最大长度，结果精确到1厘米，指示客户或运动员："回到起始位置并放松。"再尝试两次。

图5.25　在功能性前伸测试中的姿势

替代或修改方案

还可以进行横向伸展测试，让客户或运动员在开始时背靠着墙壁，手臂沿着量尺伸展到尽可能远的位置，同时保持双脚与地面的接触。

完成之后

以3次测试中的最大值为最终结果。

研究笔记

虽然功能性前伸测试通常被用于评估老年人的动态平衡能力的潜在缺陷，但这种评估也有助于了解年轻人的干预后改善情况。例如，在完成为期12周、每周3次的瑞士球训练后，之前久坐的女性（平均年龄为36岁）在功能性前伸测试中有所进步，同时还增强了柔韧性、力量和耐力[32]。

标准数据

男性和女性的功能性前伸测试的平均值分别见图5.26和图5.27。

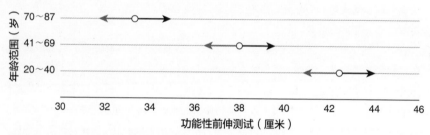

图5.26 男性在各年龄阶段的功能性前伸测试的平均值
（数据源自本章文献[9]。）

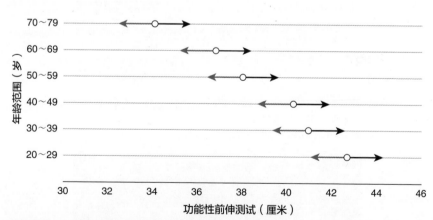

图5.27 女性在各年龄阶段的功能性前伸测试的平均值
（数据源自本章文献[18]。）

平衡误差评分系统测试

目的

平衡误差评分系统（Balance Error Scoring System, BESS）测试用于测量静态姿势的稳定性。

结果

使用不同姿势和表面进行测试的过程中的平衡误差数。

需要的器材和人员

中等密度的泡沫垫（约50厘米×40厘米×6厘米）；秒表或计时设备；担任保护员的助手。

开始之前

询问客户或运动员用哪条腿来踢球，从而确定其优势腿（对侧腿即为非优势腿）。

方案

在开始时，首先对客户或运动员说："我们将在坚硬和柔软的表面上使用不同的姿势衡量你在几种条件下的平衡能力。你准备好了吗？如果准备好了，请脱掉鞋子。"

平行站姿测试

1. 向客户或运动员解释："这是第1项测试，你只需将双脚并拢，双手放在髋部，闭上眼睛20秒。在此过程中，我将评估你的移动量。如果你的脚移出起始位置，则睁开眼睛，回到起始位置，然后闭上眼睛继续测试。"（见图5.28a）

2. 当客户或运动员表示明白初步说明时，接着说："当我说'开始'时，闭上你的眼睛，我们将开始测试。"

3. 发出口头信号通知客户或运动员开始，每当出现下列情况之一时，记1分（最多10分）。

   - 手离开髋部。
   - 睁开眼睛。
   - 踏步、绊倒或摔倒。
   - 客户或运动员移出起始位置超过5秒。
   - 髋关节发生大幅弯曲（向任何方向超过30度）。
   - 前脚掌或脚跟抬起。

4. 在稳定的表面上完成测试（20秒）后，指示客户或运动员："回到起始位置并放松。接下来，你将完成相同的测试，但将站在泡沫垫上。"（见图5.28b）

单腿站姿测试

1. 向客户或运动员解释:"在下一项测试中,你将保持站立不动,重心放在你的非优势腿上,保持平衡,将双手放在髋部,闭上眼睛20秒。在此过程中,我将评估你的移动量。如果你的脚移出起始位置,则睁开眼睛,回到起始位置,然后闭上眼睛继续测试。"(见图5.29a)

2. 当客户或运动员表示明白初步说明时,接着说:"当我说'开始'时,闭上你的眼睛,我们将开始测试。"

3. 发出口头信号通知客户或运动员开始,每当出现下列情况之一时,记1分(最多10分)。
   - 手离开髋部。
   - 睁开眼睛。
   - 踏步、绊倒或摔倒。
   - 客户或运动员移出起始位置超过5秒。
   - 髋关节发生大幅弯曲(向任何方向超过30度)。
   - 前脚掌或脚跟抬起。

4. 在稳定的表面上完成测试(20秒)后,指示客户或运动员:"回到起始位置并放松。接下来,你将完成相同的测试,但将站在泡沫垫上。"(见图5.29b)

踵趾站姿测试

1. 向客户或运动员解释:"在接下来的测试中,你将保持站立不动,非优势腿一侧的脚放在优势腿一侧的脚的正前方,同时将双手放在髋部,闭上眼睛20秒。在此过程中,我将评估你的移动量。如果你的脚移出起始位置,则睁开眼睛,回到起始位置,然后闭上眼睛继续测试。"(见图5.30a)

2. 当客户或运动员表示明白初步说明时,接着说:"当我说'开始'时,闭上你的眼睛,我们将开始测试。"

3. 发出口头信号通知客户或运动员开始,每当出现下列情况之一时,记1分(最多10分)。
   - 手离开髋部。
   - 睁开眼睛。
   - 踏步、绊倒或摔倒。
   - 客户或运动员移出起始位置超过5秒。
   - 髋关节发生大幅弯曲(向任何方向超过30度)。
   - 前脚掌或脚跟抬起。

4. 在稳定的表面上完成测试(经过20秒)后,指示客户或运动员:"回到起始位置并放松。接下来,你将完成相同的测试,但将站在泡沫垫上。"(见图5.30b)

图5.28　在不同表面上进行的平行站姿测试：a. 坚硬的；b. 柔软的

图5.29　在不同表面上进行的单腿站姿测试：a. 坚硬的；b. 柔软的

图5.30 在不同表面上进行的踵趾站姿测试：a.坚硬的；b.柔软的

替代或修改方案

改进的BESS测试包括在坚硬和柔软的表面上的平行、单腿和踵趾站姿测试，是第3版的运动性脑震荡评估工具（Sport Concussion Assessment Tool，3rd Edition，SCAT3）的一部分。在可能发生头部受伤时，评估员可以立即在现场进行此测试[1]。

在睁开或闭上眼睛的情况下长时间（最多45秒）保持单腿站姿的能力也可作为衡量静态平衡能力的指标。

完成之后

把以每种站姿和在不同表面条件下得到的分数加起来，每项20秒测试最多记录10个错误。

研究笔记

BESS测试值通常以个体为单位进行评估，来确定姿势稳定性的潜在缺陷。通常，女子大学生体操运动员的表现优于女子大学生篮球运动员[4]。但是，女子高中篮球运动员在参加了为期6周的"包括快速伸缩复合训练、功能性力量、平衡和瑞士球练习的神经肌肉训练计划"后，其BESS测试值得到了提高[23]。

标准数据

图5.31和图5.32所示分别为男性和女性的BESS测试值分级标准。

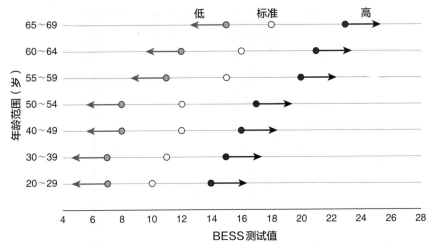

图5.31 男性在各年龄阶段的BESS测试值分级：低25%；标准50%；高75%
（数据源自本章文献[19]。）

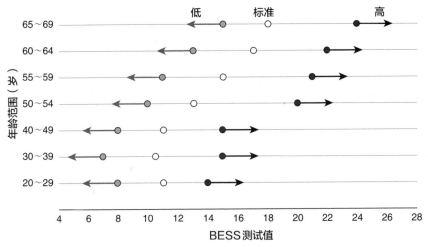

图5.32 女性在各年龄阶段的BESS测试值分级：低25%；标准50%；高75%
（数据源自本章文献[19]。）

踵趾步态测试

目的

踵趾步态测试用于综合评估动态平衡能力、速度和协调性。

结果

完成特定动作模式所需的时间，单位为秒。

需要的器材

卷尺；胶带。

开始之前

用胶带和卷尺在地板上标记出3米线及两条用于指示3米线的起点和终点的0.25米长的垂直线。

方案

1. 在开始时，首先对客户或运动员说："我们将测量你以脚跟贴着脚趾的方式沿着这条线行走的速度。你准备好了吗？如果准备好了，请脱掉鞋子，站在这条线的一端。"

2. 接下来向客户或运动员解释："当我说'开始'时，将双手放在髋部，并以交替的、脚跟贴着脚趾的方式从这个起点向另一端移动。在越过末端的垂直线后，转身并重新以交替的、脚跟贴着脚趾的方式移动，直至回到起点。如果你不能保持脚跟贴着脚趾的动作、失去平衡、不能完成转身或者离开了这条线，我们将停止测试并再尝试一次。"（见图5.33）

3. 发出口头信号通知客户或运动员开始，并使用计时设备记录完成评估所用的时间。

4. 在客户或运动员完成初次测试后，请说："回到起始位置并放松。"

5. 在短暂的休息之后，让客户或运动员再尝试3次，并在每次尝试之后进行短暂的休息。

图5.33 在踵趾步态测试过程中的姿势

完成之后

以4次测试中最短的时间作为最终结果。

研究笔记

研究表明，中等强度和高强度运动对后续踵趾步态测试成绩的影响小于对单腿站姿测试成绩的影响[31]，这会影响对运动期间脑震荡评估的测试方案的选择。因此，踵趾步态是《运动性脑震荡评估工具（第3版）》（SCAT3）[1]包含的可选评估。另有证据表明，在青少年足球运动员比赛期间因头部可能受伤而进行的脑震荡症状评估中，其踵趾步态速度明显比未受伤的运动员更慢（其BESS测试值也更低）[11]。

标准数据

建议将踵趾步态分数超过14秒作为功能性运动能力下降的可能临界点；但是，在高中运动员中对此结论的支持数据可能有限[29]。图5.34所示为踵趾步态分数的分级标准。

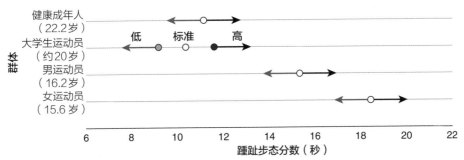

图5.34　踵趾步态分数分级：低25%；标准50%；高75%
（数据源自本章文献[25, 29, 30]。）

第 **6** 章

敏捷性和冲刺能力

敏捷性和冲刺能力评估的结果通常用作衡量运动表现的指标。敏捷性测试涉及在不同距离上进行快速变向的技能，其中的变向可以是计划性或非计划性/被动的变向，后者可提供衡量决策能力和感知运动能力的指标。直线冲刺测试包含加速度和速度，这些组成部分的选择因测试距离和客户或运动员的能力而异。因此，在选择测试距离时，教练或健身专业人员应该考虑目标运动项目或活动的动作模式。本章介绍的敏捷性和冲刺能力测试仅使用手持式计时设备（即秒表）。当然，评估中也可以用电子计时系统，只是电子计时系统通常要求客户或运动员稍微站在起跑线后面一点才启动计时，并且往往会导致成绩稍差。本章介绍的评估如下。

- 5-10-5测试[23, 32]。
- T形测试[23, 32]。
- 三锥测试[23]。
- Y形反应敏捷性测试[15]。
- 六边形敏捷性测试[24, 32]。
- 直线冲刺测试[9, 32]。
- 重复冲刺能力测试[2, 33]。
- 重复变向测试[2, 33]。
- 300码折返跑测试[7, 22]。

5-10-5测试

目的

5-10-5测试（也称为专业敏捷性测试或20码折返跑）用于测量多方向速度和计划性变向能力。

结果

完成要求的动作模式所需的时间，单位为秒。

需要的器材

锥桶或标记物；胶带或球场涂料；计时设备；卷尺。

开始之前

使用胶带或球场涂料画出3条平行线（要足够长，让客户或运动员可以在其范围内跑步和转身），每条线相隔5码（见图6.1），并在每条线的每一端放置一个锥桶或标记物作为附加标志。另请注意，在评估之前，客户或运动员应进行标准化的热身，然后休息和恢复3~5分钟。

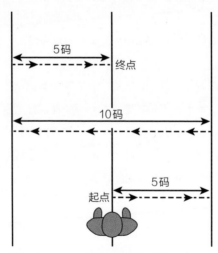

图6.1 5-10-5测试的场地布置

方案

1. 在开始时，首先对客户或运动员说："我们将测量你完成一系列计划性动作的速度。你准备好了吗？如果准备好了，请站在中间的锥桶或标记物处，这将是起点和终点位置。"

2. 接下来向客户或运动员解释："在这项测试中，首先将双脚分开至与肩同宽，膝盖稍微弯曲。当我说'开始'时，转身向右冲刺，直到你可以用右手摸到最右侧的线。在右手摸到最右边的线后，向左转并冲过中线，直到能用左手摸到最左边的线。在左手摸到最左边的线后，再次转身向右冲刺，冲过中线，完成测试。"

3. 站在一个能清楚地看到起跑线和终点线的位置。发出口头信号通知客户或运动员"3，2，1，开始"，并使用计时设备记录完成评估的时间（精确到0.01秒）。如果客户或运动员没有用正确的手触摸线条，请停止计时并重新进行测试。

4. 在客户或运动员完成初次测试后，对其说："回到起始位置并放松。"再测试两次，每次测试后休息和恢复3~5分钟。

替代或修改方案

5-10-5测试也可以采用3点或4点姿势开始，或者携带器材完成。其他修改包括最初向左侧冲刺，完成两个方向转身的测试或用脚触线而不是用手。

完成之后

以3次测试中最短的时间作为最终结果。

研究笔记

职业棒球中存在着针对特定位置的要求，而防守表现是衡量是否成功的主要指标。外场手必须比内场手防守更大的区域，并且经常需要在击球后的初始反应期间及接球后再转身投掷期间快速变向。因此，研究已证明，完成5-10-5测试所需的时间与大联盟外场手的防守表现明显相关，但内场手则不然[16]。

标准数据

图6.2和图6.3所示分别是美国大学生体育协会（NCAA）一级（Division I）运动员及美国职业橄榄球联盟选秀中的5-10-5测试时间的分级标准。

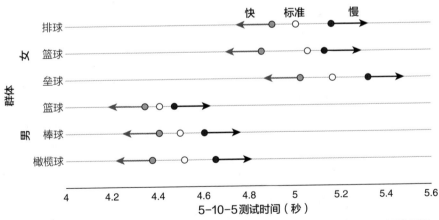

图6.2 美国大学生体育协会一级运动员的5-10-5测试时间分级：快70%；标准50%；慢30%
（数据源自本章文献[13]。）

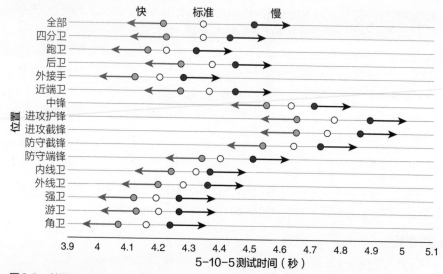

图6.3 美国职业橄榄球联盟选秀中的5-10-5测试时间分级：快70%；标准50%；慢30%
（数据源自本章文献[18]。）

T形测试

目的

T形测试用于测量多方向速度和计划性变向能力。

结果

完成要求的动作模式所需的时间，单位为秒。

需要的器材

锥桶或标记物；胶带或球场涂料；计时设备；卷尺。

开始之前

使用胶带或球场涂料和锥桶A标出起点/终点线。将锥桶B放在锥桶A正前方10码处，将锥桶C放在锥桶B左侧5码处，将锥桶D放在锥桶B右侧5码处，形成"T"形（见图6.4）。另请注意，在评估之前，客户或运动员应进行标准化的热身，然后休息和恢复3~5分钟。

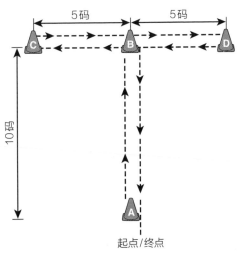

图6.4 T形测试的场地布置

方案

1. 在开始时，首先对客户或运动员说："我们将测量你完成一系列计划性动作的速度。你准备好了吗？如果准备好了，请站在锥桶A后面，这将是起点和终点位置。"

2. 接下来，向客户或运动员解释："在这项测试中，首先将双脚分开至与肩同宽，膝盖稍微弯曲，一只脚放在起点/终点线上。当我说'开始'时，向前冲刺并用右手触摸锥桶B的底部。触摸锥桶B后，向左侧滑步并用左手触摸锥桶C的底部。触摸锥桶C后，向右侧滑步经过锥桶B并用右手触摸锥桶D的底部。然后向左侧滑步并用左手触摸锥桶B的底部。最后，后退并越过终点线处的锥桶A，完成测试。"

3. 站在一个能清楚地看到起点/终点线的位置。发出口头信号通知客户或运动员"3，2，1，开始"，并使用计时设备记录完成评估的时间（精确到0.01秒）。如果客户或运动员没有触摸到锥桶的底部、在移动时交叉双脚或者不能保持面向前方，则停止计时并重新进行测试。

4. 在客户或运动员完成初次测试后对其说："回到起始位置并放松。"再测试两次，每次测试后休息和恢复3~5分钟。

替代或修改方案

T形测试也可以改为第1次向右侧滑步,然后更换触摸锥桶的手,或让客户或运动员在外围锥桶处执行运动专项动作。

完成之后

以3次测试中最快的成绩作为最终结果。

研究笔记

T形测试成绩与多种类型的力量相关,但研究证明,在女子篮球运动员中,该成绩主要由产生制动(离心)力的能力决定[31]。此外,在关于排球运动的体能要求指标的研究中,T形测试时间也被证明与青少年男女排球运动员的竞技水平有明显相关性,并且男女运动员之间有明显差异[4]。

标准数据

图6.5和图6.6所示分别为大学生个体及美国大学生体育协会三级橄榄球运动员和精英高中足球运动员的T形测试分级标准。图6.7所示为各类运动员T形测试的平均值。

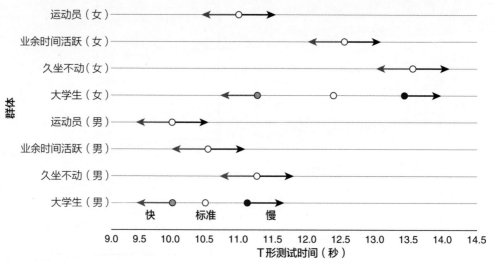

图6.5 大学生个体的T形测试时间分级:快75%;标准50%;慢25%
(数据源自本章文献[20]。)

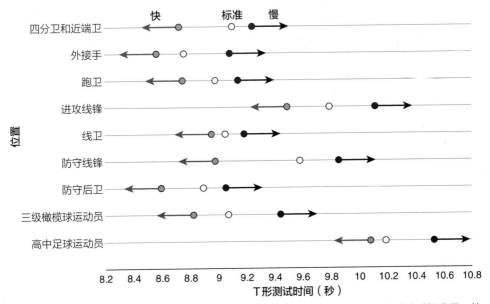

图6.6 美国大学生体育协会三级橄榄球运动员和精英高中足球运动员的T形测试时间分级：快70%；标准50%；慢30%
（数据源自本章文献[13]。）

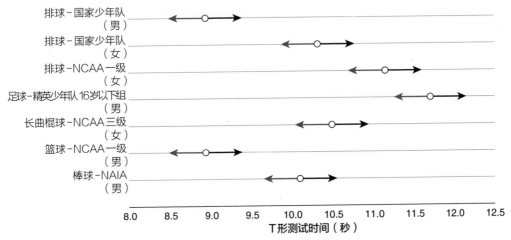

图6.7 各类运动员的T形测试时间平均值
（数据源自本章文献[32]。）

三锥测试

目的

三锥测试用于测量多方向速度和计划性变向能力。

结果

完成要求的动作模式所需的时间，单位为秒。

需要的器材

锥桶或标记物；胶带或球场涂料；计时设备；卷尺。

开始之前

使用胶带或球场涂料和锥桶A标出起点/终点线。将锥桶B放在锥桶A正前方5码处，锥桶C放在锥桶B右侧5码处，形成倒置的"L"形（见图6.8）。另请注意，在评估之前，客户或运动员应进行标准化的热身，然后休息和恢复3~5分钟。

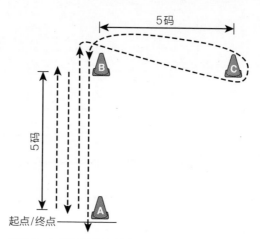

图6.8 三锥测试的场地布置

方案

1. 在开始时，首先对客户或运动员说："我们将测量你完成一系列计划性动作的速度。你准备好了吗？如果准备好了，请站在锥桶A后面，这将是起点和终点的位置。"

2. 接下来，向客户或运动员解释："在这项测试中，首先将双脚分开至与肩同宽，膝盖稍微弯曲，一只脚放在起点/终点线上。当我说'开始'时，向前冲刺并触摸锥桶B。摸到锥桶B后，转身并冲刺回到起点线，然后触摸锥桶A。摸到锥桶A后，再次转身，然后冲刺越过锥桶B，绕过锥桶C。再向锥桶B冲刺且绕过锥桶B，最后冲刺越过终点线处的锥桶A，完成测试。"

3. 站在一个能清楚地看到起点/终点线的位置。发出口头信号通知客户或运动员"3，2，

1，开始"，并使用计时设备记录完成评估的时间（精确到0.01秒）。如果客户或运动员撞倒任何锥桶，请停止计时并重新进行评估。

4. 在客户或运动员完成初次测试后，向客户或运动员提示："回到起始位置并放松。"再测试两次，每次测试后休息和恢复3~5分钟。

替代或修改方案

虽然三锥测试通常使用计划性右转，但它也可以使用计划性左转或改为非计划性/反应敏捷性测试，即在锥桶A和B之间的位置给出左转或右转的信号[14]。三锥测试也可以采用3点或4点姿势开始或携带器材完成。

完成之后

以3次测试中最快的成绩作为最终结果。

研究笔记

在美国职业橄榄球联盟选秀中，被选中的美式橄榄球运动员在三锥测试中的表现优于那些没有被选中的球员，各位置的球员似乎都表现出这一规律[28]。此外，在比较1999年至2001年间和2008年至2010年间参加美国职业橄榄球联盟选秀的运动员时，美国职业橄榄球联盟选秀中的三锥测试数据表明，职业橄榄球运动员的变向技能有所提高[25]。

标准数据

图6.9所示为美国职业橄榄球联盟选秀中的三锥测试时间的分级标准。

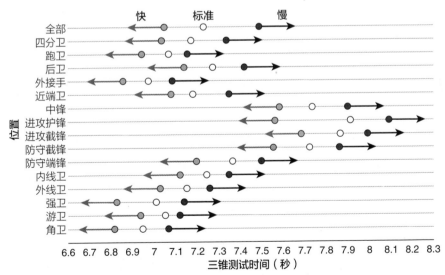

图6.9 美国职业橄榄球联盟选秀中的三锥测试时间分级：快70%；标准50%；慢30%（数据源自本章文献[18]。）

Y形反应敏捷性测试

目的

Y形敏捷性测试用于测量多方向速度和非计划性变向能力。

结果

对外部刺激做出反应并完成要求的动作模式所需要的时间，单位为秒。

需要的器材和人员

锥桶或标记物；胶带或球场涂料；计时设备；卷尺；测角仪或量角器；2名评估员。

开始之前

使用胶带或球场涂料和锥桶或标记物标示出起点线。将第2组锥桶或标记物放在起点线正前方5米处，再将另外2组锥桶分别放在与第2条线成45度角、距离第2条线5米的左右两侧，形成"Y"形（见图6.10）。请注意，在评估之前，客户或运动员应进行标准化的热身，然后休息和恢复3~5分钟。

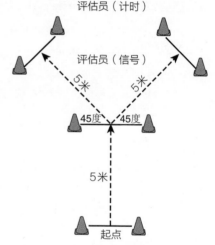

图6.10 Y形反应敏捷性测试的场地布置

方案

1. 在开始时，首先对客户或运动员说："我们将测量你完成一系列非计划性运动的速度。你准备好了吗？"

2. 接下来，向客户或运动员解释："在这项测试中，首先将双脚分开至与肩同宽，膝盖稍微弯曲，一只脚放在起点线上。当我说'开始'时，向前冲到第2组锥桶或标记物处，然后看看在你正前方的评估员发出的信号。评估将举起其右手或左手，你应根据该信号冲刺越过相应方向的锥桶或标记物，从而完成测试。"注意：该方案已对原始版本进行了修改，以适用于使用手持式计时设备和人工信号，而不是计时闸和指示灯的情况。

3. 一名评估员站在距离起点线大约8.5米处（两条之间），负责提供方向信号。第2名评估员站在距离起点线大约13米处（可以看到两条终点线），负责向客户或运动员发出"3，2，1，开始"的口头信号，并使用计时设备记录累计时间（精确到0.01秒）。如果客户或运动员有预判转弯方向或猜错方向的情况，则停止计时并重新进行测试。

4. 在客户或运动员完成初次测试后，对其说："回到起始位置并放松。"再测试5次（加上第1次，共3次向右，3次向左），每次测试后休息和恢复3~5分钟。

替代或修改方案

可以执行计划性变向版本，在开始测试之前就指示客户或运动员转向左侧或右侧。也可以在测试中采用各种冲刺距离和变向角度。随着各种先进技术的出现，还可以使用光或视频刺激作为方向指示工具，并用高速摄像机专门跟踪决策时间[6]。

完成之后

以每个方向的3次测试中最快的成绩作为最终结果。

研究笔记

一些研究表明，反应敏捷性测试可以比变向技能（非计划性敏捷性）测试更明确地区分运动员的竞技水平[15, 19, 27]。例如，在Y形反应敏捷性测试中，半职业篮球运动员比业余运动员的速度快6%，而在计划性变向的测试版本中，这两个组别的成绩没有明显差异[15]。这些发现证明了感知运动技能和决策在篮球运动中的重要性。

标准数据

由于在反应敏捷性测试中使用的现有方案和技术非常广泛，其标准或描述性数据有限。图6.11所示为计划性（变向）和非计划性/反应敏捷性测试结果的一般解释。

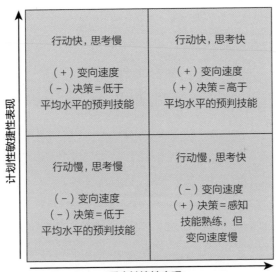

图6.11 对计划性（变向）和反应敏捷性测试结果的一般解释
（－）符号表示表现较差或缓慢；（＋）符号表示表现优异或快速
（数据源自本章文献[5]。）

六边形敏捷性测试

目的

六边形敏捷性测试用于测量跳跃过程中多方向速度和计划性变向的能力。

结果

完成要求的动作模式所需的时间，单位为秒。

需要的器材

锥桶或标记物；胶带或球场涂料；计时设备；卷尺；测角仪或量角器。

开始之前

使用胶带或球场涂料标记出一个边长为0.6米的正六边形，线与线之间的夹角为120度，并标记起点/终点位置（见图6.12）。在评估之前，客户或运动员应进行标准化的热身，然后休息和恢复3~5分钟。

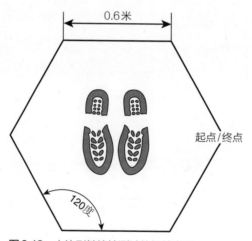

图6.12 六边形敏捷性测试的场地布置

方案

1. 在开始时，首先对客户或运动员说："我们将要测量你完成一系列计划性跳跃动作的速度。你准备好了吗？如果准备好了，请站在六边形中间的线上，这将是起点和终点位置。"

2. 接下来，向客户或运动员解释："当我说'开始'时，快速用双腿跳过你面前的一边，再跳回来。然后继续按顺时针方向以同样的方式跳过六边形的每一条边，以尽可能快的速度完整跳3圈，中间不能停下。"

3. 站在一个能清楚地看到起点/终点线的位置。发出口头信号通知客户或运动员"3，2，1，开始"，并使用计时设备记录累计时间（精确到0.01秒）。如果客户或运动员在跳跃时没有完全越线、有不必要的踏步或跳跃、不能保持面向前方或失去平衡，则应停止计时并重新进行评估。

4. 在客户或运动员完成初次测试后，向客户或运动员提示："回到起始位置并放松。"再测试两次，每次测试后休息和恢复3~5分钟。

替代或修改方案

可以执行单腿版的六边形敏捷性测试，在评估过程中，非跳跃腿不得接触地面。询问客户或运动员用哪条腿来踢球，从而确定其优势腿（对侧腿即为非优势腿）。

完成之后

以3次测试中最快的成绩或平均成绩作为最终结果。

研究笔记

在花样滑冰运动中，初级和高级选手的六边形敏捷性测试成绩比新手更好，这可能是由于高级运动员在跳跃和步法方面需达到更高的要求[29]。单人滑选手似乎也比双人滑选手更敏捷，这一发现可用来确定这些运动员需提高的技能[29]。

标准数据

大学生群体的六边形敏捷性测试时间的分级标准见图6.13。

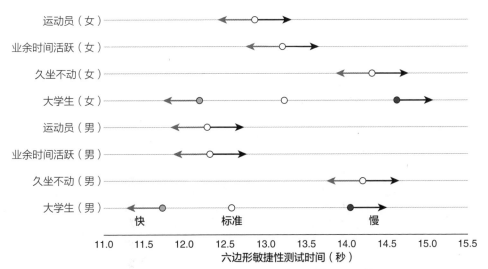

图6.13　大学生群体的六边形敏捷性测试时间分级：快75%；标准50%；慢25%
（数据源自本章文献[20]。）

直线冲刺测试

目的

直线冲刺测试用于测量各种距离的移动的速度和加速度。

结果

移动所要求的距离所需的时间，单位为秒。

需要的器材

锥桶或标记物；胶带或球场涂料；计时设备；卷尺。

开始之前

相隔一定距离设置起点线和终点线，本书采用的距离为40米。在起点线和终点线之间通过标记物设置10米（或其他间隔距离）的分段距离，并在终点线以外5米处再放一个标记物，用于提醒客户或运动员冲刺完成整个测试（见图6.14）。请注意，在评估之前，客户或运动员应进行标准化的热身，包括几次中等强度的练习跑，然后休息和恢复3~5分钟。

图6.14　40米冲刺测试的场地布置

方案

1. 在开始时，首先对客户或运动员说："我们将测量你40米冲刺的速度。你准备好了吗？如果准备好了，请站在起点线后面。"

2. 接下来，向客户或运动员解释："在这项测试中，首先将双脚分开至与肩同宽，膝盖稍微弯曲，一只脚放在起点线上。当我说'开始'时，尽可能快地向前冲刺到达对面的线，然后减速跑过前方的锥桶，完成测试。"

3. 两名评估员分别站在10米（或其他间隔距离）标记处和终点线处。站在客户或运动员对面终点线的评估员发口头信号给客户或运动员"3，2，1，开始"，而且两名评估员都要使用计时设备记录累计时间（精确到0.01秒）。

4. 在客户或运动员完成初次测试后，向客户或运动员提示："回到起始位置并放松。"再测试两次，每次测试后休息和恢复3~5分钟。

替代或修改方案

教练或健身专业人员应选择适合于运动项目或活动的测试距离（5米、10米、20米、30米、40米、60米）。冲刺测试也可以采用3点或4点姿势开始。如果快速达到最大速度（加速度）的能力对于目标运动项目或活动很重要，那么最好进行若干次不同距离的测试，或者在单次测试中记录到达不同测试点的时间。提醒一下：手动记录的时间可能比计时闸记录的时间更短。

完成之后

在40米冲刺测试过程中记录的10米分段时间可以用作衡量加速度的指标，而40米总时间和10米时间之间的差异，也称为30米飞行冲刺时间，可以用作衡量最大速度的指标。以3次测试中最好的成绩（包括总时间、分段时间、飞行冲刺时间）作为最终结果。

研究笔记

研究者普遍认为，下肢力量的增强与冲刺速度的提高有关[26]。有趣的是，英式橄榄球运动员在完成为期5周的单腿（单侧）或标准（双侧）深蹲训练后，其40米冲刺的时间会缩短，但10米冲刺的时间不会[30]。笔者认为，这可能表明与力量增强相关的改变可能需要更长的时间才会转化为较短距离冲刺速度的提高，或者可能需要配合特定距离的冲刺训练。

标准数据

图6.15~6.22提供了几个不同距离和不同群体的冲刺时间的分级标准。

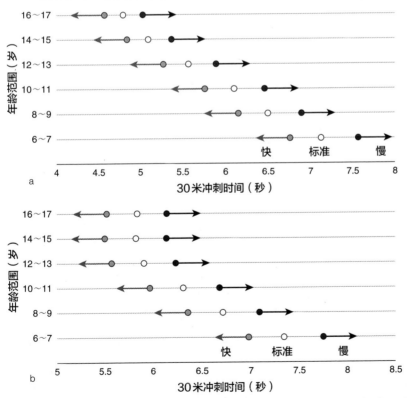

图6.15　男孩和女孩的30米冲刺时间分级（a.男孩；b.女孩）：快70%；标准50%；慢30%（数据源自本章文献[3]。）

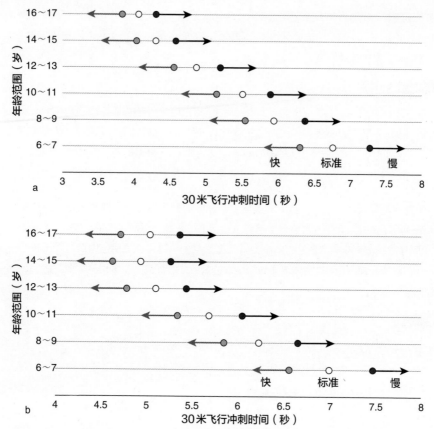

图6.16 男孩和女孩的30米飞行冲刺时间分级（a. 男孩；b. 女孩）：快70%；标准50%；慢30%
（数据源自本章文献[3]。）

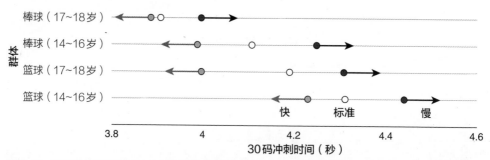

图6.17 青少年男子棒球运动员和篮球运动员的30码冲刺时间分级：快70%；标准50%；慢30%
（数据源自本章文献[13]。）

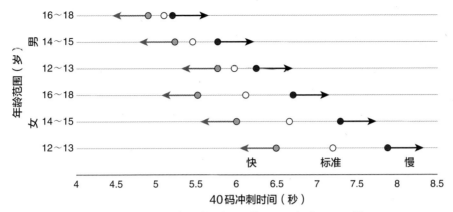

图6.18 12~18岁青少年的40码冲刺时间分级：快70%；标准50%；慢30%
（数据源自本章文献[9]。）

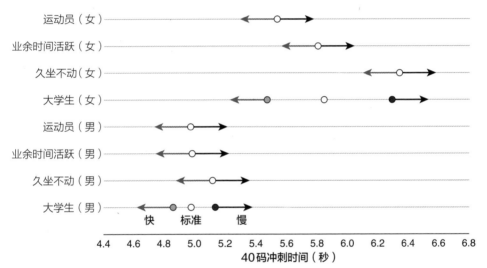

图6.19 大学生群体的40码冲刺时间分级：快75%；标准50%；慢25%
（数据源自本章文献[20]。）

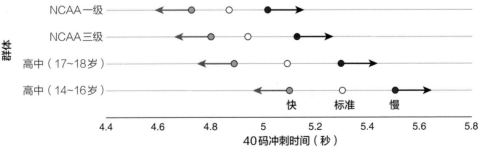

图6.20 美国男子橄榄球运动员的40码冲刺时间分级：快70%；标准50%；慢30%
（数据源自本章文献[13]。）

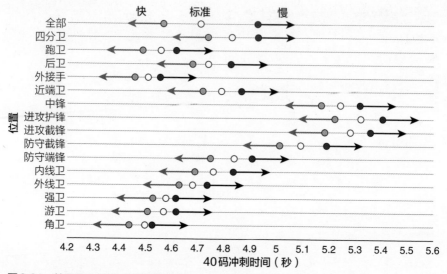

图6.21 美国职业橄榄球联盟选秀中的40码冲刺时间分级（电子计时系统）：快70%；标准50%；慢30%
（数据源自本章文献[18]。）

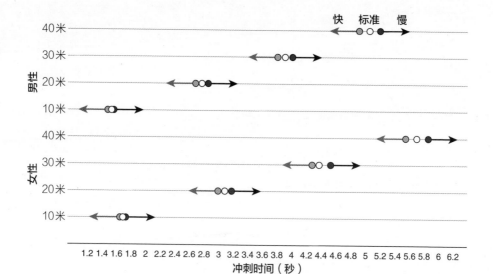

图6.22 男子职业足球运动员和女子精英足球运动员的40米冲刺时间（以及10米分段时间）分级（电子计时系统）：快75%；标准50%；慢25%
（数据源自本章文献[10]。）

重复冲刺能力测试

目的

重复冲刺能力（Repeated Sprint Ability，RSA）测试用于测量以最小恢复时间间隔进行若干次直线冲刺的能力。

结果

完成要求的动作模式所需的时间，单位为秒。

需要的器材和人员

锥桶或标记物；胶带或球场涂料；卷尺；测角仪或量角器；至少2名评估员；至少2个计时设备。

开始之前

平行地画出2条线或摆放2组标记物，2条线相距20米，互为起点/终点线；将2组锥桶放在起点/终点线后约10米处，以提示客户或运动员每次冲刺后减速（见图6.23）。

在评估之前，客户或运动员应进行标准化的热身，包括在速度递增的次最大强度下完成几次试跑，以熟悉测试过程，然后休息和恢复3~5分钟。在进行重复冲刺能力测试之前，还建议完成一次20米冲刺，以验证在第1次冲刺测试中是否尽了最大努力（时间短于20米冲刺时间的95%）。

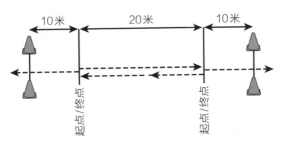

图6.23　重复冲刺能力测试的场地布置

方案

1. 在开始时，首先对客户或运动员说："我们将测量你完成几次20米冲刺的速度。你准备好了吗？如果准备好了，请站在最近的起点线后面。"

2. 接下来，向客户或运动员解释："在这项测试中，首先将双脚分开至与肩同宽，膝盖稍微弯曲，一只脚放在起点线上。当我说'开始'时，尽可能快地向前冲刺到对面的终点线处，并减速跑过前方的锥桶。你将有25秒的时间转弯、慢跑并返回最近的起点线，然后开始下一次方向相反的冲刺。在结束测试之前，你总共将完成6次冲刺。"

3. 2名评估员分别站在2条起点/终点线上。在客户或运动员对面的起点/终点线上的评估员发口头信号通知客户或运动员"3，2，1，开始"，并使用计时设备记录每次冲刺的时间（精确到0.01秒），另一名评估员使用另一台计时设备来把握25秒的休息和恢复时间。

替代或修改方案

本测试的另一个版本还建议使用10次冲刺。此外，可以改变在重复冲刺能力测试过程中的距离、冲刺次数及休息和恢复的时间长度，以实现针对特定运动项目的评估。

完成之后

应计算并记录6次冲刺的最短时间、平均时间及6次冲刺时间的总和。

研究笔记

研究证明，重复冲刺能力与足球比赛过程中高速行进的距离有关[21]，并且提供了一个与关注变向能力的敏捷性测试不同的指标；此外，业余足球运动员和竞技足球运动员在重复冲刺能力方面有明显的差异[33]。

标准数据

图6.24和图6.25所示为业余男子足球运动员和竞技男子足球运动员在重复冲刺能力测试中的平均值。

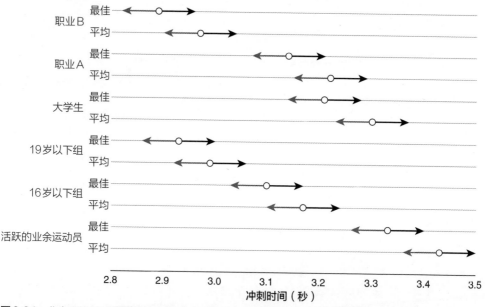

图6.24 业余男子足球运动员和竞技男子足球运动员在重复冲刺能力测试中的20米最佳时间和平均时间（电子计时系统）
（数据源自本章文献[33,34]。）

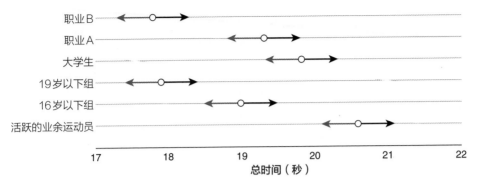

图6.25 业余男子足球运动员和竞技男子足球运动员在重复冲刺能力测试中的总时间
（电子计时系统）

（数据源自本章文献[33, 34]。）

重复变向测试

目的

重复变向（RCOD）测试用于测量以最小恢复时间间隔进行若干次短距离冲刺和转弯的能力。

结果

完成要求的动作模式所需的时间，单位为秒。

需要的器材和人员

锥桶或标记物；胶带或球场涂料；卷尺；测角仪或量角器；至少2名评估员；至少2个计时设备。

开始之前

平行地画出2条线或摆放2组标记物，2条线相距约15.3米，互为起点/终点线。使用锥桶或标记物组成5条4米长的线，它们彼此之间的夹角为100度，它们与起点/终点线的夹角为50度。另外一组锥桶应放在起点/终点线后4~5米处，以便客户或运动员在每次变向训练后减速。（见图6.26）

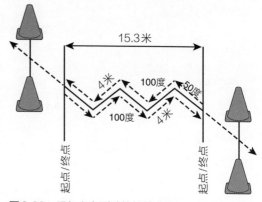

图6.26 重复变向测试的场地布置

在评估之前，客户或运动员应进行标准化的热身，包括在速度递增的次最大强度下完成几次试跑，以熟悉测试过程，然后休息和恢复3~5分钟。

方案

1. 在完成重复冲刺能力测试后大约15分钟开始本测试，首先对客户或运动员说："我们将测量你完成一系列变向训练的速度。你准备好了吗？如果准备好了，请站在最近的起点线后面。"

2. 接下来，向客户或运动员解释："在这项测试中，首先将双脚分开至与肩同宽，膝盖稍微弯曲，一只脚放在起点线上。当我说'开始'时，沿着指定的路线尽可能快地向前冲刺，在此过程中，你将有4次急转弯，然后冲过对面的终点线，再减速跑过前方的锥桶。你将有25秒的时间转身、慢跑并返回最近的起点线，然后开始下一次方向相反的冲刺。在结束测试之前，你总共将完成6次变向。"注意：该方案已对原始版本进行修改，以适用于使用手持式计时设备和人工信号，而不是计时闸和指示灯的情况。

3. 2条起点/终点线上各有一名评估员。站在客户或运动员对面的起点/终点线上的评估员将发口头信号通知客户或运动员"3，2，1，开始"，并使用计时设备记录每次变向测试的累计时间（精确到0.01秒），另一名评估员使用另一台计时设备来把握25秒的休息和恢复时间。

替代或修改方案

本测试还可使用10次变向测试。

完成之后

应计算并记录6次重复变向测试中的最短时间、平均时间及6次变向测试时间的总和。重复变向测试成绩也可以与重复冲刺能力测试成绩进行比较。例如，可以利用以下公式计算最佳时间、平均时间或总时间的重复冲刺能力测试/重复变向测试指数。

$$重复冲刺能力测试/重复变向测试指数 = \frac{重复冲刺能力测试时间}{重复变向测试时间}$$

研究笔记

业余足球运动员和竞技足球运动员的重复变向测试和重复冲刺能力测试/重复变向测试指数值有所区别[33]。发育阶段的足球运动员的重复冲刺能力测试/重复变向测试指数可能相似，而对于特定的测试时间，年龄较大（19岁以下组/职业）的组别优于年龄较小（16岁以下组）的组别[34]。已经有人提出，可以计算出球队或一组水平相近的运动员的平均重复冲刺能力测试/重复变向测试指数，根据每个人与平均指数之间的偏差来确定优先训练项目。例如，对于平均重复冲刺能力测试/重复变向测试指数值为0.59的一组足球运动员，那些指数值低于0.59的人应该更多地关注并提高重复变向能力，而那些指数值高于0.59的人应该更多地关注并提高重复冲刺能力[33]。

标准数据

图6.27~6.29提供了对业余男子足球运动员和男子竞技足球运动员的重复冲刺能力测试和重复变向测试的平均值。据报告，重复冲刺能力测试/重复变向测试指数值介于0.50和0.60之间；然而，由于这些指数可能与比赛、训练方式及其他因素有关，所以建议教练或健身专业人员为其客户或运动员群体编制专属的标准数据。

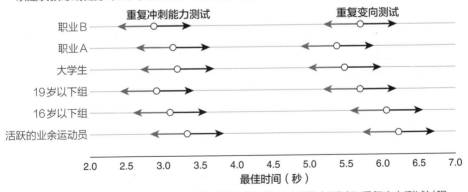

图6.27 业余男子足球运动员和男子竞技足球运动员在重复冲刺能力测试和重复变向测试过程中的20米最佳时间（电子计时系统）

（数据源自本章文献[33, 34]。）

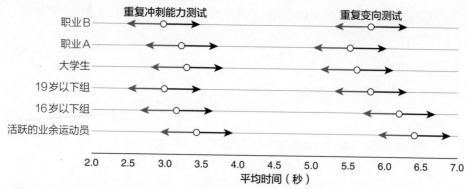

图6.28 业余男子足球运动员和男子竞技足球运动员在重复冲刺能力测试和重复变向测试过程中的20米平均时间（电子计时系统）

（数据源自本章文献[33, 34]。）

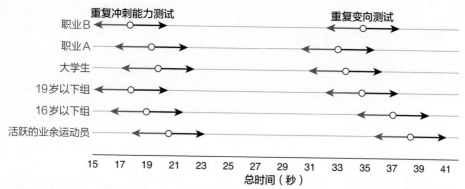

图6.29 业余男子足球运动员和男子竞技足球运动员在重复冲刺能力测试和重复变向测试过程中的总时间（电子计时系统）

（数据源自本章文献[33, 34]。）

300码折返跑测试

目的

300码折返跑测试用于评估快速改变方向完成连续直线冲刺的能力。

结果

完成要求的动作模式所需的时间，单位为秒。

需要的器材

锥桶或标记物；胶带或球场涂料；计时设备；卷尺。

开始之前

两个标记物相距25码摆放，其中一个为起点/终点线（见图6.30）。在评估之前，客户或运动员应进行标准化的热身，然后休息和恢复3~5分钟。

方案

1. 在开始时，首先对客户或运动员说："我们将测量你完成一系列25码冲刺的速度。你准备好了吗？如果准备好了，请站在起跑线后面。"

2. 接下来，向客户或运动解释："在这项测试中，首先将双脚分开至与肩同宽，膝盖稍微弯曲，一只脚放在起点/终点线上。当我说'开始'时，尽可能快地向前冲刺到达对面的标记物处。一旦你的脚越过标记物，就转身并冲刺回到起点。你将总共重复6次这个折返模式（或12次独立的25码冲刺）才可完成测试。"

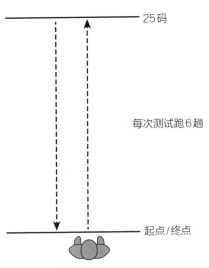

每次测试跑6趟

图6.30 300码折返跑测试的场地布置

3. 站在一个能清楚地看到起点/终点线的位置。发口头信号通知客户或运动员"3，2，1，开始"，并使用计时设备记录其完成测试时的累计时间（精确到0.01秒）。

4. 在客户或运动员完成初次测试后，向客户或运动员提示："回到起始位置并放松。"然后休息和恢复3~5分钟，再进行一次测试。

替代或修改方案

也可以让客户或运动员穿着负重背心（体重≤140磅的人，负重背心为20磅；体重为141~185磅的人，负重背心为25磅；体重≥186磅的人，负重背心为30磅）进行300折返跑。这个版本的测试已被证明是衡量男性士兵受伤风险的一个指标[8]。

完成之后

以两次测试的平均值作为最终结果。

研究笔记

由于静态拉伸对后续的运动表现有潜在的负面影响，通常建议在运动前进行动态热身。比如，在为期4周的研究中，一组美国大学生体育协会一级大学生摔跤运动员在练习前进行动态拉伸（15分钟的健美操和动作练习），与静态拉伸（共15分钟，进行各种拉伸并保持20~30秒）组相比，前者的300码折返跑时间更短[11]。这些研究结果表明，经常进行动态热身活动的好处可延伸到后续的练习中，并可能带来长期的好处。

标准数据

图6.31中所示为美国大学生体育协会一级运动员的300码折返跑测试的时间分级标准。图6.32所示为各种群体的300码折返跑测试的分级标准和平均值。

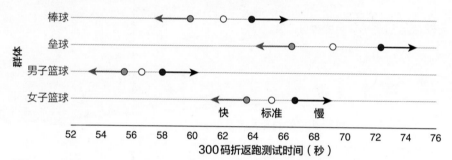

图6.31 美国大学生体育协会一级运动员300码折返跑测试时间分级
（数据源自本章文献[12]。）

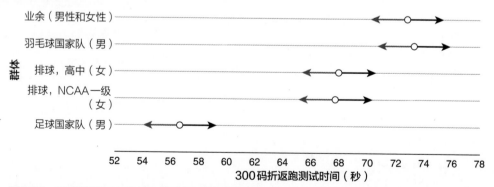

图6.32 不同群体的300码折返跑测试时间的平均值
（数据源自本章文献[17]。）

第 7 章

爆发力

虽然肌肉力量和心肺耐力是运动员通常展现出的身体素质，但是爆发力往往是成功进行各种活动的决定性因素，从几乎所有运动项目到许多日常功能性任务，均是如此。爆发力是一个函数，其参数包括体重、达到的高度或移动的距离，以及完成特定活动所需的时间。要根据目标活动或运动项目的动作要求选择适当的爆发力评估，这包括上半身和下半身之间的区别、单次动作（或相对静止）和多次动作（蹬车运动、跑步、跳跃等）的情况，以及推拉动作。

与第6章介绍的敏捷性和冲刺能力测试类似，本章所介绍的对爆发力进行评估的方法使用秒表和米尺，但也可以利用更先进的技术来完善这些评估，例如手机软件、接触垫、电子计时系统、线性位置传感器或测力板。本章将介绍的评估如下。

- 纵跳测试[19, 45]。
- 立定跳远测试[19, 45]。
- 单腿三级跳测试[37, 45, 54]。
- 胸前掷药球测试[5, 41]。
- 过顶前掷药球测试[58]。
- 过顶后掷药球测试[19, 46]。
- 转身投掷药球测试[46]。
- 楼梯冲刺爆发力测试[4, 32, 41]。
- 划船测功仪峰值功率测试[21, 34]。

纵跳测试

目的

纵跳（也称为反向跳）测试用于测量下半身的向上爆发力。

结果

纵跳高度，单位为厘米；跳跃过程中的估计功率输出。

需要的器材

墙壁，要求有足够的垂直间距，可以安全地完成最大跳跃；卷尺；粉笔。

开始之前

按照第4章中列出的步骤测量客户或运动员的体重。确定客户或运动员的优势手，即书写或投球时使用的手。在开始评估之前，客户或运动员应进行标准化的热身，包括以中等强度（约50%的估计最大强度）进行3~5次跳跃练习，然后休息和恢复3~5分钟。

方案

1. 在开始时，首先对客户或运动员说："我们将测量你能跳多高。你准备好了吗？如果准备好了，请用粉笔涂抹你优势手的指尖。"（见图7.1a）

2. 接下来，指示客户或运动员："站立时用优势手臂和躯干靠近墙壁，重心均匀分布在双脚上。"

3. 在客户或运动员摆好正确姿势后，继续说："在进行测试之前，我们需要确定你的站立摸高。双脚牢牢地放在地面上，同时，用被粉笔涂过的手沿着墙壁尽可能地向高处伸，并用手指做出一个标记。然后将手臂放回体侧。"（见图7.1b）

4. 记录最高的粉笔标记与地面之间的距离，作为站立摸高。

5. 在确定了站立摸高后，告诉客户或运动员："当我说'开始'时，快速执行一个反向运动，即下蹲，同时双臂快速后摆越过髋部，然后立即做反向动作，跳得尽可能高，同时将用粉笔涂过的手沿着墙壁尽可能向高处伸。在最高点用指尖触摸墙壁做一个标记，然后双脚安全地落地。"（见图7.2）

6. 评估员站在一个可以清楚地看到客户或运动员跳跃的位置。发出口头信号通知客户或运动员"3，2，1，开始"，并确认开始跳跃时双脚平放在地面上，没有迈出。还要确认客户或运动员确实进行了反向运动，跳得尽可能高，并在落地时保持控制。

7. 记录最高的粉笔标记与地面之间的距离，结果精确到1厘米，以此作为总跳跃高度。

8. 在客户或运动员完成初次纵跳后对其说："回到起始位置并放松。"再进行至少两次测试，每次测试后休息和恢复1分钟。

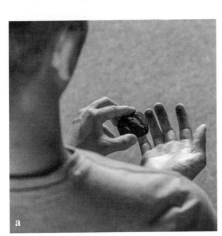

图7.1 a. 用粉笔涂抹优势手的指尖；b. 用粉笔涂过的手确定站立摸高

图7.2 纵跳测试

替代或修改方案

也可以使用深蹲跳测试，要求客户或运动员在跳跃之前达到并短时间保持指定的膝关节角度（大约90度）和手臂位置（与躯干对齐或在躯干后面）。（见图7.3）

图7.3　深蹲跳测试

标准纵跳测试的修改版本包括允许在跳跃之前迈出一步（或两步，取决于目标运动项目或活动）及在动作过程中不允许手臂摆动（手放在髋部或在肩上架一根杆或PVC管）。纵跳测试也可以配合工具进行，该工具配有从立柱上伸出的间隔均匀的叶片（见图7.4），使用该工具仍然需要确定站立摸高，但不需要测量墙上的粉笔标记与地面之间的距离。

图7.4　使用专门配备的纵跳工具进行纵跳测试

完成之后

以记录的最大总跳跃高度作为最终结果，可以使用以下公式计算出纵跳高度。

纵跳高度＝总跳跃高度－站立摸高

教练或健身专业人员也可以将纵跳高度和客户或运动员的体重代入以下公式来估算峰值功率输出[48]。

峰值功率（瓦）＝ 60.7 × 纵跳高度（厘米）＋ 45.3 × 体重（千克）－ 2055

估算纵跳测试过程中的峰值功率可以帮助教练或健身专业人员更好地了解客户或运动员的体重对跳跃高度的影响。还可以使用图7.5所示的列线图计算纵跳测试过程中的峰值功率输出。

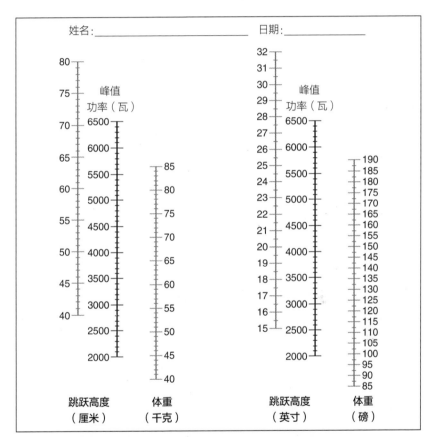

图7.5 纵跳测试过程中的峰值功率输出列线图

［源自：D. Fukuda, *Assessments for Sport and Athletic Performance* (Champaign, IL: Human Kinetics, 2019).］

［使用塞耶斯（Sayers）公式[48]。］

如果完成了纵跳和深蹲跳这两项测试，则可以使用以下公式计算离心利用率。

$$离心利用率 = \frac{纵跳高度}{深蹲跳高度}$$

计算出的离心利用率代表在跳跃之前的膝关节快速弯曲和回弹（称为拉伸-收缩周期）能在多大程度上帮助增加跳跃高度[12, 33]。该值因人而异，可能的影响因素包括遗传基因、训练状态及目标活动或运动项目。

研究笔记

男孩在整个发育过程中的纵跳成绩会稳定提高，而女孩在青春期后则进步极小[22]。在年轻男运动员中，快速伸缩复合训练已被证明是进一步提高纵跳成绩的有效方法；然而，对于13~16岁的运动员而言，它的作用往往不那么明显，原因包括各种与成熟度相关的因素，例如青春期的问题[35]。也有证据表明，年轻女运动员通过快速伸缩复合训练可提高纵跳成绩，但该训练计划可能需要持续10周以上[53]。

标准数据

图7.6~7.9所示分别为各类群体的纵跳高度分级标准：男子高中运动员的分级标准见图7.6，男性一般人群、大学生及职业运动员的分级标准见图7.7，女性一般人群和大学生运动员的分级标准见图7.8，美国职业橄榄球联盟选秀中的分级标准见图7.9。图7.10所示为多项运动中的离心利用率的平均值。

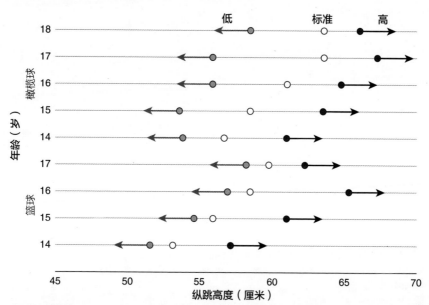

图7.6 男子高中橄榄球运动员和篮球运动员的纵跳高度分级：高70%；标准50%；低30%（数据源自本章文献[16]。）

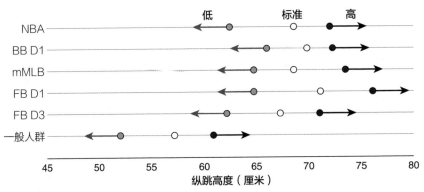

图7.7 男性一般人群（21~25岁）、美国大学生体育协会一级和三级橄榄球运动员（FB D1和FB D3）、小联盟和大联盟职业棒球运动员（mMLB）、一级篮球运动员（BB D1）及美国职业篮球联赛（NBA）篮球运动员的纵跳高度分级：高70%；标准50%；低30%（数据源自本章文献[16, 40]。）

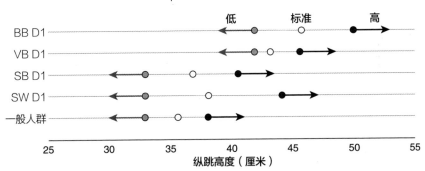

图7.8 女性一般人群（21~25岁）及美国大学生体育协会一级游泳运动员（SW D1）、一级垒球运动员（SB D1）、一级排球运动员（VB D1）和一级篮球运动员（BB D1）的纵跳高度分级：高70%；标准50%；低30%（数据源自本章文献[16, 40]。）

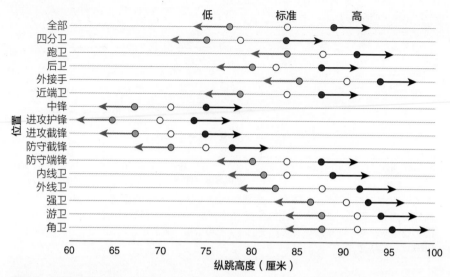

图7.9 美国职业橄榄球联盟选秀中的纵跳高度分级：高70%；标准50%；低30%
（数据源自本章文献[38]。）

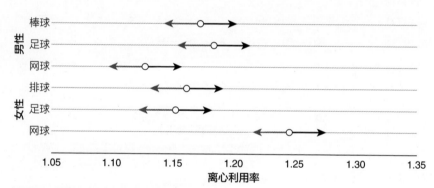

图7.10 多项运动中的离心利用率的平均值

注意：纵跳和深蹲跳是在将PVC管放在肩上的情况下进行的。

（数据源自本章文献[55]。）

立定跳远测试

目的

立定跳远测试用于测量下半身的水平爆发力。

结果

水平跳跃距离，单位为厘米。

需要的器材

胶带；卷尺。

开始之前

在地面上贴一条1米长的胶带，作为起跳线。在开始评估之前，客户或运动员应进行标准化的热身，包括以中等强度（约50%的估计最大强度）进行3~5次跳跃练习，然后休息和恢复3~5分钟。

方案

1. 在开始时，首先对客户或运动员说："我们将测量你能跳多远。你准备好了吗？如果准备好了，将脚趾放在起跳线后站好。"

2. 在客户或运动员摆好正确姿势后，继续说："当我说'开始'时，快速执行反向运动，即弯曲膝盖，然后迅速将手臂向下摆动越过髋部，然后做反向动作，用最大力量向前跳到离起跳线尽可能远的地方。注意用双脚安全落地并保持这个位置，以便测量你的跳跃距离。"（见图7.11）

3. 评估员应站在一个可以清楚地看到客户或运动员跳跃的位置。发出口头信号通知客户或运动员"3，2，1，开始"，并确认客户或运动员开始跳跃前双脚平放在地面上，并且已执行反向动作，跳得尽可能远并在落地时控制身体、没有向前迈出一步。

4. 记录起跳线与客户或运动员最近的脚跟间的距离，结果精确到1厘米。

5. 在客户或运动员完成初次立定跳远后对其说："回到起始位置并放松。"再进行至少两次测试，每次测试后休息和恢复1分钟。

图7.11 立定跳远测试

替代或修改方案

也可以在未摆动手臂的情况下进行立定跳远测试。该方案要求客户或运动员在整个跳跃过程中双手一直放在髋部。

完成之后

以记录的最长距离作为最终结果。

研究笔记

在立定跳远过程中产生的力与冲刺速度的关系比纵跳时产生的力与冲刺速度的关系更密切[7]。此外，据报道，立定跳远的成绩与比赛中的100米跑成绩之间的关系比它与速度测试中的较短距离（10米、30米和50米）跑的成绩之间的关系更密切[26]。

标准数据

图7.12~7.14分别是男性一般青少年人群和成人精英运动员、女性一般青少年人群和成人精英运动员及美国职业橄榄联盟选秀的立定跳远距离分级标准。

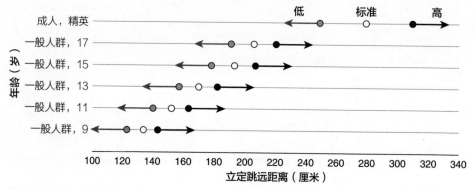

图7.12 男性一般青少年人群和成人精英运动员的立定跳远距离分级：高70%；标准50%；低30%（数据源自本章文献[2, 57]。）

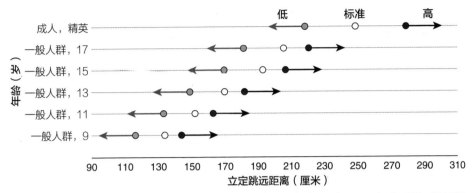

图7.13 女性一般青少年人群和成人精英运动员的立定跳远距离分级：高70%；标准50%；低30%
（数据源自本章文献[2, 57]。）

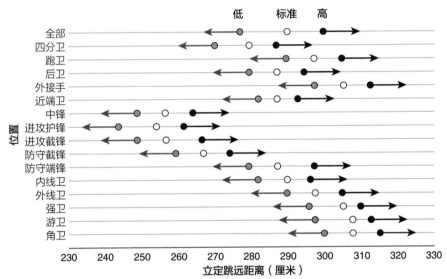

图7.14 美国职业橄榄球联盟选秀中的立定跳远距离分级：高70%；标准50%；低30%
（数据源自本章文献[38]。）

单腿三级跳测试

目的

单腿三级跳测试用于测量下半身水平爆发力和单腿爆发力，同时可对双腿进行平衡、动作控制和力量方面的比较。

结果

每条腿的水平跳跃距离，单位为厘米；左右两侧的差异。

需要的器材

胶带；卷尺。

开始之前

在地面上贴一条1米长的胶带，作为起点线。询问客户或运动员用哪条腿进行单脚跳跃或踢球，确定其优势腿。在开始测试之前，客户或运动员应进行标准化的热身，包括以中等强度（约50%的估计最大强度）进行3~5次跳跃练习，然后休息和恢复3~5分钟。

方案

1. 在开始时，首先对客户或运动员说："我们将测量几次你用单腿跳过的距离。你准备好了吗？如果准备好了，请用优势腿支撑自己站在起点线后，脚趾放在起点线后。"

2. 在客户或运动员摆好正确姿势后，继续说："当我说'开始'时，执行3次单腿跳跃，越过起点线并向前跳到尽可能远的位置。在第3跳后，用双臂帮助自己保持平衡并注意使双脚安全落地。然后，保持原地不动，以便测量你的跳跃距离。"（见图7.15和图7.16）

3. 评估员应站在一个可以清楚地看到客户或运动员跳跃的位置。发出口头信号通知客户或运动员"3，2，1，开始"，并确认开始跳跃时其双脚平放在地面上且客户或运动员在落地时能控制住身体，没有向前迈步。

4. 记录起点线与客户或运动员最近的脚的脚跟的距离，结果精确到1厘米。

5. 在客户或运动员完成初次单腿三级跳测试后，对其说："回到起始位置并放松。"然后让客户或运动员用对侧腿（非优势腿）重复该过程。客户或运动员每条腿将完成3次测试，每次测试后休息和恢复30秒~1分钟。教练或健身专业人员也应该敏锐地意识到客户或运动员在这些测试中可能会变得疲劳，若无法确保安全则应做好减少测试次数的准备。

图7.15 单腿三级跳测试中的脚部位置

图7.16 单腿三级跳测试

替代或修改方案

执行单腿三级跳测试时也可以要求客户或运动员不摆动手臂或在一系列跳跃中一直将双手放在髋部上，或者要求客户或运动员在第3跳即最后一跳后单脚（而不是双脚）落地。该测试的其他版本包括在标准距离测试中添加横向（左右）部分，即要求客户或运动员用单腿执行3次交叉跳（来回越过直线）。

完成之后

记录每条腿的3次测试中的最长距离或平均值并将其作为最终结果。教练或健身专业人员还可以进一步比较双腿的差异或不平衡性，方法是用单腿三级跳测试中每条腿的结果来计算左右对称指数，公式如下。

$$左右对称指数 = \frac{非优势腿跳跃距离}{优势腿跳跃距离} \times 100$$

左右对称指数值低于100%表明在用非优势腿进行三级跳测试的过程中，跳跃距离较短，并且双腿的表现有一些潜在差异。

研究笔记

运动员的单腿三级跳距离已被证明与纵跳、在高速和低速运动中产生力的能力[13]及短距离（≤10米）冲刺速度有关[25]。在单腿三级跳中，大学生男女运动员的表现优于高中男女运动员；然而，仅在女大学生运动员中发现了明显的双腿差异[36]。从伤病或运动准备的角度来看，在接受了前交叉韧带重建手术后被许可恢复运动的女运动员中，用于比较两条腿的三级跳距离的左右对称指数下降[60]。根据体重进行调整后，参加ACL损伤风险较高的项目（足球、篮球和排球）的运动员与参加风险较低的项目（潜水、越野和田径）的运动员相比，前者的左右对称指数可能更高[18]。

标准数据

图7.17提供了各种群体的单腿三级跳测试的平均值。虽然建议采用特定的临界值（约90%），但健康、常运动的个体的左右对称指数值可能为85%~90%。因此，建议对客户或运动员进行基准测量并进行长时间跟踪测试。

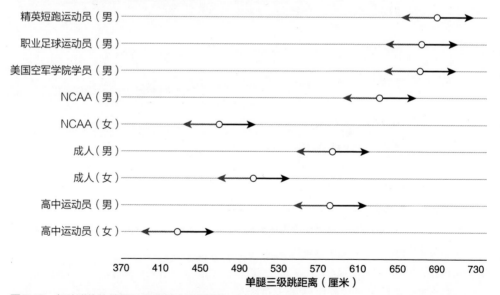

图7.17 各种群体的单腿三级跳测试的平均值
注意：作为数据来源的多项研究采用了多种不同方案（允许或不允许手臂摆动、单脚或双脚落地、3次测试的最佳成绩或平均成绩等），并且仅采用两条腿的三级跳测试中较好的成绩。
（数据源自本章文献[36, 54]。）

胸前掷药球测试

目的

胸前掷药球测试用于测量在推的动作过程中的上半身爆发力。

结果

水平投掷距离，单位为厘米。

需要的器材

胶带；卷尺；45度倾斜的训练凳；足够的垂直和水平空间，以安全地完成评估；药球（女性使用重6千克的药球，男性使用重9千克的药球）。

开始之前

将卷尺从起点拉出至少7.6米，药球在起点处被掷出之前，应接触客户或运动员的胸部。将卷尺固定在训练凳前腿下方的地面上，并沿投掷方向放置。在开始评估之前，客户或运动员应进行标准化的热身，包括以中等强度（约50%的估计最大强度）进行上半身特定运动和练习投掷，然后休息和恢复3~5分钟。

方案

1. 在开始时，首先对客户或运动员说："我们将测量你投掷药球的距离。你准备好了吗？如果准备好了，请拿起药球，坐在训练凳上，然后向后靠，让你的躯干和头部与训练凳接触。检查你的双脚是否平放在地面上并适当分开。"
2. 在客户或运动员摆好正确姿势后，继续说："当我说'开始'时，用双手将药球移到胸前，以最大的力量将药球朝远离身体的方向尽可能远地推出。注意以与地面成45度的角度抛出药球，以便获得最大距离。"（见图7.18）
3. 评估员应站在一个可以清楚地看见投掷的位置。发出口头信号通知客户或运动员"3，2，1，开始"，并确认客户或运动员在投掷过程中与训练凳保持接触。站在卷尺末端附近的观察员应尝试标记落地点（或者让球沾上白粉，以便确定准确的位置）。为了进行计量，药球应该落在距离卷尺0.6米以内的地方。
4. 测量并记录起点和落地点之间的距离，结果精确到1厘米。
5. 在客户或运动员完成初次胸前掷药球测试后，说："放松。"至少再进行两次测试，每次测试后休息和恢复2~3分钟。

图7.18　胸前掷药球测试

替代或修改方案

客户或运动员可以选择多种方式进行胸前掷药球测试：坐在普通椅子（例如，老年人使用重3千克的药球[14]）或倾斜90度的训练凳上；背部靠墙坐在地面上，膝盖弯曲或伸展（例如，5~6岁儿童，使用重0.9千克、直径为20厘米的药球[6]）；采用跪姿。该测试的坐姿单臂版本还可比较左右臂差异。

完成之后

以记录的最长距离作为最终结果。

研究笔记

胸前掷药球成绩已被证明与卧推测试中的功率输出高度相关[5]，并且是高尔夫球手的杆头速度的重要预测变量[43]。据报告，美国大学生橄榄球运动员在完成15周（每周4天）的休赛期力量训练后，使用90度训练凳进行胸前掷药球测试的成绩有所提高[17]。

标准数据

由于评估方案和可使用的药球尺寸均存在多种选择，因此可获得的能够广泛应用的标准数据有限。图7.19所示为男性大学生和女性大学生的胸前掷药球距离分级标准。

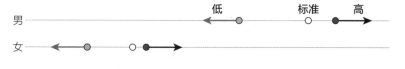

图7.19　男性大学生和女性大学生的胸前掷药球距离分级：高70%；标准50%；低30%
女性使用重6千克的药球，男性使用重9千克的药球。
（数据源自本章文献[5]。）

过顶前掷药球测试

目的

过顶前掷药球测试用于测量在推或掷及向前弯曲运动的过程中的全身爆发力。

结果

水平投掷距离，单位为厘米。

需要的器材

胶带；卷尺；足够的垂直和水平间距，以安全地完成评估；药球（各种尺寸；建议网球运动员使用重2千克的药球）。

开始之前

在地面上贴一条1米长的胶带，作为起点线，并且每隔0.5米就用相同的平行胶带标记一次，直至总距离适合确定被评估客户或运动员的落地点。在开始测试之前，客户或运动员应进行标准化的热身，包括以中等强度（约50%的估计最大强度）进行特定的上半身运动和投掷练习，然后休息和恢复3~5分钟。

方案

1. 在开始时，首先对客户或运动员说："我们将测量你可以将药球掷出多远。你准备好了吗？如果准备好了，请拿起药球，站在起点线后面，双脚保持平行。"

2. 在客户或运动员摆好正确姿势后，继续说："当我说'开始'时，用双手将药球举过头顶，不要迈步，并尽可能地向远处掷球。在投掷过程中，你的背部会略微向后伸展；但是，不要移动你的双脚，注意保持平衡，并将药球向正前方掷出。"（见图7.20）

3. 评估员应站在一个可以清楚看到客户或运动员投掷药球的位置。发出口头信号通知客户或运动员"3，2，1，开始"，并确认客户或运动员没有越过起点线。观察员应在客户或运动员后方的安全距离处，尝试标记落地点（或者让球沾上白粉，以帮助确定准确的位置）。

4. 记录起点线和落地点之间的距离，结果精确到1厘米。

5. 在客户或运动员完成初次投掷测试之后，说："回到起始位置并放松。"然后继续进行若干次测试，每次测试后休息和恢复1分钟，直到两次连续投掷的距离的差值在0.5米内。

图7.20　过顶前掷药球测试

替代或修改方案

过顶前掷药球也可以采用向前一步的站姿版本或跪姿版本，跪姿版本可以消除下半身的影响。

完成之后

以记录的最长距离作为最终结果。

研究笔记

过顶前掷药球的成绩可能与需要通过手臂在其头顶上方运动以产生爆发力的运动员（称为上举挥臂运动员）特别相关。例如，青少年网球运动员在完成为期8周、每周两次的由上半身练习和下半身练习组成的快速伸缩复合训练后，获得了更好的过顶前掷药球成绩[10]。

在排球[29]和足球中，过顶前掷药球的成绩可能因场上位置而有所不同，前锋比后卫的投掷距离更远[27]。在竞争激烈的赛季中，职业女子排球运动员的这项指标的成绩也有进步[28]。

标准数据

图7.21所示为精英网球运动员的过顶前掷药球距离分级标准。图7.22所示为职业排球运动员的过顶前掷药球的平均值，而图7.23和图7.24所示为男子青少年足球运动员的数据。

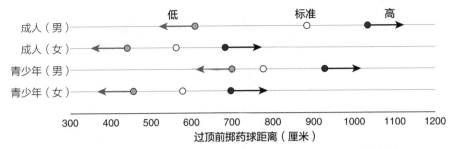

图7.21 精英网球运动员的过顶前掷药球距离分级（测试采用重2.7千克的药球）
（数据源自本章文献[9, 46]。）

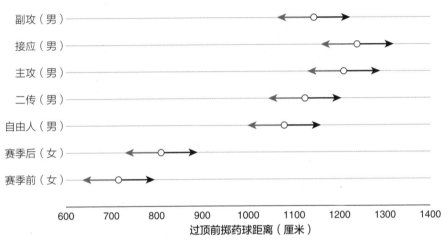

图7.22 职业排球运动员的过顶前掷药球的平均值（测试采用重3千克的药球）
（数据源自本章文献[28, 29]。）

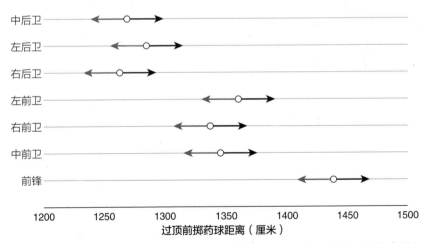

图7.23 男子青少年足球运动员（按场上位置划分）的过顶前掷药球的平均值（测试采用重5千克的药球）
（数据源自本章文献[27]。）

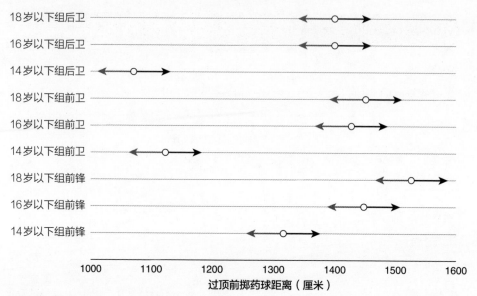

图7.24 男子青少年足球运动员（按年龄组划分）的过顶前掷药球的平均值（测试采用重5千克的药球）

（数据源自本章文献[27]。）

过顶后掷药球测试

目的

过顶后掷药球测试用于测量在推或掷及向后伸展运动的过程中的全身爆发力。

结果

水平投掷距离，单位为厘米。

需要的器材

胶带；卷尺；足够的垂直和水平间距，以安全地完成评估；药球（各种尺寸）。

开始之前

在地面上贴一条1米长的胶带，作为起点线，并且每隔0.5米就用相同的平行胶带标记一次，直至总距离适合确定被评估客户或运动员的落地点。在开始测试之前，客户或运动员应进行标准化的热身，包括以中等强度（约50%的估计最大强度）进行特定的上半身运动和投掷练习，然后休息和恢复3~5分钟。

方案

1. 在开始测试时，首先对客户或运动员说："我们将测量你可以将药球掷出多远。你准备好了吗？如果准备好了，请拿起药球，站在起点线后面。"

2. 在客户或运动员摆好正确姿势后，继续说："当我说'开始'时，向前伸展双臂，用双手将药球带到身体正前方，与胸部同高，然后迅速弯曲膝关节并向下摆动双臂以将药球带到双膝之间。此时不要停下，应立即做反向动作，尽可能用力地向上跳跃并将药球向上举过头顶且向头顶后方掷出。注意双臂在整个动作过程中及放开药球后安全落地时都要保持伸直。"（见图7.25）

3. 评估员应站在一个可以清楚看到客户或运动员投掷的位置。发出口头信号通知客户或运动员"3，2，1，开始"，并确认膝关节没有弯曲超过90度，肩部没有过度前倾。观察员应在客户或运动员后方的安全距离处，尝试标记落地点（或者让球沾上白粉，以帮助确定准确的位置）。

4. 记录起点线和落地点之间的距离，结果精确到1厘米。

图7.25 过顶后掷药球测试

5. 在客户或运动员完成初次过顶后掷药球测试之后，说："回到起始位置并放松。"然后继续进行若干次测试，每次测试后休息和恢复1分钟，直到两次连续投掷的距离的差值在0.5米内。

替代或修改方案

一些过顶后掷药球方案要求客户或运动员在整个投掷动作中双脚保持与地面的接触。这种方法可能有助于实现更好的控制（和安全），但会限制动作的爆发力，导致投掷距离缩短。过顶后掷药球也可以采用坐姿，以消除下半身的影响。

完成之后

以记录的最长距离作为最终结果。

研究笔记

研究表明，过顶后掷药球的成绩与多个运动项目中的运动员在纵跳过程中的功率输出有关，包括排球运动员[50]、足球运动员[31]和摔跤运动员[51]。过顶后掷药球成绩还与奥林匹克举重（抓举和挺举）过程中的最大力量有关[39]。

有趣的是，据报告，过顶后掷药球的距离是（13~14岁）男孩的越野滑雪表现的一个重要预测变量；但对于女孩则不然，3000米跑步时间才是同年龄段女孩的越野滑雪表现的最佳预测变量[52]。

标准数据

图7.26所示为精英网球运动员的过顶后掷药球距离分级标准。图7.27和图7.28所示为各种人群的过顶后掷药球的平均值。

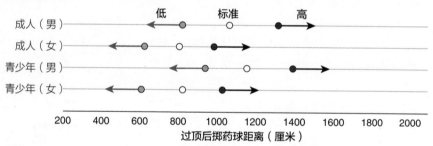

图7.26 精英网球运动员的过顶后掷药球距离分级（测试采用重2.7千克的药球）
（数据源自本章文献[9, 46]。）

154 第7章 爆发力

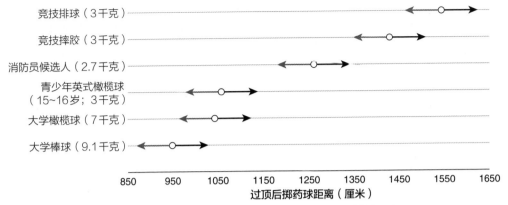

图7.27 各种男性群体的过顶后掷药球的平均值（药球尺寸以千克为单位表示）
（数据源自本章文献[3, 5a, 8, 31, 51]。）

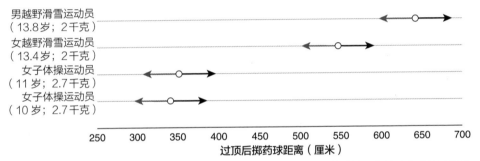

图7.28 青少年女子体操运动员和男女越野滑雪运动员的过顶后掷药球的平均值（药球尺寸以千克为单位表示）
（数据源自本章文献[47, 52]。）

转身投掷药球测试

目的

转身投掷药球测试用于测量在旋转运动过程中的上半身爆发力。

结果

侧向投掷距离，单位为厘米。

需要的器材

胶带；卷尺；足够的垂直和水平间距，以安全地完成评估；药球（各种尺寸）。

开始之前

在地面上贴一条1米长的胶带，作为起点线，并且每隔0.5米就用相同的平行胶带标记一次，直至总距离适合确定被评估的客户或运动员的落地点。在开始测试之前，客户或运动员应进行标准化的热身，包括以中等强度（约50%的估计最大强度）进行特定的上半身运动和投掷练习，然后休息和恢复3~5分钟。

方案

1. 在开始时，首先对客户或运动员说："我们将测量你可以将药球抛出多远。你准备好了吗？如果准备好了，请拿起药球，侧身站在起点线后面。"

2. 在客户或运动员摆好正确姿势后，继续说："当我说'开始'时，向前伸展双臂，用双手将药球带到身体正前方，与胸部同高。快速朝远离起点线的方向转身，然后用双臂带动药球向起点线摆动，侧向地将药球投掷到尽可能远的地方。注意保持双臂伸直，双脚与地面接触且保持平衡，并将药球直线投掷出去。"（见图7.29）

3. 评估员应站在一个可以清楚地看到客户或运动员投掷的位置。发出口头信号通知客户或运动员"3，2，1，开始"，并确认客户或运动员的双脚没有越过起点线。观察员应在客户或运动员后方的安全距离处，尝试标记落地点（或者让球沾上白粉，以帮助确定准确的位置）。

4. 记录起点线和落地点之间的距离，结果精确到1厘米。

5. 在客户或运动员完成初次投掷测试之后，说："回到起始位置并放松。"然后继续进行若干次同一方向的投掷测试和相反方向的投掷测试，每次测试后休息和恢复1分钟，直到同一侧的两次连续投掷的距离的差值在0.5米内。

图7.29　转身投掷药球测试

替代或修改方案

　　转身投掷药球还可以采用跪姿或坐姿，以消除下半身的影响。该测试针对特定运动项目的修改版本被称为"击球手投掷药球"，要求运动员采用标准的击球站姿，并在完成投掷动作之前用双手将1千克重的药球拿到肩部位置，和挥动棒球棒的动作类似[56]。

完成之后

　　以每一侧记录的最长距离作为最终结果。

研究笔记

　　转身投掷药球的距离体现了躯干在旋转过程中产生力的能力，以及上半身和下半身的功率输出，而该项指标的测量通常需要使用昂贵的仪器，并且有额外的安全考虑[9]。转身投掷药球的成绩已经被证明与网球运动员产生旋转力的能力[9]、高尔夫球手的杆头速度[43]及板球运动员的投球速度[11]相关。

标准数据

　　图7.30所示为精英网球运动员的转身投掷药球距离分级标准。图7.31所示为青少年使用不同尺寸的药球进行转身投掷药球测试的平均值。

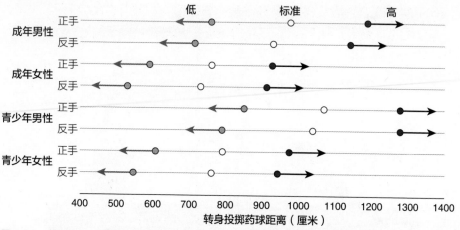

图7.30 精英网球运动员的转身投掷药球距离分级（测试采用2.7千克的药球）
（数据源自本章文献[9, 46]。）

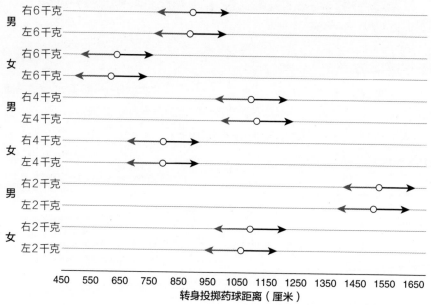

图7.31 青少年转身投掷药球的平均值（方向以右或左表示，药球尺寸以千克为单位表示）
（数据源自本章文献[20, 46]。）

楼梯冲刺爆发力测试

目的

楼梯冲刺爆发力测试（也称为Margaria-Kalamen测试）用于测量跑上斜坡时的爆发力。

结果

完成目标动作模式所需的时间，单位为秒；估算出的平均功率输出。

需要的器材

楼梯至少有9级阶梯，每级阶梯17~18.5厘米高、29~32厘米宽，助跑长度约6米；胶带；标尺或卷尺；计时设备。

开始之前

按照第4章中列出的方法测量客户或运动员的体重（以千克为单位）。核实阶梯的高度并确定第3级和第9级阶梯之间的垂直距离（米）（通常为0.17米/级×6级阶梯=1.02米）。在距离楼梯底部6米处的地面上贴一条胶带作为起点线。此版本的楼梯冲刺爆发力测试的示意图见图7.32。另请注意，在开始评估之前，客户或运动员应进行标准化的热身，包括以中等强度（50%~80%的估计最大强度）进行几次楼梯冲刺练习，然后休息和恢复3~5分钟。

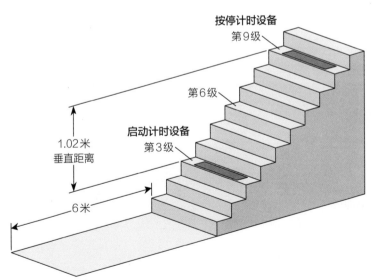

图7.32 楼梯冲刺爆发力测试（Margaria-Kalamen测试）的场地布置

[源自: G. G. Haff and C. Dumke, *Laboratory Manual for Exercise Physiology*, 2nd ed. (Champaign, IL: Human Kinetics, 2019), 300.]

方案

1. 在开始时，首先对客户或运动员说："我们将测量你能够以多快的速度冲上这个楼梯。你准备好了吗？如果准备好了，请站在起点线后面。"

2. 接下来，向客户或运动员解释："当我说'开始'时，向前冲刺，然后尽可能快地跑上楼梯，每步跨3级阶梯来完成测试。"

3. 评估员应站在一个可以清楚地看到第3级和第9级阶梯的位置。发口头信号通知客户或运动员"3，2，1，开始"，并在其到达第3级阶梯时启动计时设备，到达第9级阶梯时按停计时设备。记录数值，结果精确到0.01秒。

4. 在客户或运动员完成初次测试后，说："回到起始位置并放松。"再进行两次测试，每次测试后休息和恢复2~3分钟。

替代或修改方案

当没有6米的助跑长度时，可以进行替代版本的测试。在该测试中，计时设备在客户或运动员的脚与第1级阶梯接触时启动，并且在他们完成5步（每步跨两级阶梯）时停止。此版本的楼梯冲刺测试采用每级18.5厘米高的楼梯，即总垂直距离约为2.04米（0.185米/级 × 11级阶梯）。

完成之后

以记录的最短时间作为最终结果，然后教练或健身专业人员可以使用以下公式计算平均功率输出。

$$功率（瓦）= \frac{体重（千克）\times 9.807 \times 高度（米）}{时间（秒）}$$

该公式中的高度为评估方案中所述的第1级阶梯和最后1级阶梯之间的垂直距离（即1.02米或2.04米）。然后，教练或健身专业人员可以用平均功率输出除以体重，以消除客户或运动员之间体形差异带来的影响。

研究笔记

研究发现，在评估参与快速伸缩复合训练的运动员和非运动员的爆发力（或无氧能力）时，通过楼梯冲刺爆发力测试计算出来的功率输出比纵跳测试或50米冲刺成绩更具影响力[59]。此外，研究证明，楼梯冲刺爆发力测试已被证明可区分美式橄榄球中位于不同位置的运动员[15]，它还与青少年冰球运动员的冰上冲刺滑冰测试成绩存在正相关关系[42]。

标准数据

图7.33所示为楼梯冲刺爆发力测试的功率分级标准。图7.34所示为各群体相对于体重的楼梯冲刺测试功率的平均值。

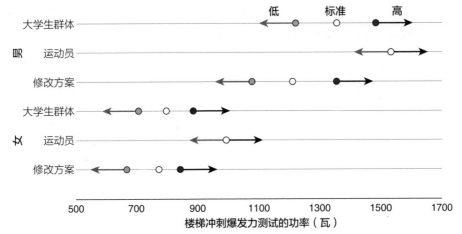

图7.33 各群体的楼梯冲刺爆发力测试的功率（电子计时系统）分级：高70%；标准50%；低30%（修改方案：详细信息请参阅"替代或修改方案"部分）
（数据源自本章文献[1, 4, 30, 32]。）

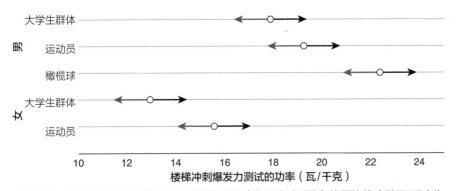

图7.34 各群体的楼梯冲刺爆发力测试的功率（电子计时系统）的平均值（以瓦/千克为单位表示）
（数据源自本章文献[1, 30, 32, 49]。）

划船测功仪峰值功率测试

目的

划船测功仪峰值功率（或爆发力）测试用于测量下半身推和上半身/躯干拉的动作过程中的全身爆发力。

结果

在划船过程中输出的峰值功率，单位为瓦或瓦/千克。

需要的器材

划船测功仪。

开始之前

按照第4章中列出的方法测量客户或运动员的体重（千克）。将阻力水平设置为最高级别：将非赛艇运动员的水平设置为10（训练有素的赛艇运动员的水平设置为5），机载计算机设置为显示每分钟的功率和划桨次数。与客户或运动员一起查看表7.1所列出的划船动作的基本要素（最好在测试前安排一次练习，以熟悉测试过程）。另请注意，在开始评估之前，客户或运动员应进行标准化的热身，包括以中等强度（50%~80%的估计最大强度）进行5分钟划船练习，然后休息和恢复3~5分钟。

表7.1 划船动作的基本要素

1. 开始	2. 划动
• 手臂伸到躯干前方，肘关节完全伸展 • 头部处于中立位置 • 肩部与地面平行，并位于髋部前方 • 胫骨与脚踏板垂直，膝关节弯曲但不超过90度 • 双脚与脚踏板完全接触	• 伸展髋关节和膝关节，用双腿蹬脚踏板 • 保持上半身的姿势不动 • 当髋关节和膝关节伸展时，上半身向后倾斜，双手将手柄拉到肋骨下缘处
3. 完成	4. 恢复
• 髋关节和膝关节完全伸展，手柄靠近肋骨下缘 • 上半身略微后倾，由核心肌肉支撑 • 头部处于中立位置 • 颈部和肩部放松	• 反向进行划动的动作 • 肘关节伸展，双臂伸到躯干前方 • 当座椅向前滑动时，上半身前倾并弯曲膝关节

方案

1. 在开始时，首先对客户或运动员说："我们将测量你在划船过程中的力度。你准备好了吗？如果准备好了，请坐在划船测功仪上，绑紧脚上的脚踏板绑带，然后用双手抓住手柄。"

2. 接下来，向客户或运动员解释："当我说'开始'时，拉动手柄，同时完整地进行开始、划动、完成和恢复动作，共进行6次初始热身划桨动作，然后进行6次全力划桨动作，尽可能用力和快速地拉手柄，以完成测试。"（见图7.35）

3. 评估员应站在一个可以清楚地查看成绩监测器的位置。发口头信号通知客户或运动员"3，2，1，开始"，并确认客户或运动员保持每分钟进行35~45次划桨动作的频率，同时记录机载计算机所显示的每次划桨动作的功率输出。

4. 在客户或运动员完成初次测试后，说："回到起始位置并放松。"至少再进行一次测试，每次测试后休息和恢复3~5分钟。

图7.35 划船动作的要素：a.开始；b.划动；c.完成

替代或修改方案

可使用包含多达15次划桨动作的方案来评估峰值功率，教练或健身专业人员应该确认客户或运动员在评估过程中是否已达到功率输出的相对平台期。

完成之后

以记录的单次划桨动作的最高峰值功率作为最终结果。然后，教练或健身专业人员可以用峰值功率输出除以体重，以消除客户或运动员之间体形差异带来的影响。

研究笔记

对于训练有素的赛艇运动员，其划船测功仪峰值功率测试成绩已被证明与其卧拉和高翻成绩有关[24]。在由不常运动和常运动的男性、女性以及赛艇运动员组成的更多样化的小组中，划船测功仪峰值功率与使用测力板确定的反向跳峰值功率显著相关[34]。

标准数据

图7.36所示为各种群体的划船测功仪峰值功率测试的平均值。

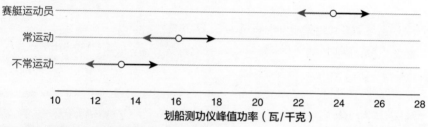

图7.36 男性和女性赛艇运动员、常运动的个体和不常运动的个体的划船测功仪峰值功率测试的平均值（以瓦/千克为单位表示）
（数据源自本章文献[34]。）

第 8 章

肌肉力量和肌肉耐力

肌肉骨骼素质通常使用静态（无运动）或动态（有运动）的肌肉力量和肌肉耐力测试来评估。由于肌肉力量是衡量力的产生的指标，并且有助于优化功率输出（和速度），所以它在许多日常活动、娱乐活动和运动表现中起着很大的直接或间接作用。此外，较高水平的肌肉力量可以起到保护作用，防止受伤。虽然对于受过阻力训练的个体而言，进行一次重复最大力量（1RM）测试可以安全地测量最大动态肌肉力量，但是与极少接受训练的客户或运动员合作的教练或健身专业人员可以选择进行在多个功能性运动中有普遍意义的多次重复最大力量测试或静态测试（例如，使用握力计）。肌肉耐力也可以通过静态或动态的测试来测量，以评估整体健康状况和损伤风险，或作为一段

时间内（或重复动作的过程中）产生力量的指标。特别值得一提的是，由于肌肉耐力与日常任务和工作职责相关，所以许多针对儿童、老年人和职业环境的测试方案均包含肌肉耐力测试。对于给定的具体情况，可能要根据动作模式和参与其中的肌群来决定哪种评估最合适。本章介绍的评估如下。

- 一次重复最大力量测试：深蹲、蹬腿、卧推和卧拉[21, 34]。
- 多次重复最大力量测试[21, 34]。
- 最大握力测试[8]。
- 静态肌肉耐力测试：平板支撑[28]、靠墙半蹲[22]和屈臂悬垂[29]。
- 动态肌肉耐力测试：半卷腹[21]、俯卧撑[21]、深蹲[4]和引体向上[29]。
- YMCA卧推测试[21]。

一次重复最大力量测试

目的

一次重复最大力量（One-Repetition Maximum, 1RM）测试可测量在单个指定动作过程中参与的肌群的最大力量。

结果

单次重复完成的最大重量（称为绝对力量）；相对于体重的最大力量（称为相对力量）。

需要的器材和人员

杠铃架；平的训练凳或蹬腿机；杠铃；安全锁；配重铃片；保护员。

开始之前

按照第4章中列出的方法测量客户或运动员的体重。与客户或运动员、保护员一起查看要接受评估的动作的基本技巧，见表8.1~8.4和图8.1~8.4（最好在测试前的熟悉训练中进行）。在选择评估时应考虑所使用的肌群（蹬腿和深蹲用于评估下半身肌群、卧推和卧拉用于评估上半身肌群）和相关的动作（即卧推用于评估推，卧拉用于评估拉）。

清理举重区域，将杠铃架调整到适当的高度，使杠铃位于客户或运动员易于接触到的位置，将安全杆降低到允许全范围运动的位置，并确保杠铃固定环正常工作。确认所选的保护员有足够强壮的体格和力量，可以支撑被评估客户或运动员所举起的负荷。在尝试1RM测试之前，确定一个用于表示客户或运动员无法完成测试的提示语（如"接住"）或动作。听到或看到此信号后，保护员应抓住杠铃并协助客户或运动员将其放回杠铃架。

在开始评估之前，客户或运动员应进行标准化的一般热身，然后休息和恢复3~5分钟。1RM测试方案中安排了特定的举重热身练习。

表8.1 深蹲技巧

1. 开始姿势（杠铃在杠铃架上）	2. 向下动作
客户或运动员	*客户或运动员*
• 双脚平行，用肩部或背部扛住杠铃，并用双手握住（手掌向前，拇指在下方包住），双手保持大于肩宽的舒适距离 • 将肘部置于杠铃之下，挺胸，目视前方，然后将杠铃从杠铃架上抬起，并后退一两步 • 双脚重新分开至与肩同宽或更宽，并且脚尖略微向外	• 保持背部挺直，挺胸，目视前方，肘部向下；双手一直握住杠铃 • 慢慢弯曲膝关节和髋关节（像是要坐在椅子上）并以平稳且可控的动作降低杠铃；脚跟不要离开地面，膝关节不要超过双脚脚尖 • 继续使杠铃下降，直到大腿与地面平行、背部开始过度弯曲或者脚跟开始从地面抬起
两名保护员	*两名保护员*
• 分别站在杠铃的两端，并各自用双手握住（拇指在下方交叉）杠铃的一端 • 与客户或运动员协作，帮助其扛起杠铃，然后松开手，但双手要停留在非常靠近杠铃的位置	• 在不触碰杠铃的情况下，双手随杠铃一起向下（拇指在下方交叉） • 在杠铃的整个下降过程中，保持背部挺直，并弯曲膝关节和髋关节

3. 向上动作	4. 完成
客户或运动员	*客户或运动员*
• 保持背部挺直，挺胸，目视前方，肘部向下；双手一直握住杠铃 • 同时伸展膝关节和髋关节，以平稳且可控的动作举起杠铃，直至回到起始位置	• 在完成预定的重复次数并回到起始位置之后，向前迈步并将杠铃放回杠铃架 • 在放杠铃的杠铃架下方，稍微屈膝并降低肩膀高度
两名保护员	*两名保护员*
• 在不触碰杠铃的情况下，双手随杠铃一起向上（拇指在下方交叉） • 在杠铃的整个上升过程中，保持背部挺直，并伸展膝关节和髋关节	• 用双手握住杠铃，帮助客户或运动员将杠铃放回杠铃架

图8.1 深蹲动作

表8.2　蹬腿技巧

1. 开始姿势	2. 向下动作
客户或运动员 • 坐在机器上，背部和臀部靠在支撑垫上 • 双脚平行，分开至与髋同宽，并与平台完全接触，脚尖略微向外 • 抓住位于座椅两侧的固定手柄并伸直膝关节（但不要锁定） • 放开固定手柄，松开支撑装置，然后重新抓住固定手柄 *两名保护员* • 与客户或运动员协作，协助其蹬起滑橇，然后松开手，但双手要停留在非常靠近滑橇一端的位置	*客户或运动员* • 保持背部和臀部靠在支撑垫上，双手一直握住固定手柄并将双脚一直放在平台上 • 慢慢弯曲膝关节和髋关节，以平稳且可控的动作使滑橇下降 • 让滑橇继续下降，直到大腿与平台平行 *两名保护员* • 站在滑橇旁边，在其向下运动期间保持警惕，并且时刻做好准备，在必要时走到滑橇前面，通过支撑平台来协助客户或运动员
3. 向上动作	**4. 完成**
客户或运动员 • 保持背部和臀部靠在支撑垫上，双手一直握住固定手柄并且将双脚一直放在平台上 • 慢慢伸展膝关节（不要锁定）和髋关节，以平稳且可控的动作升起滑橇 • 让滑橇继续上升，直至回到起始位置 *两名保护员* • 站在滑橇旁边，在其向上运动期间保持警惕并做好准备，在必要时走到滑橇前面，通过支撑平台来协助客户或运动员	*客户或运动员* • 在完成预定的重复次数并回到起始位置之后，松开固定手柄，并使支撑装置啮合 • 双脚移开并离开座位 *两名保护员* • 协助客户或运动员支撑住平台，直到支撑装置已啮合且客户或运动员已经安全地离开座位

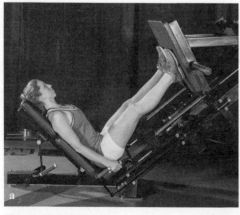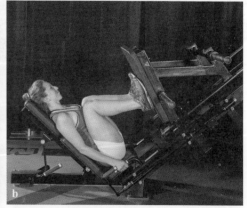

图8.2　蹬腿动作

表8.3　卧推技巧

1. 开始姿势（杠铃在杠铃架上）	2. 向下动作
客户或运动员	*客户或运动员*
• 仰面躺在训练凳上，头部和肩部（或背部）与训练凳接触，双脚平放在地面上	• 保持头部和肩部（或背部）与训练凳接触，并且双脚一直放在地面上
• 调整身体，使眼睛与杠铃对齐；双手握住杠铃（手掌向前，拇指在下方握住），保持大于肩宽的舒适距离	• 确保前臂彼此平行并垂直于地面，保持手腕的位置不变
• 伸展肘关节，将杠铃从杠铃架上举起并将其放在胸部上方	• 慢慢弯曲肘关节，以平稳且可控的动作使杠铃下降，直到杠铃接触胸部的下部
保护员	*保护员*
• 站在客户或运动员的头部一侧并用双手握住杠铃（一只手掌朝上，另一只手掌朝下且拇指在下方包住）	• 在不触碰杠铃的情况下，双手随杠铃一起向下（一只手掌朝上，另一只手掌朝下且拇指在下方包住）
• 与客户或运动员协作，协助其举起杠铃，然后松开手，但双手要停留在非常靠近杠铃的位置	• 保持背部挺直，同时随着杠铃的下降弯曲膝关节和髋关节

3. 向上动作	4. 完成
客户或运动员	*客户或运动员*
• 保持头部和肩部或（背部）与训练凳接触，并且双脚一直放在地面上	• 完成预定的重复次数并回到起始位置后，将杠铃放回杠铃架上并松开双手
• 确保前臂彼此平行并垂直于地面，保持手腕的位置不变	*保护员*
• 慢慢伸展肘关节，以平稳且可控的动作向上举起杠铃并稍微向后，直至回到起始位置	• 用双手握住杠铃（一只手掌朝上，另一只手掌朝下且拇指在下方包住），帮助客户或运动员将杠铃放回杠铃架上
保护员	• 注意：为了提高安全性，特别是在尝试较重的最大重量时，可以增加一名保护员，像在深蹲测试中那样，两名保护员分别站在杠铃的两端
• 在不触碰杠铃的情况下，双手随杠铃一起向上（一只手掌朝上，另一只手掌朝下且拇指在下方包住）	
• 在杠铃的整个上升过程中，保持背部挺直，并伸展膝关节和髋关节	

图8.3　卧推动作

表8.4　卧拉技巧

1. 开始姿势	2. 向上动作
客户或运动员	*客户或运动员*
• 面朝下趴在训练凳上，胸部和头部（或头部侧面）与训练凳接触，双脚不与地面接触 • 调整身体使得胸部与放在地面上的杠铃对齐，双手握住杠铃（手掌向下并且拇指在下方包住），保持大于肩宽的舒适距离 • 拉起杠铃，因此要有足够的离地空间（必须相应地设置好训练凳的高度） *保护员* • 协助客户或运动员调整姿势和进行初次提拉	• 保持胸部和头部（或头部侧面）与训练凳接触，双脚离开地面且尽量不移动 • 从双臂悬垂姿势开始，弯曲肘关节，直到杠铃接触到与下胸部对齐的训练凳 *保护员* • 确认杠铃和训练凳接触
3. 向下动作	**4. 完成**
客户或运动员	*客户或运动员*
• 保持胸部和头部（或头部侧面）与训练凳接触，双脚离开地面，尽量不移动 • 伸展肘关节，以可控的动作将杠铃降低至悬垂位置，且不接触地面	• 完成预定的重复次数并回到悬垂姿势后，将杠铃放回地面 *保护员* • 协助客户或运动员将杠铃放回地面

图8.4　卧拉动作

方案

1. 在开始时，首先对客户或运动员说："我们将利用某一特定的推举动作来测量你的力量。你准备好了吗？如果准备好了，请进入起始位置。"

2. 确保已考虑到空载的杠铃或滑橇的重量，并在初始热身时加载最小重量。

3. 接下来，指示客户或运动员："首先用5~10次重复进行热身，注意使用正确的技巧。完成第1组热身练习后，你有1分钟的休息时间。"

4. 休息1分钟后：
   - 卧推或卧拉的重量再增加5~9千克；
   - 深蹲或蹬腿的重量再增加14~18千克。

5. 继续对客户或运动员说："现在用正确的技巧再完成第2组的2~3次重复的热身练习，然后休息几分钟。"

6. 休息2~4分钟后：
   - 卧推或卧拉的重量再增加5~9千克；
   - 深蹲或蹬腿的重量再增加14~18千克。

7. 告诉客户或运动员："现在尝试用正确的技巧完成1次重复。然后，你将休息几分钟。根据你的表现，我们会增加或减少一些重量，再试1次。"

8. 休息2~4分钟后：
   - 如果先前的卧推或卧拉尝试成功，则再增加5~9千克；
   - 如果先前的深蹲或蹬腿尝试成功，则再增加14~18千克；
   - 如果先前的卧推或卧拉尝试不成功，则减少2~5千克；
   - 如果先前的深蹲或蹬腿尝试成功，则减少7~9千克。

9. 继续尝试（从步骤7开始重复）直到可以确定1RM值，最好在3~5组内确定。注意：在1RM测试过程中，经验较丰富或较强壮的客户或运动员可以使用更大的负荷增量，那些经验较少或基准力量较弱的个体则应使用更小的负荷增量。

替代或修改方案

如果客户或运动员和教练或健身专业人员不熟悉重量训练或特定动作模式，则下一节中介绍的多次重复最大力量测试方案可能更适合。

表8.5所示为给定重复次数的1RM的估算百分比。例如，客户或运动员能够以1RM的93%左右这一强度完成大约3次重复，或者以1RM的75%~87%这一强度完成5~10次重复。注意，这些估算值不考虑特定的肌群，并且可能因上半身与下半身的肌肉而异。

表8.5　给定重复次数的1RM的估算百分比（%1RM）

重复次数	%1RM
1	100
2	95
3	93
4	90
5	87
6	85
7	83
8	80
9	77
10	75

[源自：J. M. Sheppard and N. T. Triplett, "Program Design for Resistance Training." In *Essentials of Strength Training and Conditioning*, 4th ed., edited for the National Strength and Conditioning Association by G. G. Haff and N. T. Triplett (Champaign, IL: Human Kinetics, 2016), 452.]

完成之后

　　以使用正确技巧完成一次重复所推举的最大重量值作为最终结果。为了消除客户或运动员之间体形差异带来的影响，可以用1RM测试结果除以体重来计算出相对力量。

研究笔记

　　最大力量的评估必须考虑体重。例如，重量级力量举运动员在绝对力量方面明显有优势，而轻量级力量举运动员的相对力量更大。这引出了一个问题：谁更强壮？绝对力量与体重密切相关，体形较大的个体的绝对力量更大；然而，相对力量和体重之间也存在类似的关系，只是相关方向相反，即体形较小的个体的相对力量可能更大。最终，在特定运动项目或活动过程中的实际力量运用和爆发力的潜在影响将决定哪种方法对于教练或健身专业人员更有价值。当客户或运动员减重或增重以确定这些变化对运动表现的影响时，相对力量可能尤为重要。

　　从运动医学的角度来看，在力量较弱的青少年女运动员中因1RM深蹲造成创伤性膝关节损伤的概率比在力量较强的青少年女运动员中高大约9.5倍，而在青少年男运动员中则没有发现类似的风险增加的情况[31]。进行这项调查的研究人员报告，在青少年女运动员中，相当于体重的105%的1RM深蹲重量是高低损伤风险之间的临界值。

标准数据

　　1RM分级标准：男性高中运动员和大学生运动员见图8.5（深蹲）和图8.6（卧推），女性大学生运动员见图8.7（深蹲）和图8.8（卧推）。图8.9所示为不同群体中卧拉1RM的平均值。相对最大力量分级：男性见图8.10（蹬腿）和图8.11（卧推），女性见图8.12（蹬腿）和图8.13（卧推）。

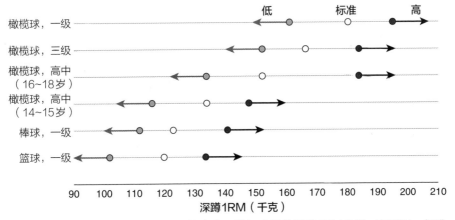

图8.5 美国高中和全国大学生体育协会的男性运动员的深蹲1RM分级：高70%；标准50%；低30%
（数据源自本章文献[14]。）

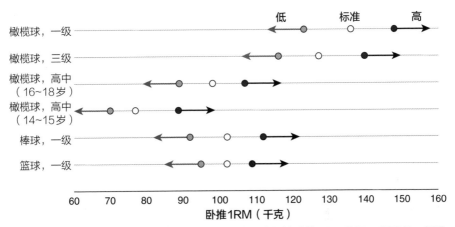

图8.6 美国高中和全国大学生体育协会的男性运动员的卧推1RM分级：高70%；标准50%；低30%
（数据源自本章文献[14]。）

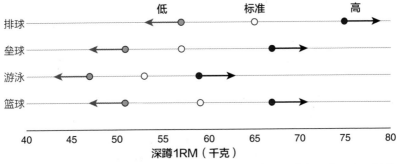

图8.7 美国大学生体育协会一级女性运动员的深蹲1RM分级：高70%；标准50%；低30%
（数据源自本章文献[14]。）

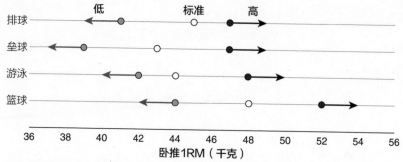

图8.8 美国大学生体育协会一级女性运动员的卧推1RM分级：高70%；标准50%；低30%

（数据源自本章文献[14]。）

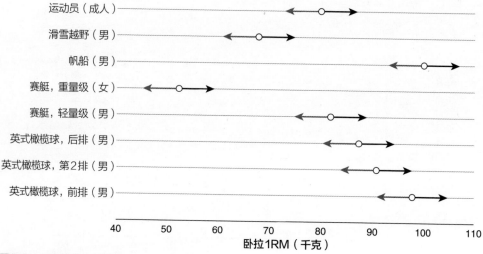

图8.9 不同群体中的卧拉1RM的平均值

（数据源自本章文献[15, 18, 25, 32, 37, 40]。）

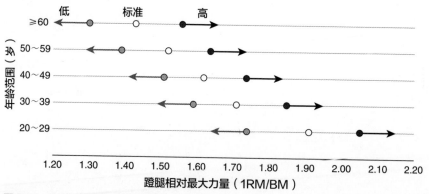

图8.10 男性在各年龄阶段相对于体重（Body Mass，BM）的蹬腿1RM分级：高70%；标准50%；低30%

（数据源自本章文献[11]。）

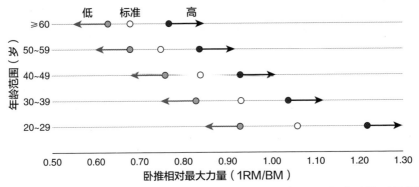

图8.11 男性在各年龄阶段相对于体重的卧推 1RM 分级：高70%；标准50%；低30% （数据源自本章文献[11]。）

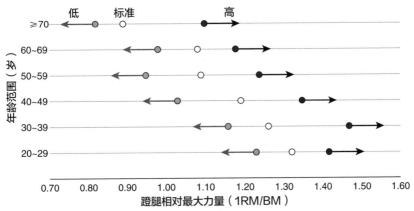

图8.12 女性在各年龄阶段相对于体重的蹬腿 1RM 分级：高70%；标准50%；低30% （数据源自本章文献[11]。）

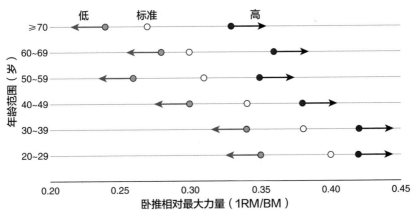

图8.13 女性在各年龄阶段相对于体重的卧推 1RM 分级：高70%；标准50%；低30% （数据源自本章文献[11]。）

多次重复最大力量测试

目的

多次重复最大力量（Repetition Maximum, RM）测试用于测量在若干次指定动作过程中参与的肌群的最大力量。

结果

按预期重复次数举起的最大重量（绝对力量）；估算出的一次重复最大力量（1RM）；相对于体重的最大力量（相对力量）。

需要的器材和人员

杠铃架；平的训练凳或蹬腿机；杠铃；安全锁；配重铃片；保护员。

开始之前

按照第4章中列出的方法测量客户或运动员的体重。与客户或运动员和保护员一起查看要接受评估的动作的基本技巧，基本技巧见表8.1~8.4和图8.1~8.4（最好在测试前的熟悉训练中进行）。在选择评估时应考虑所使用的肌群（蹬腿和深蹲用于评估下半身，卧推和卧拉用于评估上半身）和相关的运动（即卧推用于评估推，卧拉用于评估拉）。接下来，确定要完成的重复次数[为了更好地估计"真实"的最大力量，最好少于10次重复；此处将使用5次重复最大力量（5RM）]。

清理举重区域，将杠铃架调整到适当的高度，使杠铃位于客户或运动员易于接触到的位置，将安全杆降低到允许全范围运动的位置，并确保杠铃固定环正常工作。确认所选的保护员有足够强壮的体格和力量，可以支撑被评估客户或运动员所举起的负荷。在尝试RM测试之前，确定一个用于表示客户或运动员无法完成测试的提示语（如"接住"）或动作。听到或看到此信号后，保护员应抓住杠铃并协助客户或运动员将其放回杠铃架。在开始测试之前，客户或运动员应进行标准化的一般热身，然后休息和恢复3~5分钟。RM测试方案中安排了特定的举重热身练习。

方案

1. 在开始测试时，首先对客户或运动员说："我们将测量你重复一个动作5次的力量。你准备好了吗？如果准备好了，请进入起始位置。"
2. 确保已考虑到空载的杠铃或滑橇的重量，并在初始热身时加载最小重量。
3. 接下来，指示客户或运动员："首先用8~10次重复进行热身，注意使用正确的技巧。在第1组热身练习后，你有1分钟的休息时间。"
4. 休息1分钟后：
   - 卧推或卧拉的重量再增加2.3~5千克；
   - 深蹲或蹬腿的重量再增加7~9千克。

5. 继续对客户或运动员："现在用正确的技巧再完成第2组的6~8次重复的热身练习，然后休息几分钟。"

6. 休息2~4分钟后：
   - 卧推或卧拉的重量再增加2.3~5千克；
   - 深蹲或蹬腿的重量再增加7~9千克。

7. 告诉客户或运动员："现在尝试用正确的技巧完成5次重复。在完成这一组热身练习后，你将休息几分钟。根据你的表现，我们会增加或减少一些重量，再试1组。"

8. 休息2~4分钟后：
   - 如果先前的卧推或卧拉尝试成功，则再增加2.3~5千克；
   - 如果先前的深蹲或蹬腿尝试成功，则再增加7~9千克；
   - 如果先前的卧推或卧拉尝试不成功，则减少1~2.3千克；
   - 如果先前的深蹲或蹬腿尝试不成功，则减少2.3~5千克。

9. 继续尝试（从步骤7开始重复）直到可以确定5RM值，最好在3~5组内确定。注意：在RM测试过程中，经验较丰富或较强壮的客户或运动员可以使用更大的负荷增量，那些经验较少或基准力量较弱的个体则应使用更小的负荷增量。

替代或修改方案

RM测试建议采用的次数为5~10次，因为5次重复最大力量（5RM）和10次重复最大力量（10RM）与一次重复最大力量（1RM）的关系更密切，并且受肌肉耐力的影响更小。对于经验较丰富的个体而言，3次重复最大力量（3RM）可能也是适合的。

完成之后

以使用正确技巧完成预定重复次数所推举的最大重量值作为最终结果。为了消除客户或运动员之间体形差异带来的影响，可以用RM测试结果除以体重来计算出相对力量。

虽然可以只简单地记录RM测试的结果并将其用于跟踪变化或进行比较，但是教练或健身专业人员也可以将完成的重复次数和推举的负荷代入以下公式之一，估算出客户或运动员的1RM值。

一般10RM或以下；单位为磅[6]

$$\text{预测1RM（磅）} = \frac{\text{达到疲劳的重复次数对应的RM}}{1.0278 - \text{达到疲劳的重复次数} \times 0.0278}$$

本例中，客户或运动员的5RM值为145磅。

$$\text{预测1RM（磅）} = \frac{145\text{磅}}{1.0278 - 5\text{次} \times 0.0278} = \frac{145\text{磅}}{1.0278 - 0.139} = \frac{145\text{磅}}{0.8888} \approx 163.1\text{磅}$$

卧推或深蹲10RM或以下；单位为千克[42]

$$预测1RM（千克）=\frac{100 \times x\text{RM}}{48.8+53.8 \times e^{-0.075 \times 重复次数}}$$

注意，e是一个常数，约等于2.71828。

本例中，客户或运动员的10RM值为75千克。

$$预测1RM（千克）=\frac{100 \times 75 千克}{48.8+53.8 \times e^{-0.075 \times 10次}}=\frac{7500千克}{48.8+53.8 \times e^{-0.75}}=$$

$$\frac{7500千克}{48.8+53.8 \times 0.472} \approx \frac{7500千克}{48.8+25.4}=\frac{7500千克}{74.2} \approx 101.1千克$$

蹬腿5RM；单位为千克[30]

$$预测1RM（千克）= 1.09703 \times 5\text{RM}+14.2546千克$$

本例中，客户或运动员的5RM值为100千克。

$$预测1RM（千克）= 1.09703 \times 100 千克+14.2546千克$$

$$= 109.703（千克）+14.2546千克=124.0千克$$

图8.14中所提供的转换列线图也可以用于计算出预测1RM值。预测1RM值存在固有的局限性，需考虑所用器材、重复次数、年龄、性别和训练状态等因素；但是，这种转换有助于将结果与公布的标准数据进行比较，并将训练负荷设置为估计最大力量的百分比。教练或健身专业人员也可以选择使用3RM测试的结果来制订训练计划或进行其他比较。

研究笔记

最大力量可能与运动表现有直接或间接的关系。有趣的是，研究证明，与上半身和下半身的功率输出测量值相比，卧推和深蹲3RM与英式橄榄球运动员的进攻能力的相关性更强[35]。同一批研究人员还证明，经过8周的阻力训练后，3RM进步最大的英式橄榄球运动员在进攻表现方面的进步也最大[36]。

标准数据

图8.15~8.17提供了不同群体的3RM深蹲、3RM卧推和3RM卧拉的平均值。

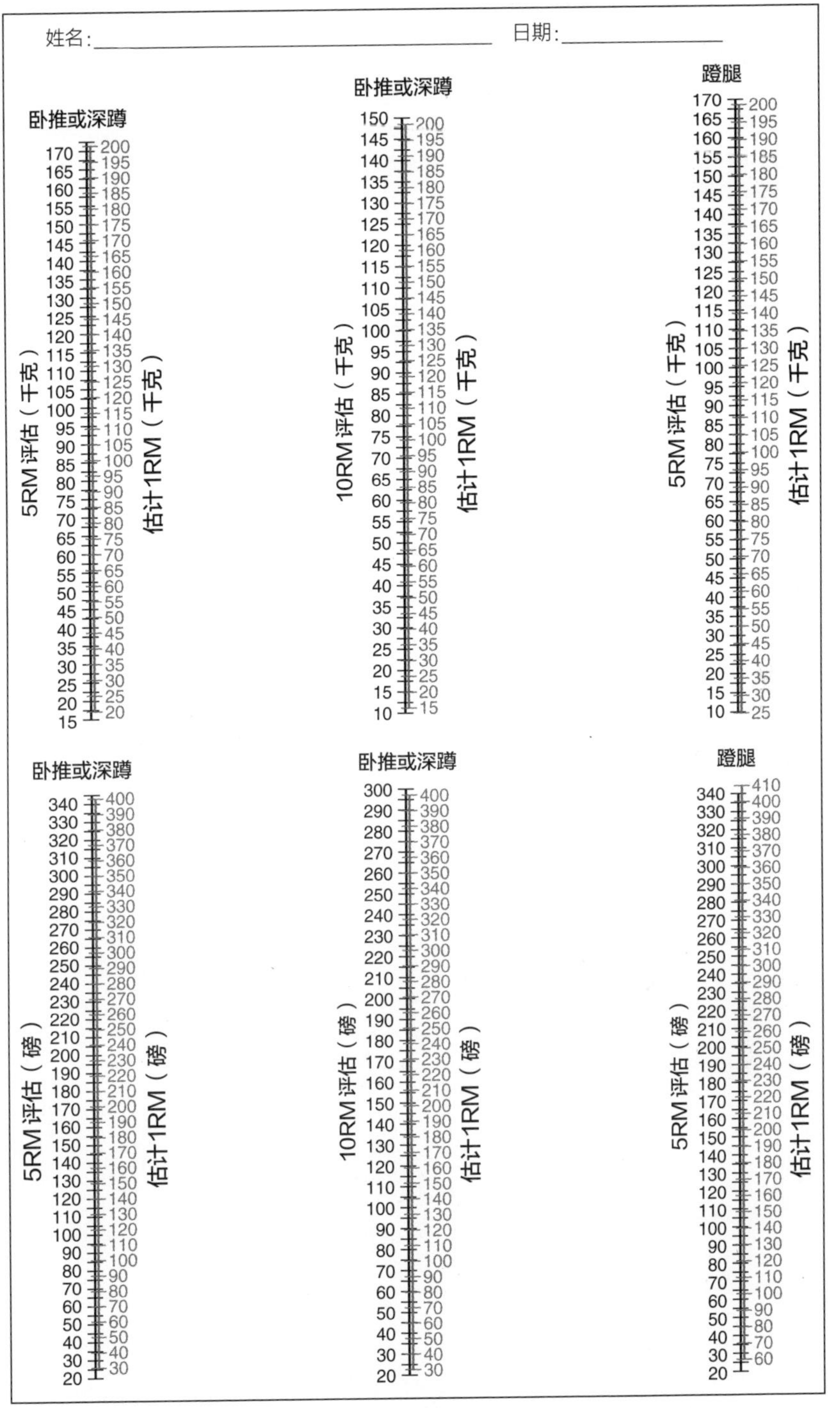

卧推或深蹲

卧推或深蹲

蹬腿

5RM评估（千克）　估计1RM（千克）

10RM评估（千克）　估计1RM（千克）

5RM评估（千克）　估计1RM（千克）

5RM评估（磅）　估计1RM（磅）

10RM评估（磅）　估计1RM（磅）

5RM评估（磅）　估计1RM（磅）

图8.14 5RM、10RM卧推或深蹲和5RM蹬腿评估的估计1RM转换列线图

[源自：D. Fukuda, *Assessments for Sport and Athletic Performance* (Champaign, IL: Human Kinetics, 2019).]

[使用沃森（Wathen）[42]和雷诺兹（Reynolds）[30]公式。]

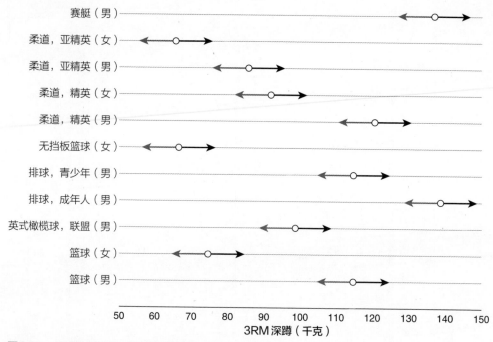

图8.15 不同群体的3RM深蹲的平均值
（数据源自本章文献[38]。）

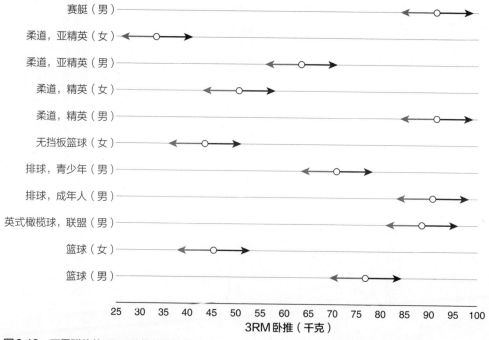

图8.16 不同群体的3RM卧推的平均值
（数据源自本章文献[38]。）

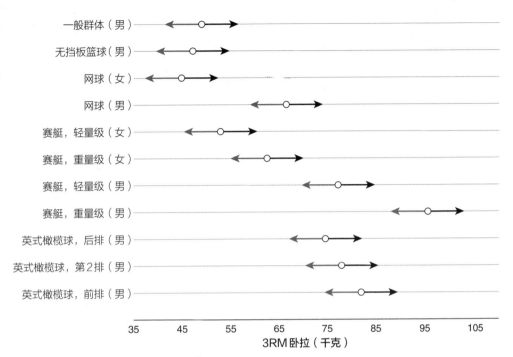

图8.17 不同群体的3RM卧拉的平均值
（数据源自本章文献[38, 40]。）

最大握力测试

目的

最大握力测试用于测量前臂肌肉的静态力量。

结果

用力抓握过程中产生的最大静态力量，单位为千克。

需要的器材

手握力量测量装置（或握力计）。

开始之前

按照第4章中列出的方法测量客户或运动员的体重，单位为千克。调整测量装置的手柄，使手柄与客户或运动员中指的中间部分成直角（90度），并记录此位置的设置参数。在开始评估之前，客户或运动员应进行标准化的热身，然后休息和恢复3~5分钟。

方案

1. 在开始时，首先对客户或运动员说："我们将测量你的握力。你准备好了吗？如果准备好了，请双脚平行站立，双脚分开至与肩同宽，双臂放在身体两侧，用一只手握住测量装置。"

2. 确认测量装置的读数为零，并说："将手臂放在身体两侧，手掌朝向大腿。"（见图8.18）

3. 接下来，向客户或运动员解释："当我说'用力抓握'时，呼气，同时尽可能用力地握紧测量装置，听到我说'放松'后再松开，完成测试。"

4. 向客户或运动员发出口头信号，"用力抓握，用力抓握，用力抓握，放松"，同时确认客户或运动员保持静止。

5. 记录从测量装置上读取到的最大力量值并说："用另一只手重复相同的步骤。"然后每只手再进行2~3次测试，每次测试后休息和恢复大约1分钟。

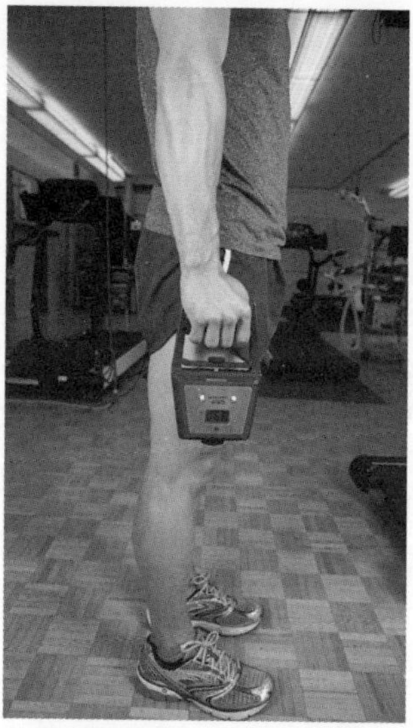

图8.18 最大握力测试的准备，采用伸直手臂在大腿旁边拿着测量装置的方式

替代或修改方案

最大握力测试也可以采用肘部弯曲成直角（90度）的站姿或坐姿进行；然而，与伸直手臂在大腿旁边拿着测量装置的方式相比，前者测得的力量值可能会小一些。

完成之后

以任何一只手所达到的最大力量值作为最终结果。为了消除客户或运动员之间体形差异带来的影响，可以用最大握力测试结果除以体重，计算出相对力量。

也可以计算双手的力量总和（右+左）或平均值 [（右+左）/2]，教练或健身专业人员也可以对比左右手的最大握力。

研究笔记

最大握力已被证明是整体力量的一般衡量指标[44]，并且儿童和老年人的评估及某些运动环境评估都与其具有广泛的相关性。例如，握力与自由泳成绩有关，并且在许多运动项目中都与速度提升有关，包括网球、曲棍球、高尔夫、棒球和垒球[9]。

标准数据

图8.19为男孩、图8.20为女孩、图8.21为成年男性、图8.22为成年女性的最大握力分级标准。图8.23~8.26所示则为上述这些群体相对于体重的最大握力值。

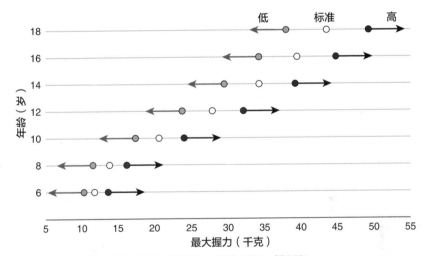

图8.19 男孩的最大握力分级：高75%；标准50%；低25%
（数据源自本章文献[26]。）

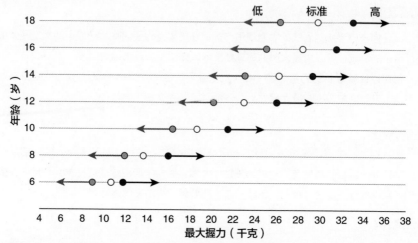

图8.20 女孩的最大握力分级：高75%；标准50%；低25%
（数据源自本章文献[26]。）

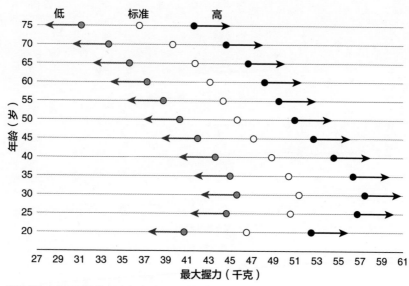

图8.21 成年男性的最大握力分级：高75%；标准50%；低25%
（数据源自本章文献[26]。）

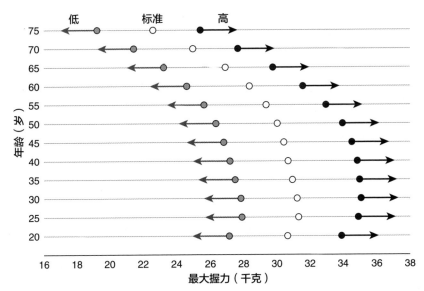

图8.22 成年女性的最大握力分级：高75%；标准50%；低25%
（数据源自本章文献^[26]。）

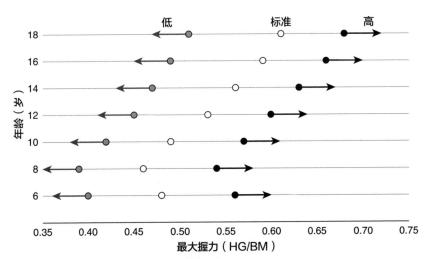

图8.23 男孩相对于体重（BM）的最大握力（Hand Grip, HG）分级：高75%；标准50%；低25%
（数据源自本章文献^[26]。）

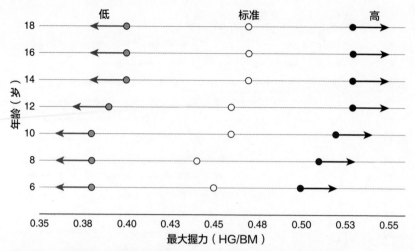

图8.24 女孩相对于体重的最大握力分级：高75%；标准50%；低25%
（数据源自本章文献[26]。）

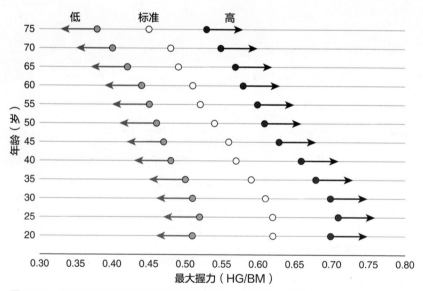

图8.25 成年男性相对于体重的最大握力分级：高75%；标准50%；低25%
（数据源自本章文献[26]。）

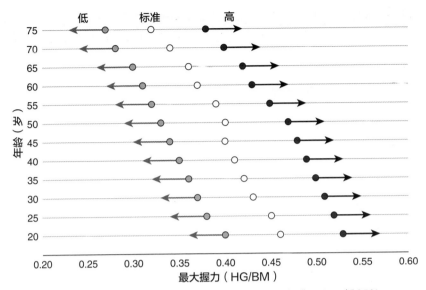

图8.26 成年女性相对于体重的最大握力分级：高75%；标准50%；低25%
（数据源自本章文献[26]。）

静态肌肉耐力测试

目的

静态肌肉耐力测试用于测量特定肌群长时间将身体保持在所要求姿势的能力。

结果

累计时间，单位为秒，直到客户或运动员无法保持所要求的姿势。

需要的器材和人员

秒表或计时设备；用于进行屈臂悬垂测试的引体向上单杠和保护员。

开始之前

在开始评估之前，客户或运动员应进行标准化的热身。

方案

1. 在开始时，首先对客户或运动员说："我们将测量你能在多长时间内让身体保持特定的姿势。你准备好了吗？"

2. 接下来，从以下姿势中选择一个并描述相应的要求。

   - 平板支撑："请面朝下趴在地上。当我说'开始'时，进入平板支撑姿势，只用肘部、前臂和脚趾支撑身体。你的双肘应该与肩同宽，双脚靠近但不要彼此接触，保持腿、躯干和颈部成一条直线。如果你的姿势开始变形，我会提醒你，如果你在两次提醒之后无法纠正姿势，测试就会结束。"（见图8.27）

   - 靠墙半蹲："双脚平行，双脚分开至与肩同宽，后脑勺靠着墙壁。下蹲并调整你的身体，呈坐姿或半蹲姿势，使踝、膝和髋关节成直角（90度）。双臂垂在身体两侧，并使肩和手臂的背部（一直到手掌）与墙壁保持接触。在你调整到正确姿势后，我会说'开始'并进行测试。"（见图8.28）

   - 屈臂悬垂："在一名保护员的帮助下，将身体撑上单杠，伸出双手抓住单杠，双手距离略宽于肩膀，手掌朝前，大拇指包住单杠。将身体向上拉得足够高，使下巴高于单杠，然后保持在那个位置不动。这时，保护员会退后，我会说'开始'并进行测试。"（见图8.29）

3. 对客户或运动员说："请在整个测试过程中保持正常呼吸，并尽可能长时间地保持这个姿势。"

4. 向客户或运动员发出口头信号"开始"，并记录从开始到客户或运动员无法再保持所要求的姿势的累计时间。

图8.27　平板支撑

图8.28　靠墙半蹲

图8.29　屈臂悬垂

替代或修改方案

第5章介绍的腰椎稳定性测试也属于静态肌肉耐力评估。在屈臂悬垂测试中还可以记录从开始到客户或运动员的肘关节无法再保持特定角度（即90度）的耐力时间。

完成之后

以客户或运动员能够保持所要求的姿势的时长作为最终结果。

研究笔记

静态肌肉耐力的相关性因目标运动项目或活动而异。精英立式单桨冲浪选手（约184秒）与业余冲浪选手（约96秒）和久坐不动的个体（约88秒）相比，其平板支撑耐力时间更长[33]。据报告，消防员的平板支撑和靠墙半蹲耐力与其完成负重徒步测试（身穿20.4千克重的负重背心徒步4.83千米）所需的时间相关[27]。靠墙半蹲耐力还可以用来预测美国大学生橄榄球运动员的受伤概率，受伤运动员和未受伤运动员的分界值为 88秒[43]。正如你可能预料的那样，经验丰富的登山者在屈臂悬垂测试中的表现优于经 验较少的登山者[3]。有意思的是，健康风险因素增多的军事人员的屈臂悬垂耐力值降低 （没有风险因素的个体约为60秒，而有3个风险因素的个体约为28秒）[20]。

标准数据

各群体在不同的静态肌肉耐力测试中的分级标准如下：图8.30所示为成年男女的 平板支撑、图8.31所示为男孩的屈臂悬垂、图8.32所示为女孩的屈臂悬垂、图8.33所 示为成年男性的靠墙半蹲、图8.34所示为成年女性的靠墙半蹲的耐力时间分级标准。

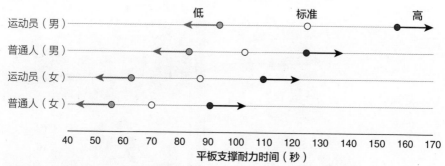

图8.30 成年男女的平板支撑耐力时间分级：高70%；标准50%；低30% （数据源自本章文献[37a]。）

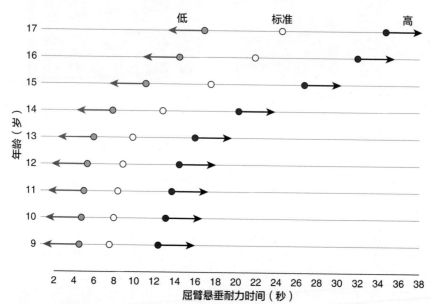

图8.31 男孩的屈臂悬垂耐力时间分级：高70%；标准50%；低30% （数据源自本章文献[39]。）

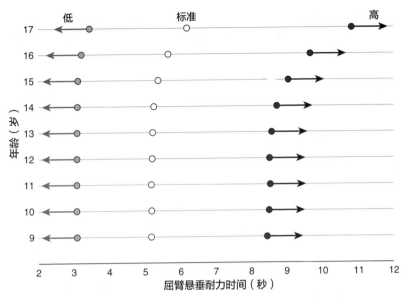

图8.32 女孩的屈臂悬垂耐力时间分级：高70%；标准50%；低30%（数据源自本章文献[39]。）

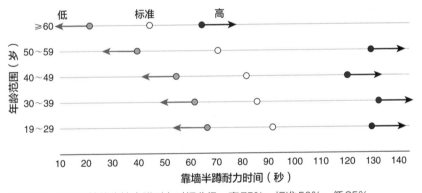

图8.33 成年男性的靠墙半蹲耐力时间分级：高75%；标准50%；低25%（数据源自本章文献[22]。）

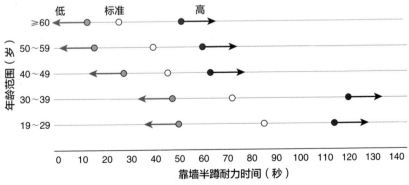

图8.34 成年女性的靠墙半蹲耐力时间分级：高75%；标准50%；低25%（数据源自本章文献[22]。）

动态肌肉耐力测试

目的

动态肌肉耐力测试用于测量特定肌群在长时间内重复执行动作的能力。

结果

客户或运动员在保持所要求动作模式时或在给定时间段内能够完成的重复次数。

需要的器材

秒表或计时设备；用于进行仰卧起坐测试的节拍器、卷尺和胶带；用于进行引体向上测试的单杠。

开始之前

确定所需的动作模式，以及是计算在给定时间段内（通常为30秒~2分钟）的重复次数还是计算直到姿势和技巧变形时的重复次数。进行半卷腹测试时，需要在地上贴两条相互平行的胶带，彼此相距10厘米，并将节拍器设定为每分钟40拍，即每分钟重复20次。（见图8.35）

方案

1. 在开始时，首先对客户或运动员说："我们将测量你完成特定动作模式的次数。你准备好了吗？"

2. 接下来，从下列姿势中选择一个并描述其相应的要求。

   - 半卷腹："平躺在地上，双手平放在身体两侧。调整身体，使手指接触地面上的两条胶带中的第1条，调整双脚位置，使膝关节弯曲成直角（90度）。双脚不要离地，互相靠近但不要接触。当我说'开始'时，向上弯曲躯干和背部，使手指从地面上的起始位置移动到第2条胶带上。慢慢伸直躯干，使手指回到起始位置，然后继续反复移动，在节拍器每一次发出声音时触碰胶带。"（见图8.35）

   - 俯卧撑："胸部朝下趴在地上，双脚或双膝（男性通常为双脚，女性通常为双膝）彼此贴近。然后将手掌放在地面上，两手距离略比肩宽。接下来，将身体向上推，直到只有双手和双膝或双膝（男性通常为双脚，女性通常为双膝）接触地面，以此作为起始姿势。当我说'开始'时，弯曲肘部，直到上臂与地面平行，然后回到起始姿势，同时保持腿、躯干和颈部成一条直线。"（见图，图8.36为男性，图8.37为女性）

   - 深蹲："双脚平行站立，分开至与肩同宽，将双手放在头部后面或双臂交叉于胸前。当我说'开始'时，弯曲膝关节和髋关节，将身体降低到半蹲坐姿，踝关节、膝关节和髋关节成直角（90度）。在整个运动过程中始终保持背部挺直，目视前方。一旦你的大腿与地面平行，就停止向下运动并伸展膝关节和髋关节，站起来，回到起始姿势。"（见图8.38）

- 引体向上:"双手向上伸并抓住单杠,双手保持略宽于肩的舒适距离,手掌向前,拇指包住单杠。抓住单杠的同时让身体垂下,肘部完全伸展。当我说'开始'时,将身体向上拉向单杠,直到下巴到达单杠上方,然后再回到起始姿势。继续这种上下运动,尽量避免过度运动或摆动身体。"(见图8.39)

3. 对客户或运动员说:"请在整个测试过程中保持正常呼吸,并尽可能多次重复,同时保持所要求的正确的动作模式(或重复至测试结束)。"

4. 向客户或运动员发出口头信号"开始",并记录使用正确技巧完成的或在预定时间内完成的完整动作的重复次数。

图8.35 半卷腹

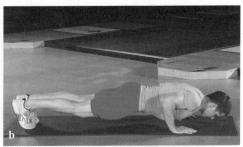

图8.36 俯卧撑(男性)

图8.37 俯卧撑(女性)

图8.38 深蹲

图8.39 引体向上

替代或修改方案

不同的方案对俯卧撑姿势的规范性有不同的标准，比如在每次重复时，客户或运动员的胸部应与评估员的拳头或约7厘米高的相对柔软的物体接触，或者让他们的下巴与地面接触。

评估腹部肌肉耐力的常见替代方案是进行屈膝仰卧起坐。屈膝仰卧起坐与半卷腹的下半身姿势相同，但上半身姿势改为将双手放在头部后面或双臂交叉于胸前。采用这些版本时，通常需要有一名搭档帮助客户或运动员固定双脚，并且当其肘部与大腿接触时被认为完成了一次重复。（见图8.40）

图8.40 屈膝仰卧起坐

许多客户或运动员可能连完成一次引体向上都有困难（这将使测试成为测量肌肉力量而不是测量肌肉耐力的测试），此时可以进行改版引体向上。在改版引体向上中，客户或运动员采用平躺姿势，使用的单杠则位于客户或运动员伸出的手臂和手指上方2.5~5厘米处。测试动作要求客户或运动员用脚跟支撑其体重，同时抓住单杠并将自己的身体从大致平行于地面的位置拉起，直到胸部与放在单杠下方18~20厘米的弹力带接触为止。（见图8.41）

图8.41 改版引体向上

在深蹲测试过程中，可以使用适当尺寸的椅子或跳箱（以及额外的安全预防措施）作为辅助。当客户或运动员的大腿与地面平行时，即到达深蹲的最低位置，此时，椅子或箱子应低于客户或运动员的大腿底部所处的高度（25~50厘米，可使用1.3厘米高的垫子进行微调）。肌肉耐力的深蹲测试可计算在所要求的动作变形之前完成的重复次数，或计算在特定时间（例如，1分钟或2分钟）内完成的重复次数。

完成之后

以所要求的动作模式完成的完整动作的重复次数作为最终结果。

研究笔记

与静态力量测试类似，动态肌肉耐力通常是衡量客户或运动员所使用的肌群的指标。例如，与参加团体运动项目和非运动员的青少年相比，参与武术和格斗运动的青少年运动员能在30秒和60秒内完成更多次卷腹[16]，因为他们的运动通常涉及训练躯干肌肉组织。在军事相关训练期间完成的测试表明，在60秒内完成的俯卧撑次数与上半身最大力量部分相关，而在60秒内完成的深蹲次数与摄氧量的相关性强于它与下半身最大力量的相关性[41]。此外，据报告，病假少于一周的军人和病假超过一周的军人的动态肌肉耐力存在差异，前者在60秒内平均完成约35次俯卧撑、37次仰卧起坐、55次深蹲，后者在60秒内平均完成约32次俯卧撑、35次仰卧起坐、53次深蹲[19]。

标准数据

俯卧撑分级标准如下：图8.42为男孩，图8.43为女孩，图8.44为成年男性，图8.45为成年女性。半卷腹分级标准如下：图8.46为成年男性，图8.47为成年女性。仰卧起坐分级标准如下：图8.48为男孩（30秒完成），图8.49为女孩（30秒完成），图8.50为男孩（1分钟完成），图8.51为女孩（1分钟完成）。

来自美国海军身体状况测试（United States Navy Physical Readiness Test）的肌肉耐力分级如下：图8.52和图8.53所示的分别为男性和女性在2分钟内完成的俯卧撑重复次数，图8.54和图8.55分别为男性和女性在2分钟内完成的仰卧起坐重复次数。图8.56提供了成年男性和女性在动作变形之前以所要求的技巧完成的仰卧起坐、俯卧撑和深蹲重复次数的肌肉耐力分级。由于难以确定上半身力量与体重的相关性且引体向上的可用标准数据有限，所以本章不包括上述内容。建议教练或健身专业人员跟踪和维护自己合作的客户或运动员的引体向上成绩数据库。

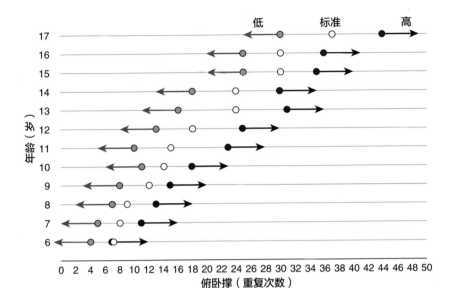

图8.42 男孩的俯卧撑重复次数分级（以每分钟重复20次的速度完成，直到姿势变形）：高70%；标准50%；低30%
（数据源自本章文献[13]。）

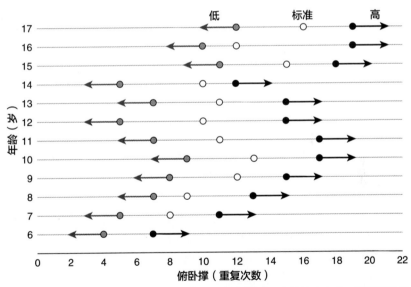

图8.43 女孩的俯卧撑重复次数分级（以每分钟重复20次的速度完成，直到姿势变形）：高70%；标准50%；低30%
（数据源自本章文献[13]。）

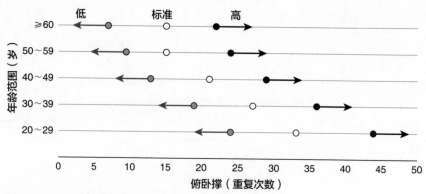

图8.44 成年男性的俯卧撑重复次数分级：高75%；标准50%；低25%
（数据源自本章文献[24]。）

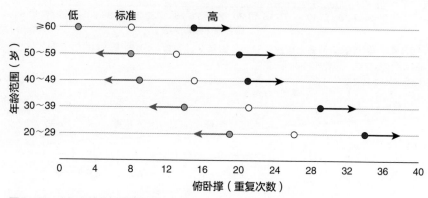

图8.45 成年女性的俯卧撑重复次数分级：高75%；标准50%；低25%
（数据源自本章文献[24]。）

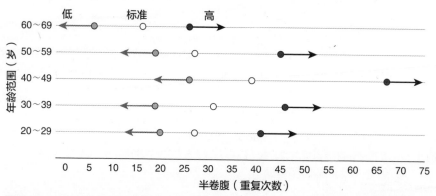

图8.46 成年男性的半卷腹重复次数分级（最大重复数为75）：高70%；标准50%；低30%
（数据源自本章文献[1]。）

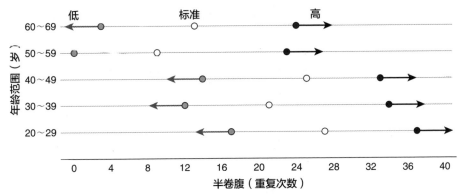

图8.47 成年女性的半卷腹重复次数分级（最大重复次数为75）：高70%；标准50%；低30%
（数据源自本章文献[1]。）

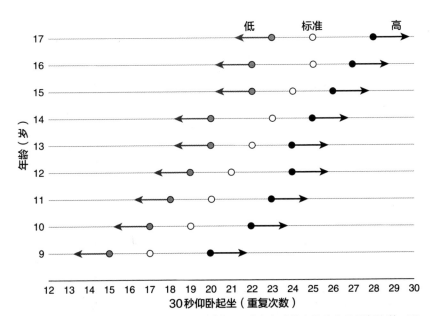

图8.48 男孩的仰卧起坐重复次数分级（在30秒内完成的完整动作的重复次数；双手放在头部后面，搭档按住双脚）：高70%；标准50%；低30%
（数据源自本章文献[39]。）

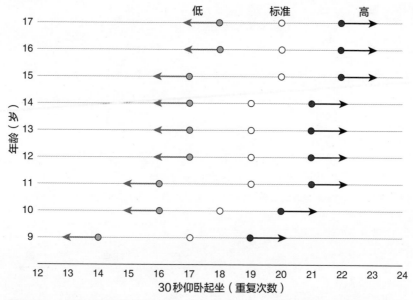

图8.49 女孩的仰卧起坐重复次数分级（在30秒内完成的完整动作的重复次数；双手放在头部后面，搭档按住双脚）：高70%；标准50%；低30%
（数据源自本章文献[39]。）

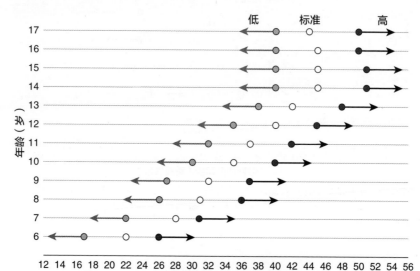

图8.50 男孩的仰卧起坐重复次数分级（在1分钟内完成的完整动作的重复次数；双手放在头部后面，搭档按住双脚）：高70%；标准50%；低30%
（数据源自本章文献[13]。）

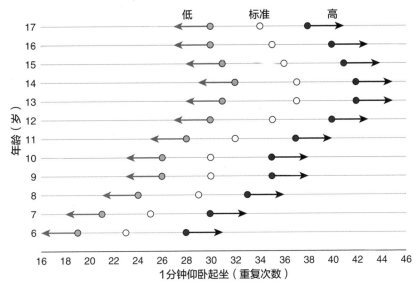

图8.51 女孩的仰卧起坐重复次数分级（在1分钟内完成的完整动作的重复次数；双手放在头部后面，搭档按住双脚）：高70%；标准50%；低30%
（数据源自本章文献[13]。）

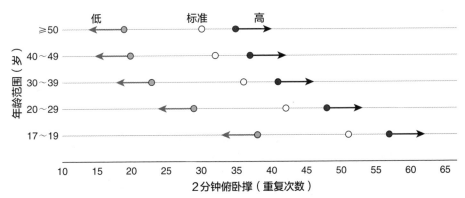

图8.52 美国海军身体状况测试中男性的俯卧撑重复次数分级（在2分钟内完成的完整动作的重复次数）：高80%；标准50%；低20%
（数据源自本章文献[12]。）

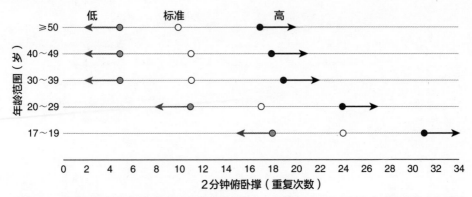

图8.53 美国海军身体状况测试中女性的俯卧撑重复次数分级（在2分钟内完成的完整动作的重复次数）：高80%；标准50%；低20%
（数据源自本章文献[12]。）

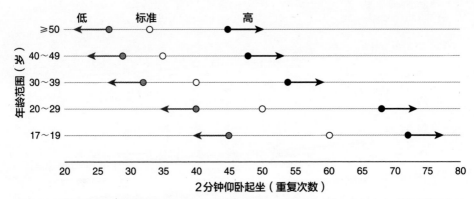

图8.54 美国海军身体状况测试中男性的仰卧起坐重复次数分级（在2分钟内完成的完整动作的重复次数；双臂交叉于胸前，搭档按住双脚）：高80%；标准50%；低20%
（数据源自本章文献[12]。）

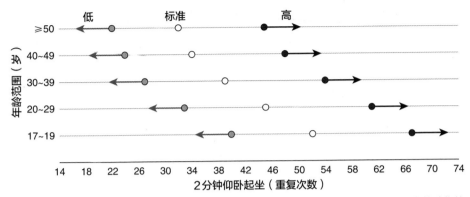

图8.55　美国海军身体状况测试中女性的仰卧起坐重复次数分级（在2分钟内完成的完整动作的重复次数；双臂交叉于胸前，搭档按住双脚）：高80%；标准50%；低20%（数据源自本章文献[12]。）

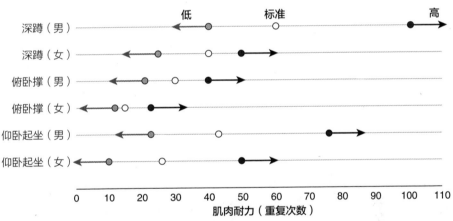

图8.56　成年人的仰卧起坐、俯卧撑和深蹲重复次数的肌肉耐力分级（在姿势变形前完成的完整动作的重复次数）：高75%；标准50%；低25%（数据源自本章文献[4]。）

YMCA卧推测试

目的

YMCA卧推测试用于测量上半身肌肉耐力。

结果

完成的最大重复次数；预测1RM值。

需要的器材和人员

杠铃架；平的训练凳；杠铃；安全锁；配重铃片；保护员；节拍器。

开始之前

与客户或运动员及保护员一起回顾卧推的基本技巧，见表8.3和图8.3（最好在测试前的熟悉训练中进行）。在开始评估之前，客户或运动员应进行标准化的热身。对于男性，杠铃可加载至总重36.3千克；对于女性，则为15.9千克。将节拍器的节奏设置为每分钟60拍，即每分钟重复30次。

方案

1. 在开始时，首先对客户或运动员说："我们将测量你在卧推过程中的上半身肌肉耐力。你准备好了吗？如果准备好了，请进入卧推的起始姿势。"（见图8.57）

2. 指示客户或运动员："从杠铃架上取下杠铃，以平稳且可控的方式开始执行动作，跟随节拍器声音的节奏到达动作的最高点和最低点。"

3. 接下来，要求客户或运动员："请在整个测试过程中保持正常呼吸，并尽可能完成更多次卧推，同时保持正确的技巧，跟上每分钟重复30次的节奏。"保护员必须做好在测试完成后协助客户或运动员的准备。

4. 记录客户或运动员使用正确技巧完成的完整动作的重复次数，或者直到其无法再跟上节拍器设定的节奏时完成的完整动作的重复次数。

图8.57　YMCA卧推测试

替代或修改方案

男性运动员的YMCA卧推测试替代方案是使用60千克的标准重量，不设定节奏（即不使用节拍器）[2]。当客户或运动员无法再保持正确的动作技巧或在两次重复之间需要休息（暂停）时，该版本的测试完成。

完成之后

以整个测试中完成的重复次数作为最终结果。教练或健身专业人员也可通过以下公式[17]估算客户或运动员的卧推1RM。

男性；单位为千克

$$预测1RM（千克）=（1.55 × 卧推重复次数）+37.9$$

女性；单位为千克

$$预测1RM（千克）=（0.31 × 卧推重复次数）+19.2$$

使用图8.58所示的转换列线图也可以简化1RM值的计算过程。

研究笔记

女性在分娩后，肌肉耐力通常会下降；然而，为期12周、每周3次，低强度的有氧训练、阻力训练和拉伸训练相结合的运动训练计划已被证明可改善产后4~6周的女性的YMCA卧推测试表现，并且在哺乳期无不良反应[45]。

使用60千克负荷的替代版本表明，职业英式橄榄球联盟球员和低竞赛级别球员之间完成的重复次数存在差异，前者大约可进行33次，后者大约可进行24次，而该测试结果与1RM卧推表现及运动员自身的竞技水平有关[2]。

标准数据

图8.59和图8.60所示分别是男性和女性的YMCA卧推测试分级标准。

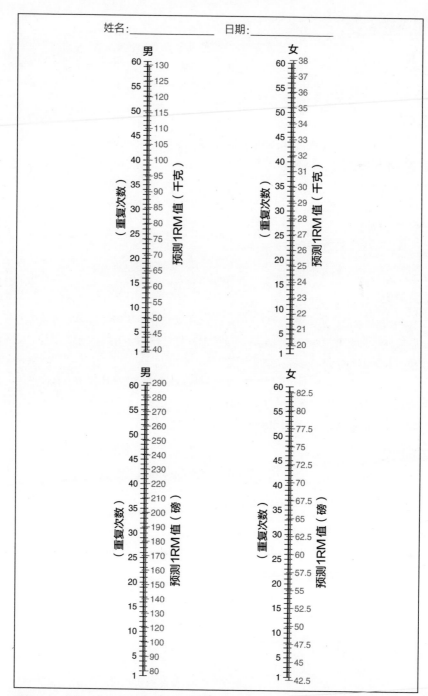

图8.58 根据YMCA卧推测试中完成的重复次数预测1RM值的转换列线图

[源自：D. Fukuda, *Assessments for Sport and Athletic Performance*. (Champaign, IL: Human Kinetics, 2019).]

[使用金（Kim）[17]公式。]

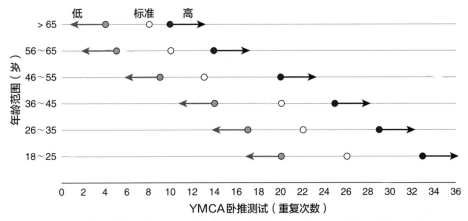

图8.59 男性在各年龄阶段的YMCA卧推测试重复次数分级：高70%；标准50%；低30%
（数据源自本章文献[21]。）

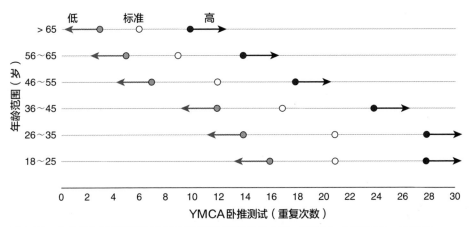

图8.60 女性在各年龄阶段的YMCA卧推测试重复次数分级：高70%；标准50%；低30%
（数据源自本章文献[21]。）

第 **9** 章

心肺适能

虽然心肺适能是衡量健康及心、肺和肌肉使用氧气能力的一般指标，但它也与个人的有氧耐力表现和在高强度运动后的恢复能力有关。用于心肺适能的金标准或标准测量是最大有氧能力（也被称为最大摄氧量或 VO_{2max}），最大摄氧量可通过气体交换分析方法进行测量。这种类型的评估需要昂贵的设备、需要评估员具备进行心血管系统评估的工作经验，以及客户或运动员在受控环境（例如研究实验室或医院）中最大的努力程度。幸运的是，目前有极量和次极量现场测试方法，这以运动强度与身体对体力活动的反应（如运动心率）之间的关系为基础。

心肺适能极量测试通过将强度递增至最大努力程度来评估运动表现，因此测试适合常运动的健康个体。次极量测试基于稳态有氧运动下的心率反应，即它可通过让客户或运动员保持一定运动强度（例如，步行或跑步的速度）来监测心率。

选择心肺适能测试的依据包括客户或运动员在随后的训练计划中将要做的活动类型、测试的长度（持续时间或距离越长就越能准确地衡量有氧耐力）、连续测试还是间歇性测试，以及被测试者的训练状态。本章介绍的评估如下。

- 20米多阶段折返跑测试[31, 55, 59]。
- Yo-Yo间歇恢复测试[6, 59]。
- 基于距离的跑步或步行测试[19, 21]。
- 基于时间的跑步或步行测试[19, 21]。
- 次极量台阶测试[20, 21]。
- 次极量划船测功仪测试[21]。
- 45秒深蹲测试[51]。

20米多阶段折返跑测试

目的

20米多阶段折返跑测试（或PACER测试、蜂鸣测试）可提供基于跑步的心肺适能测量，它使用连续变向方案且测试强度递增，直至达到客户或运动员的最大努力程度。

结果

最后完成的阶段和完成20米折返跑的次数；移动的距离；估计最大摄氧量。

需要的器材

两个锥桶或标记物；胶带或球场涂料；卷尺；移动应用程序或预先录制的音频文件（网络上有各种选择）；播放音频文件的设备；音响系统或扬声器。

开始之前

相距20米画两条线或放置两个锥桶，将其中一条线或其中一个锥桶指定为起点线、另一条线或另一个锥桶为转身线（见图9.1）。表9.1所示为20米多阶段折返跑测试的常用数据收集表（其他选择见"替代或修改方案"部分）；但是，教练或健身专业人员还应该注意确认录音、播放设备或移动应用程序的具体方案。

在开始评估之前，客户或运动员应进行标准化的热身，然后休息和恢复3~5分钟。

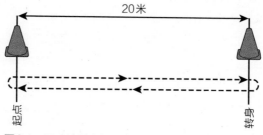

图9.1 20米多阶段折返跑测试的场地布置

方案

1. 在开始时，首先对客户或运动员说："我们将测量你在锥桶之间进行慢跑、快跑及最终冲刺的时间。你准备好了吗？如果准备好了，请站在起点线后面。"

2. 接下来，向客户或运动员解释："当录音指示测试开始时，向前慢跑到转身线，目标是在第一次哔声出现时及时到达，然后转身朝相反的方向慢跑，并在下一次哔声出现时及时到达起点线。在测试完成7趟后，哔声将出现得更频繁，因此你必须跑得更快才能及时到达这两条线。你至少需要有一只脚踩线或过线才可以算作完成一趟。持续折返，直到你连续两次都无法及时到达指定的线条。如果发生这种情况，测试结束。"

3. 每条线或锥桶处将各有一名评估员。评估员将确认客户或运动员是否至少有一只脚随着哔声及时到达线上，如果客户或运动员没有做到这一点，则发出口头提醒。应使用计圈系统或计数装置来准确计算完成的趟数。如果客户或运动员没有随着哔声及时到达下一条线，则测试结束，记录完成的最后阶段和完成的总趟数（包括最后两趟）。

表9.1　20米多阶段折返跑测试的常用数据收集表

阶段	速度（千米/小时）	节奏（分钟/千米）	速度（英里/小时）	节奏（分钟/英里）	每20米时间（秒）	20米趟数	完成的阶段	完成的趟数
S1	8.5	7.1	5.3	11.3	8.5	①②③④⑤⑥⑦		___/7
S2	9	6.7	5.6	10.7	8.0	①②③④⑤⑥⑦⑧		___/8
S3	9.5	6.3	5.9	10.2	7.6	①②③④⑤⑥⑦⑧		___/8
S4	10	6.0	6.2	9.7	7.2	①②③④⑤⑥⑦⑧⑨		___/9
S5	10.5	5.7	6.5	9.2	6.9	①②③④⑤⑥⑦⑧⑨		___/9
S6	11	5.5	6.8	8.8	6.5	①②③④⑤⑥⑦⑧⑨⑩		___/10
S7	11.5	5.2	7.1	8.5	6.3	①②③④⑤⑥⑦⑧⑨⑩		___/10
S8	12	5.0	7.5	8.0	6.0	①②③④⑤⑥⑦⑧⑨⑩⑪		___/11
S9	12.5	4.8	7.8	7.7	5.8	①②③④⑤⑥⑦⑧⑨⑩⑪		___/11
S10	13	4.6	8.1	7.4	5.5	①②③④⑤⑥⑦⑧⑨⑩⑪		___/11
S11	13.5	4.4	8.4	7.1	5.3	①②③④⑤⑥⑦⑧⑨⑩⑪⑫		___/12
S12	14	4.3	8.7	6.9	5.1	①②③④⑤⑥⑦⑧⑨⑩⑪⑫		___/12
S13	14.5	4.1	9.0	6.7	5.0	①②③④⑤⑥⑦⑧⑨⑩⑪⑫⑬		___/13
S14	15	4.0	9.3	6.5	4.8	①②③④⑤⑥⑦⑧⑨⑩⑪⑫⑬		___/13
S15	15.5	3.9	9.6	6.3	4.6	①②③④⑤⑥⑦⑧⑨⑩⑪⑫⑬		___/13
S16	16	3.8	9.9	6.1	4.5	①②③④⑤⑥⑦⑧⑨⑩⑪⑫⑬⑭		___/14
S17	16.5	3.6	10.3	5.8	4.4	①②③④⑤⑥⑦⑧⑨⑩⑪⑫⑬⑭		___/14
S18	17	3.5	10.6	5.7	4.2	①②③④⑤⑥⑦⑧⑨⑩⑪⑫⑬⑭⑮		___/15
S19	17.5	3.4	10.9	5.5	4.1	①②③④⑤⑥⑦⑧⑨⑩⑪⑫⑬⑭⑮		___/15
S20	18	3.3	11.2	5.4	4.0	①②③④⑤⑥⑦⑧⑨⑩⑪⑫⑬⑭⑮⑯		___/16
S21	18.5	3.2	11.5	5.2	3.9	①②③④⑤⑥⑦⑧⑨⑩⑪⑫⑬⑭⑮⑯		___/16
							总趟数	

[源自：D.Fukuda, *Assessments for Sport and Athletic Performance* (Champaign, IL:Human Kinetics, 2019).]

替代或修改方案

20米多阶段折返跑测试可在一次训练课中完成对数量较少的若干名客户或运动员的评估。这种方法需要在被测试者之间留出足够的空间（至少2米），并且需要较多的评估员来记录最终结果。如果需要测量最大心率，教练或健身专业人员应在完成测试后立即使用第10章介绍的任意一种方法来测量客户或运动员的心率。

20米多阶段折返跑测试有多种版本，每个版本的初始速度或以给定速度完成的折返次数略有不同，这是为了将每个阶段的时长保持在1分钟左右[55]。例如，Eurofit和PACER测试的第1阶段以每小时8千米（7.5分钟/千米）或大约每小时5英里（12分钟/英里）的速度完成，即每趟跑20米花9秒，该方案的其余部分与20米多阶段折返跑测试相同[55]。

当空间不够大时，可以改为进行15米多阶段折返跑，以使每个阶段有更多的折返次数[37]。但是，如果使用此版本，则第214页中的转换列线图将不适用。

完成之后

以最后完成的阶段和完成的总趟数（包括最后两次测试）作为最终结果。根据表9.2中的示例数据，客户或运动员完成了阶段6，并在阶段7中完成了6趟，共计57趟。

利用图9.2所示的转换列线图中提供的最后完成的阶段和客户或运动员的年龄，可以估算最大摄氧量。例如，上例中的客户或运动员是14岁，则其估计最大摄氧量是44.8毫升/（千克·分）。

研究笔记

20米多阶段折返跑测试的结果与在实验室中通过测量最大摄氧量来评估的心肺适能高度相关，这是支持将该测试纳入若干项青少年体能测试方案中的证据[34]。已确定男孩的临界值（10~12岁，阶段4；13岁，阶段5；14~15岁，阶段6；16~17岁，阶段7；18岁，阶段8）和女孩的临界值（10~12岁，阶段3；13~18岁，阶段4），那些没有完成预定阶段的青少年患代谢综合征的概率是其他人的3~4倍[52]。有趣的是，将20米多阶段折返跑测试的研究结果作为心肺适能指标的准确性在成年人中可能比在儿童中更高[34]。

标准数据

图9.3和图9.4所示分别是男孩和女孩在20米多阶段折返跑测试中完成趟数的分级标准。图9.5和图9.6所示分别是男孩和女孩在20米多阶段折返跑测试中的最大摄氧量分级标准。图9.7所示为各种运动群体的20米多阶段折返跑测试的平均值。图9.8和图9.9所示分别是成年男性和成年女性的一般最大摄氧量分级标准。

表9.2　20米多阶段折返跑测试的示例数据

阶段	速度（千米/小时）	节奏（分钟/千米）	速度（英里/小时）	节奏（分钟/英里）	每20米时间（秒）	20米趟数	完成的阶段	完成的趟数
S1	8.5	7.1	5.3	11.3	8.5	①②③④⑤⑥✕	✓	**7**/7
S2	9	6.7	5.6	10.7	8.0	①②③④⑤⑥⑦✕	✓	**8**/8
S3	9.5	6.3	5.9	10.2	7.6	①②③④⑤⑥⑦✕	✓	**8**/8
S4	10	6.0	6.2	9.7	7.2	①②③④⑤⑥⑦⑧✕	✓	**9**/9
S5	10.5	5.7	6.5	9.2	6.9	①②③④⑤⑥⑦⑧✕	✓	**9**/9
S6	11	5.5	6.8	8.8	6.5	①②③④⑤⑥⑦⑧⑨✕	✓	**10**/10
S7	11.5	5.2	7.1	8.5	6.3	①②③④⑤✕⑦⑧⑨⑩		**6**/10
S8	12	5.0	7.5	8.0	6.0	①②③④⑤⑥⑦⑧⑨⑩⑪		___/11
S9	12.5	4.8	7.8	7.7	5.8	①②③④⑤⑥⑦⑧⑨⑩⑪		___/11
S10	13	4.6	8.1	7.4	5.5	①②③④⑤⑥⑦⑧⑨⑩⑪		___/11
S11	13.5	4.4	8.4	7.1	5.3	①②③④⑤⑥⑦⑧⑨⑩⑪⑫		___/12
S12	14	4.3	8.7	6.9	5.1	①②③④⑤⑥⑦⑧⑨⑩⑪⑫		___/12
S13	14.5	4.1	9.0	6.7	5.0	①②③④⑤⑥⑦⑧⑨⑩⑪⑫⑬		___/13
S14	15	4.0	9.3	6.5	4.8	①②③④⑤⑥⑦⑧⑨⑩⑪⑫⑬		___/13
S15	15.5	3.9	9.6	6.3	4.6	①②③④⑤⑥⑦⑧⑨⑩⑪⑫⑬		___/13
S16	16	3.8	9.9	6.1	4.5	①②③④⑤⑥⑦⑧⑨⑩⑪⑫⑬⑭		___/14
S17	16.5	3.6	10.3	5.8	4.4	①②③④⑤⑥⑦⑧⑨⑩⑪⑫⑬⑭		___/14
S18	17	3.5	10.6	5.7	4.2	①②③④⑤⑥⑦⑧⑨⑩⑪⑫⑬⑭⑮		___/15
S19	17.5	3.4	10.9	5.5	4.1	①②③④⑤⑥⑦⑧⑨⑩⑪⑫⑬⑭⑮		___/15
S20	18	3.3	11.2	5.4	4.0	①②③④⑤⑥⑦⑧⑨⑩⑪⑫⑬⑭⑮⑯		___/16
S21	18.5	3.2	11.5	5.2	3.9	①②③④⑤⑥⑦⑧⑨⑩⑪⑫⑬⑭⑮⑯		___/16

总趟数 | **57**

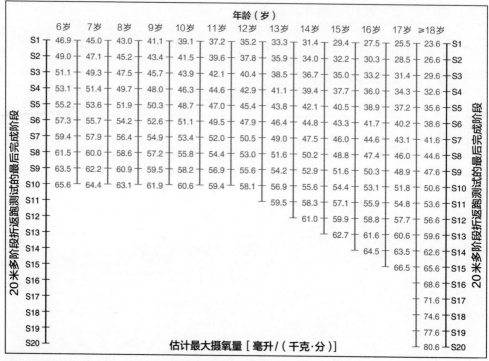

20米多阶段折返跑测试的最后完成阶段	6岁	7岁	8岁	9岁	10岁	11岁	12岁	13岁	14岁	15岁	16岁	17岁	≥18岁
S1	46.9	45.0	43.0	41.1	39.1	37.2	35.2	33.3	31.4	29.4	27.5	25.5	23.6
S2	49.0	47.1	45.2	43.4	41.5	39.6	37.8	35.9	34.0	32.2	30.3	28.5	26.6
S3	51.1	49.3	47.5	45.7	43.9	42.1	40.4	38.5	36.7	35.0	33.2	31.4	29.6
S4	53.1	51.4	49.7	48.0	46.3	44.6	42.9	41.1	39.4	37.7	36.0	34.3	32.6
S5	55.2	53.6	51.9	50.3	48.7	47.0	45.4	43.8	42.1	40.5	38.9	37.2	35.6
S6	57.3	55.7	54.2	52.6	51.1	49.5	47.9	46.4	44.8	43.3	41.7	40.2	38.6
S7	59.4	57.9	56.4	54.9	53.4	52.0	50.5	49.0	47.5	46.0	44.6	43.1	41.6
S8	61.5	60.0	58.6	57.2	55.8	54.4	53.0	51.6	50.2	48.8	47.4	46.0	44.6
S9	63.5	62.2	60.9	59.5	58.2	56.9	55.6	54.2	52.9	51.6	50.3	48.9	47.6
S10	65.6	64.4	63.1	61.9	60.6	59.4	58.1	56.9	55.6	54.4	53.1	51.8	50.6
S11								59.5	58.3	57.1	55.9	54.8	53.6
S12									61.0	59.9	58.8	57.7	56.6
S13										62.7	61.6	60.6	59.6
S14											64.5	63.5	62.6
S15												66.5	65.6
S16													68.6
S17													71.6
S18													74.6
S19													77.6
S20													80.6

估计最大摄氧量 ［毫升/（千克·分）］

图9.2 使用20米多阶段折返测试的最后完成阶段和客户或运动员年龄估计最大摄氧量的转换列线图

［源自：D. Fukuda, *Assessments for Sport and Athletic Performance* (Champaign, IL: Human Kinetics, 2019). Adapted from L. A. Léger, D. Mercier, C. Gadoury, and J. Lambert, "The Multistage 20 Metre Shuttle Run Test for Aerobic Fitness," *Journal of Sports Sciences* 6 (1988): 93-101.］

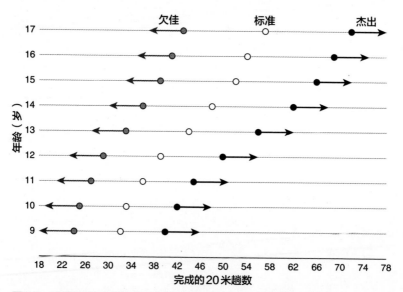

图9.3 男孩的20米多阶段折返跑测试趟数分级：杰出70%；标准50%；欠佳30%
（数据源自本章文献[54]。）

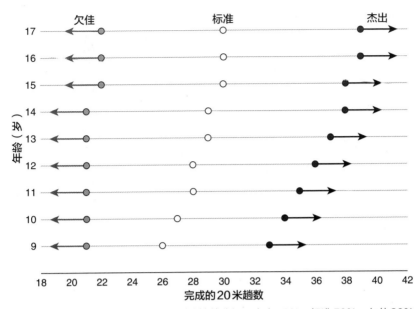

图9.4 女孩的20米多阶段折返跑测试趟数分级：杰出70%；标准50%；欠佳30%
（数据源自本章文献[54]。）

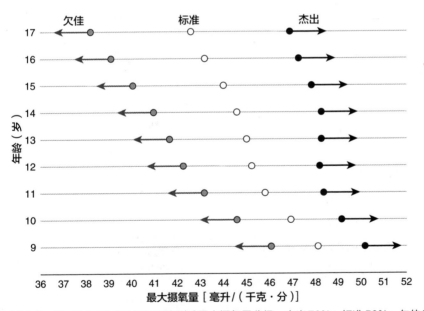

图9.5 男孩的20米多阶段折返跑测试最大摄氧量分级：杰出70%；标准50%；欠佳30%
（数据源自本章文献[54]。）

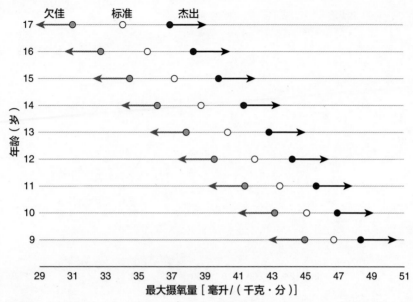

图9.6 女孩的20米多阶段折返跑测试最大摄氧量分级：杰出70%；标准50%；欠佳30%

（数据源自本章文献[54]。）

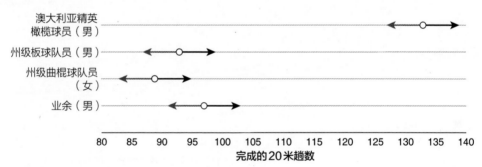

图9.7 各种运动群体的20米多阶段折返跑测试趟数的平均值

（数据源自本章文献[61]。）

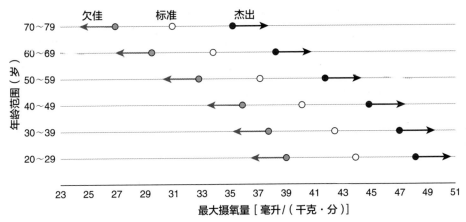

图9.8 成年男性最大摄氧量分级: 杰出75%; 标准50%; 欠佳25%
(数据源自本章文献[4]。)

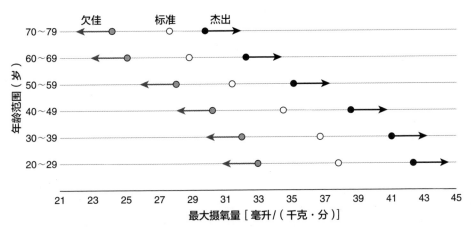

图9.9 成年女性最大摄氧量分级: 杰出75%; 标准50%; 欠佳25%
(数据源自本章文献[4]。)

Yo-Yo 间歇恢复测试

目的

Yo-Yo间歇恢复测试可提供基于跑步的心肺适能测量，它采用间歇变向方案且强度递增至客户或运动员的最大努力程度。

结果

完成的20米折返跑次数；移动的距离；估计最大摄氧量。

需要的器材

3个锥桶或标记物；胶带或球场涂料；卷尺；移动应用程序或预先录制的音频文件（网络上有多种选择）；播放音频文件的设备；音响系统或扬声器。

开始之前

相距20米画两条线或放置两个锥桶，其中一条线或其中一个锥桶指定为起点线，另一条线或另一个锥桶为转身线（见图9.10）。距离起点线5米处放另一个锥桶（在起点线和转身线之间的20米距离之外），将此处指定为恢复线。

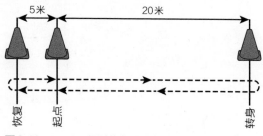

图9.10 Yo-Yo间歇恢复测试的场地布置

有两个版本的Yo-Yo间歇恢复（Yo-Yo Intermittent Recovery, Yo-Yo IR）测试可供教练或健身专业人员选择：1级（Yo-Yo IR1）或2级（Yo-Yo IR2）。虽然两个版本都在折返跑之间安排了10秒的主动恢复时间，但是Yo-Yo IR1测试是以较慢的速度开始，并且Yo-Yo IR2测试的速度提升得更快。Yo-Yo IR2测试可能更适合进行间歇性高强度训练的运动员（即大多数团队运动项目，以及力量或爆发力型运动员），而Yo-Yo IR1测试可能更适合有氧耐力运动员或训练不足但参与间歇性高强度运动的个体。如果客户或运动员可以完成整个Yo-Yo IR1测试方案，则以后的测试应使用Yo-Yo IR2方案。表9.3和表9.4所示分别为Yo-Yo IR1测试和Yo-Yo IR2测试的数据收集表（其他选择请参阅"替代或修改方案"部分）；但是，教练或健身专业人员还应该注意确认录音、播放设备或移动应用程序的具体方案。在开始评估之前，客户或运动员应进行标准化的热身，然后休息和恢复3~5分钟。

方案

1. 在开始时，首先对客户或运动员说："我们将测量你在锥桶之间进行慢跑、跑步及最终冲刺的时间。每次折返后，你将有10秒的恢复时间。你准备好了吗？如果准备好了，请站在起点线后面。"

2. 接下来，向客户或运动员解释："当录音指示测试开始时，向前慢跑到转身线，目标是在第一次哔声出现时及时到达，然后转身朝相反的方向慢跑，并在下一次哔声出现时及时到达起点线。当你到达起点线时，减速跑至恢复线，然后立即返回起点线并站立不动，直到下一次哔声指示开始下一次折返。随着测试的进展，哔声将出现得更频繁，因此你必须跑得更快才能及时到达这两条线。你至少需要有一只脚踩到或越过起点线才可以算作完成一次折返。持续折返，每次折返后休息10秒，直到你连续两次无法及时到达起点线。如果发生这种情况，测试结束。"

3. 每条线、标记物或锥桶处将各有一名评估员。评估员将确认客户或运动员是否至少有一只脚随着哔声及时到达线上，如果客户或运动员没有做到这一点，则发出口头提醒。应使用计圈系统或计数装置来准确地计算完成的趟数。如果客户或运动员没有随着哔声及时到达下一条线，则测试结束，记录完成的总折返次数（包括最后不完整的两次折返）。

4. 如果需要测量最大心率，教练或健身专业人员应在完成测试后立即使用第10章介绍的任意一种方法来测量客户或运动员的心率。

表9.3　Yo-Yo间歇恢复测试1级（IR1）数据收集表

阶段	速度（千米/小时）	节奏（分钟/千米）	速度（英里/小时）	节奏（分钟/英里）	20米时间（秒）	折返次数（2×20米）	完成的折返次数
S1	10	6.0	6.2	9.7	7.20	①	
S2	11.5	5.2	7.1	8.5	6.26	①	
S3	13	4.6	8.1	7.4	5.54	①②	
S4	13.5	4.4	8.4	7.1	5.33	①②③	
S5	14	4.3	8.7	6.9	5.14	①②③④	
S6	14.5	4.1	9.0	6.7	4.97	①②③④⑤⑥⑦⑧	
S7	15	4.0	9.3	6.5	4.80	①②③④⑤⑥⑦⑧	
S8	15.5	3.9	9.6	6.3	4.65	①②③④⑤⑥⑦⑧	
S9	16	3.8	9.9	6.1	4.50	①②③④⑤⑥⑦⑧	
S10	16.5	3.6	10.3	5.8	4.36	①②③④⑤⑥⑦⑧	
S11	17	3.5	10.6	5.7	4.24	①②③④⑤⑥⑦⑧	
S12	17.5	3.4	10.9	5.5	4.11	①②③④⑤⑥⑦⑧	
S13	18	3.3	11.2	5.4	4.00	①②③④⑤⑥⑦⑧	
S14	18.5	3.24	11.5	5.2	3.89	①②③④⑤⑥⑦⑧	
S15	19	3.16	11.8	5.1	3.79	①②③④⑤⑥⑦⑧	
						总折返次数	

[源自：D. Fukuda, *Assessments for Sport and Athletic Performance* (Champaign, IL: Human Kinetics, 2019).]

表9.4　Yo-Yo间歇恢复测试2级（IR2）数据收集表

阶段	速度（千米/小时）	节奏（分钟/千米）	速度（英里/小时）	节奏（分钟/英里）	20米时间（秒）	折返次数（2×20米）	完成的折返次数
S1	13	4.6	8.1	7.4	5.54	①	
S2	15	4.0	9.3	6.5	4.80	①	
S3	16	3.8	9.9	6.1	4.50	①②	
S4	16.5	3.6	10.3	5.8	4.36	①②③	
S5	17	3.5	10.6	5.7	4.24	①②③④	
S6	17.5	3.4	10.9	5.5	4.11	①②③④⑤⑥⑦⑧	
S7	18	3.3	11.2	5.4	4.00	①②③④⑤⑥⑦⑧	
S8	18.5	3.2	11.5	5.2	3.89	①②③④⑤⑥⑦⑧	
S9	19	3.2	11.8	5.1	3.79	①②③④⑤⑥⑦⑧	
S10	19.5	3.1	12.1	5.0	3.69	①②③④⑤⑥⑦⑧	
S11	20	3.0	12.4	4.8	3.60	①②③④⑤⑥⑦⑧	
S12	20.5	2.93	12.7	4.7	6.51	①②③④⑤⑥⑦⑧	
S13	21	2.86	13.0	4.6	3.43	①②③④⑤⑥⑦⑧	
S14	21.5	2.8	13.4	4.5	3.35	①②③④⑤⑥⑦⑧	
S15	22	2.7	13.7	4.4	3.27	①②③④⑤⑥⑦⑧	
						总折返次数	

[源自：D. Fukuda, *Assessments for Sport and Athletic Performance* (Champaign, IL: Human Kinetics, 2019).]

替代或修改方案

　　Yo-Yo间歇恢复测试可在一次训练课中完成对数量较少的若干名客户或运动员的评估。这种方法需要在被测试者之间留出足够的空间（至少2米），并且需要较多评估员来记录最终结果。如果需要测量最大心率，教练或健身专业人员应在完成测试后立即使用第10章介绍的任意一种方法来测量客户或运动员的心率。

　　可以针对儿童（6~10岁）修改Yo-Yo IR1测试，将每趟距离缩短到16米并将恢复距离缩短到4米，这一修改方案已被证明可以让大多数儿童完成至少3分钟的测试[7]。建议使用Yo-Yo IR1测试和IR2测试的次极量版本作为运动员监测工具（见第10章）[42, 57]。

　　这些测试的有氧耐力版本是Yo-Yo间歇耐力测试1级（Yo-Yo Intermittent Endurance1, Yo-Yo IE1）和2级（Yo-Yo IE2），同样采用20米的折返距离，但在2.5米的距离内安排进行5秒的主动恢复。Yo-Yo IE1测试（速度为8~14.5千米/小时）主要适用于非精英运动员和青少年运动员[11, 58]，而Yo-Yo IE2测试（速度为11.5~18千米/小时）主要适用于女子足球运动员[10]。

完成之后

以完成的总折返次数（包括最后两次折返）作为最终结果。用总折返次数乘以每次折返40米这一距离，计算出测试过程中移动的总距离。

根据表9.5中的示例数据，客户或运动员在Yo-Yo IR1测试期间总共完成了25次折返，总距离为1000米（25次折返 × 每次折返40米）。也可将移动的总距离代入以下公式，以估算最大摄氧量[6]：

Yo-Yo IR1测试；单位为毫升/（千克·分）

最大摄氧量=IR1距离（米）×0.0084+36.4

Yo-Yo IR2测试；单位为毫升/（千克·分）

最大摄氧量=IR2距离（米）×0.0136+45.3

根据表9.5中的示例数据，客户或运动员在Yo-Yo IR1测试过程中移动的总距离为1000米（25次折返 × 每次折返40米），其估计最大摄氧量为：

最大摄氧量 = 1000米 × 0.0084 +36.4=44.8毫升/（千克·分）

或者，不使用公式，直接使用图9.11所示的转换列线图来估算最大摄氧量。

表9.5　Yo-Yo间歇恢复测试1级（IR1）示例数据收集表

阶段	速度（千米/小时）	节奏（分钟/千米）	速度（英里/小时）	节奏（分钟/英里）	每20米时间（秒）	折返次数（2×20米）	完成的折返次数
S1	10	6.0	6.2	9.7	7.20	✗	1/1
S2	11.5	5.2	7.1	8.5	6.26	✗	1/1
S3	13	4.6	8.1	7.4	5.54	①✗	2/2
S4	13.5	4.4	8.4	7.1	5.33	①②✗	3/3
S5	14	4.3	8.7	6.9	5.14	①②③✗	4/4
S6	14.5	4.1	9.0	6.7	4.97	①②③④⑤⑥⑦✗	8/8
S7	15	4.0	9.3	6.5	4.80	①②③④⑤✗⑦⑧	6/8
S8	15.5	3.9	9.6	6.3	4.65	①②③④⑤⑥⑦⑧	_/8
S9	16	3.8	9.9	6.1	4.50	①②③④⑤⑥⑦⑧	_/8
S10	16.5	3.6	10.3	5.8	4.36	①②③④⑤⑥⑦⑧	_/8
S11	17	3.5	10.6	5.7	4.24	①②③④⑤⑥⑦⑧	_/8
S12	17.5	3.4	10.9	5.5	4.11	①②③④⑤⑥⑦⑧	_/8
S13	18	3.3	11.2	5.4	4.00	①②③④⑤⑥⑦⑧	_/8
S14	18.5	3.24	11.5	5.2	3.89	①②③④⑤⑥⑦⑧	_/8
S15	19	3.16	11.8	5.1	3.79	①②③④⑤⑥⑦⑧	_/8
						总折返次数	**25**

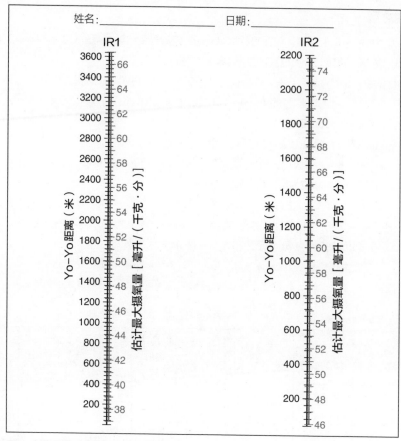

图9.11 通过Yo-Yo间歇恢复测试1级（IR1）和2级（IR2）结果来估算最大摄氧量的转换列线图

[源自：D. Fukuda, *Assessments for Sport and Athletic Performance* (Champaign, IL: Human Kinetics, 2019).]

（公式源自本章文献[6]。）

研究笔记

Yo-Yo IR1测试的表现已被证明与足球比赛中运动员和裁判员的高强度跑动有关[6]。足球裁判员进行为期12周的高强度间歇训练后，在比赛期间的高强度跑动距离增加了约23%（之前为1690米，之后为2060米），主要是在下半场有所增加，并且在Yo-Yo IR1中的移动距离增加了约31%（之前为1345米，之后为1762米）[26]。足球运动员的Yo-Yo IR2表现已被证明可以区分足球运动员的场上位置和竞技水平[28]，该成绩还与比赛期间5分钟内以高强度跑动时所移动的最大距离有关。

据报告，在其他体育项目中，篮球运动员的Yo-Yo IR1测试表现与比赛中的直线跑动距离有关[12]，而Yo-Yo IR2测试分数较高（表示具有更好的高强度跑动能力）与得分数较低的英式橄榄球联盟球员相比，前者在比赛结束后24小时和48小时的疲劳程度较轻[24]。

标准数据

图9.12~图9.16所示为各种群体的Yo-Yo间歇恢复测试的平均值。表9.6所示为各种运动员群体的标准最大摄氧量。

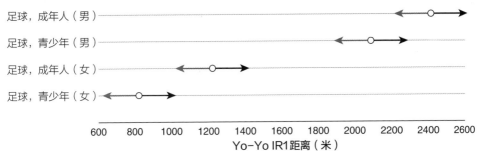

图9.12 男女足球运动员的Yo-Yo间歇恢复测试1级（IR1）距离的平均值
（数据源自本章文献[41]。）

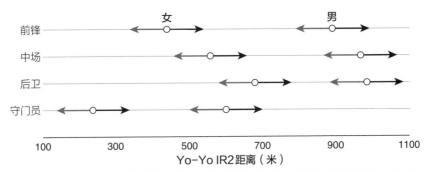

图9.13 按场上位置划分的精英男子足球运动员和大学生女子足球运动员的Yo-Yo间歇恢复测试2级（IR2）距离的平均值
（数据源自本章文献[28, 32]。）

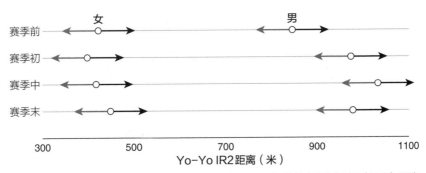

图9.14 在一个赛季中精英男女足球运动员的Yo-Yo间歇恢复测试2级（IR2）距离的平均值
（数据源自本章文献[33, 40]。）

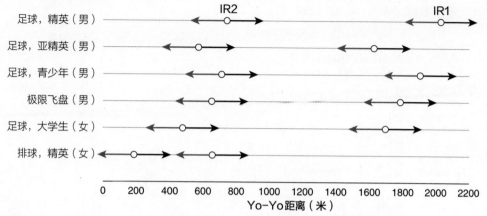

图9.15 各种群体的Yo-Yo间歇恢复测试1级（IR1）和2级（IR2）距离的平均值
（数据源自本章文献[15, 23, 27, 32, 45]。）

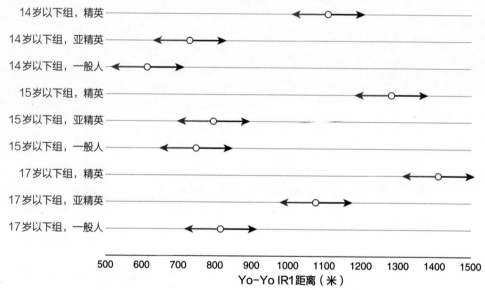

图9.16 精英篮球运动员、亚精英篮球运动员和相应年龄的非运动员（一般人）的Yo-Yo间歇恢复测试1级（IR1）距离的平均值
（数据源自本章文献[56]。）

表9.6 各种运动员群体的标准最大摄氧量

分级	最大摄氧量［毫升/（千克·分）］		运动项目
	男	女	
极高	≥70	≥60	越野滑雪 中距离跑步 长跑
非常高	63~69	54~59	自行车 赛艇 竞走
高	57~62	49~53	足球 中距离游泳 皮划艇比赛 手球 壁球 速度滑冰 花样滑冰 高山滑雪 摔跤
高于平均	52~56	44~48	篮球 芭蕾舞 美式橄榄球（进攻后卫/防守后卫） 体操 曲棍球 马术（骑师） 短距离游泳 网球 短跑 跳远
平均	44~51	35~43	棒球 垒球 美式足球（卫线队员、四分卫） 铅球 掷铁饼 奥林匹克举重 健美运动

［源自：M. McGuigan, "Administration, Scoring, and Interpretation of Selected Tests." In *Essentials of Strength Training and Conditioning*, 4th ed., edited by G.G.Haff and N.T.Triplett for the National Strength and Conditioning Association (Champaign, IL: Human Kinetics, 2016), 308.］

基于距离的跑步或步行测试

目的

基于距离的跑步或步行测试利用连续固定距离的方案来测量心肺适能。

结果

移动预定距离所需的时间，单位为秒；估计最大摄氧量。

需要的器材

跑道或测量过的路线；锥桶或标记物；卷尺；秒表或计时装置。

开始之前

将标记物间隔一定距离放置（本说明中采用2.4千米），清楚地标记出测量过的路线和起点线。如果使用400米跑道（见图9.17），而不是440码的跑道，请记住考虑每圈所存在的2.3米的差异。例如，2.4千米的跑步/步行距离需要客户或运动员在440码的跑道上完成6整圈，而在400米跑道上应完成6整圈加13.8米（2.3米/圈×6圈）。

在开始评估之前，客户或运动员应进行标准化的热身，然后休息和恢复3~5分钟。

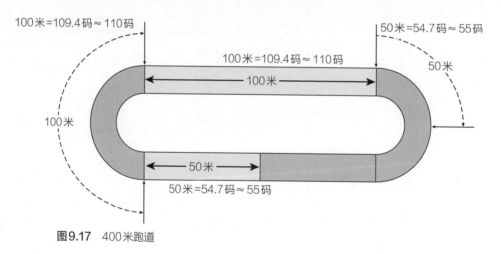

图9.17 400米跑道

方案

1. 在开始时，首先对客户或运动员说："我们将测量你跑步或步行2.4千米的速度。你准备好了吗？如果准备好了，请站在起点线后面。"

2. 接下来，向客户或运动员解释："当我说'开始'时，以尽可能快的速度跑步（或根据需要改成走路或慢跑）以完成测试。"

3. 发口头信号通知客户或运动员"3，2，1，开始"，并记录移动预定距离所需要的时间，结果精确到1秒。应使用计圈系统或计数装置准确地测量完成的圈数。

替代或修改方案

对于1.6千米的Rockport步行测试，在完成预定距离后需要测量15秒的脉搏。该数值可与客户或运动员的年龄、性别和体重一起用于估算最大摄氧量。

完成之后

以移动预定距离所需的时间作为最终结果。为了得到以分钟为单位的时间，需将秒数除以60。以下基于距离的公式可用于估算最大摄氧量 [单位为毫升 / (千克·分)]。

1.6千米跑步 / 步行公式适用于18~25岁的个体[14]：

男

$$最大摄氧量 = -9.06 \times 时间（分钟）+ 0.38 \times [时间（分钟）]^2 + 98.49$$

女

$$最大摄氧量 = -6.04 \times 时间（分钟）+ 0.22 \times [时间（分钟）]^2 + 82.2$$

例如，一名女性需要用9分钟（540秒除以60）来移动1.6千米，其估计最大摄氧量为：

$$最大摄氧量 = -6.04 \times 9分钟 + 0.22 \times（9分钟）^2 + 82.2$$
$$= -54.36 + 0.22 \times 81 + 82.2$$
$$= -54.36 + 17.82 + 82.2$$
$$\approx 45.7毫升 / （千克·分）$$

或者不使用公式，直接使用图9.18所示的1.6千米跑步 / 步行测试时间的转换列线图来估算最大摄氧量[14]。

2.4千米跑步 / 步行公式适用于18~29岁的个体[16]：

男

$$最大摄氧量 = 91.736 - 0.1656 \times 体重（千克）- 2.767 \times 时间（分钟）$$

女

$$最大摄氧量 = 88.020 - 0.1656 \times 体重（千克）- 2.767 \times 时间（分钟）$$

例如，一名男性的体重为70千克，需要用11.5分钟（690秒除以60）来移动2.4千米，其估计最大摄氧量为：

$$最大摄氧量 = 91.736 - 0.1656 \times 70千克 - 2.767 \times 11.5分钟$$
$$= 91.736 - 11.592 - 31.8205 \approx 48.3毫升 / （千克·分）$$

或者不使用公式，直接使用图9.19所示的2.4千米跑步 / 步行测试时间的转换列线图来估算最大摄氧量[16]。

3.2千米跑步 / 步行公式适用于20~37岁的个体[39]：

男

$$最大摄氧量 = 99.7 - 3.35 \times 时间（分钟）$$

女

$$最大摄氧量 = 72.9 - 1.77 \times 时间（分钟）$$

例如，一名女性需要用14.75分钟（885秒除以60）来移动3.2千米，其估计最大摄氧量为：

最大摄氧量=72.9-1.77×14.75分钟

$\approx$ 72.9-26.1=46.8毫升/（千克·分）

或者不使用公式，直接使用图9.20所示的3.2千米跑步/步行测试的转换列线图来估算最大摄氧量[39]。

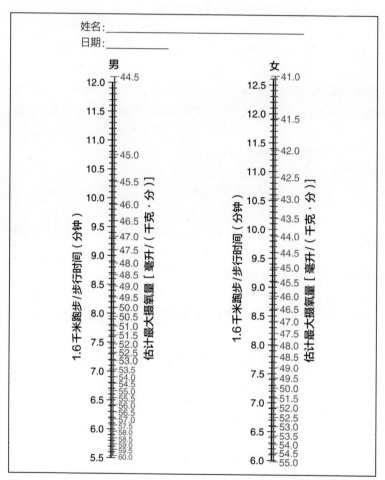

图9.18 通过男性和女性1.6千米跑步/步行时间估算最大摄氧量的转换列线图

［源自：D. Fukuda, *Assessments for Sport and Athletic Performance* (Champaign, IL: Human Kinetics, 2019). ］

（使用的公式源自本章文献[14]。）

研究笔记

基于距离的跑步/步行测试是军事体能测试的典型组成部分，如美国海军使用的2.4千米测试和美国陆军使用的3.2千米测试，因为最终的结果与心肺适能的金标准指标（即最大摄氧量）有关，并且很容易进行大规模测试[30]。

与心肺适能水平较低的儿童相比，心肺适能水平较高的儿童通常会有更好的学习成绩[50]。一项研究报告指出，在10~16岁的青少年中，完成1.6千米跑步/步行测试所需的时间每多1分钟，在标准化测试中的数学分数将下降1.9分，阅读分数将下降1.1分[48]。

一项综述了123项心肺适能评估的研究发现，2.4千米跑步/步行测试被证明是常用的基于距离的现场测试中与最大摄氧量关联性最强的测试[35]。

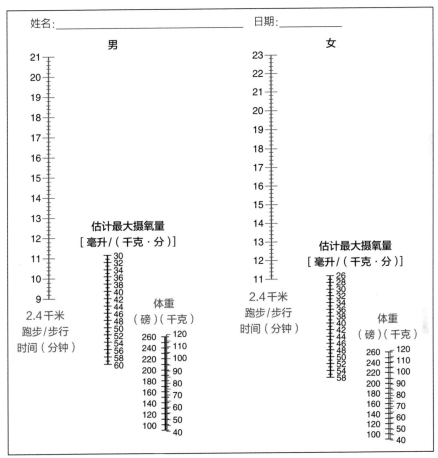

图9.19 通过男性和女性2.4千米跑步/步行时间估算最大摄氧量的转换列线图

[源自：D. Fukuda, *Assessments for Sport and Athletic Performance* (Champaign, IL: Human Kinetics, 2019).]

（使用的公式源自本章文献[14]。）

标准数据

图9.21和图9.22分别是男孩和女孩的1.6千米跑步/步行测试的时间分级标准，图9.23和图9.24所示的分别是成年男性和女性的2.4千米跑步/步行测试的时间分级标准，图9.25和图9.26所示的分别是成年男性和女性的3.2千米跑步/步行测试的时间分级标准。

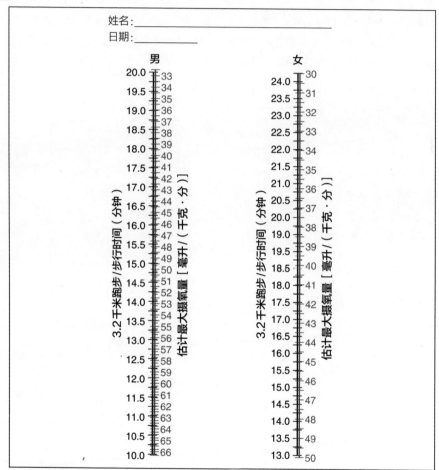

图9.20 通过男性和女性3.2千米跑步/步行时间估算最大摄氧量的转换列线图

[源自：D. Fukuda, *Assessments for Sport and Athletic Performance* (Champaign, IL: Human Kinetics, 2019).]

（使用的公式源自本章文献[39]。）

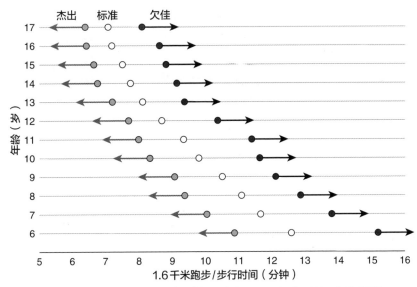

图 9.21 男孩 1.6 千米跑步/步行时间分级：杰出 75%；标准 50%；欠佳 25%
（数据源自本章文献[46]。）

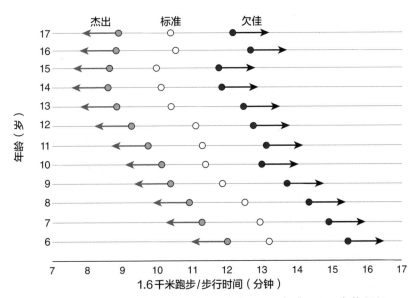

图 9.22 女孩 1.6 千米跑步/步行时间分级：杰出 75%；标准 50%；欠佳 25%
（数据源自本章文献[46]。）

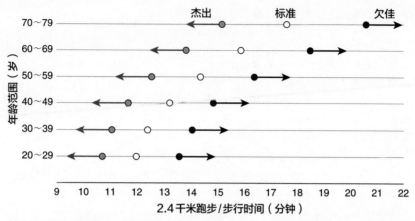

图9.23 成年男性2.4千米的跑步/步行时间分级：杰出75%；标准50%；欠佳25%（数据源自本章文献[4]。）

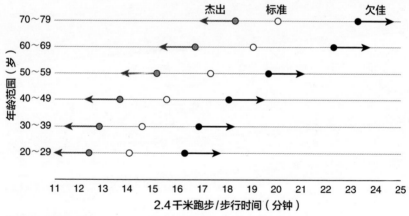

图9.24 成年女性2.4千米的跑步/步行时间分级：杰出75%；标准50%；欠佳25%（数据源自本章文献[4]。）

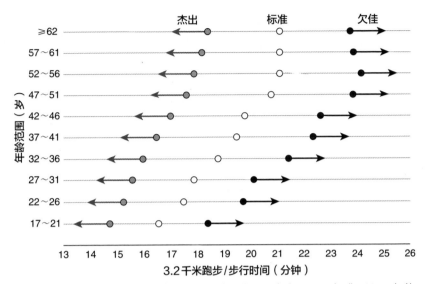

图9.25 成年男性3.2千米的跑步/步行时间分级：杰出75%；标准50%；欠佳25%

（数据源自本章文献[1]。）

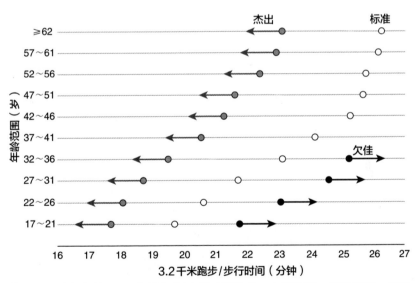

图9.26 成年女性3.2千米的跑步/步行时间分级：杰出75%；标准50%；欠佳25%（没有37岁以上的可用数据）

（数据源自本章文献[1]。）

基于时间的跑步或步行测试

目的

基于时间的跑步或步行测试利用连续的固定时间的方案来测量心肺适能。

结果

在选定的时间范围内移动的距离，单位为英里、码、千米或米；估计最大摄氧量。

需要的器材

跑道或测量过的路线；锥桶或标记物；卷尺；秒表或计时装置。

开始之前

确定所选的时间范围（本说明中为12分钟），这可能会受到可用空间和客户或运动员训练状态的影响，训练有素的个体比训练不足的个体移动的距离更长。清楚地标记出测量过的路线，并将锥桶或标记物沿路线均匀放置。

在开始测试之前，客户或运动员应进行标准化的热身，然后休息和恢复3~5分钟。

方案

1. 在开始时，首先对客户或运动员说："我们将测量你在12分钟内跑步或步行的距离。你准备好了吗？如果准备好了，请站在起点线后面。"

2. 接下来，向客户或运动员解释："当我说'开始'时，在12分钟内跑步（或根据需要改为步行或慢跑）到尽可能远的地方即可完成测试。"

3. 发口头信号通知客户或运动员"3，2，1，开始"，并记录客户或运动员在既定时间内移动的距离，精确至50米。应使用计圈系统或计数装置来准确地计算完成的圈数。

替代或修改方案

基于时间的现场心肺适能评估中也常常进行9分钟或15分钟内所移动的距离的测试。此外，6分钟的步行测试是老年人体能测试（Senior Fitness Test）[47]的一部分，包括在6分钟内沿着18.3米×4.6米，即每圈为45.7米的路线完成尽可能多的圈数。

完成之后

以既定时间内移动的总距离作为最终结果。为了将移动的距离从米转换为千米，用米数除以1000，如果要将所移动的距离从码转换为英里，则用码数除以1760。以下公式可用于估算最大摄氧量 [单位为毫升/（千克·分）]。

12分钟步行或跑步公式[13]

$$最大摄氧量 = 22.35 × 距离（千米）-11.28$$

$$最大摄氧量 = 35.97 × 距离（英里）-11.28$$

例如，客户或运动员在12分钟跑步/步行测试中移动了2.75千米（2750米除以

1000），其估计最大摄氧量为：

最大摄氧量 =22.35×2.75千米 −11.28 ≈ 50.18毫升/（千克·分）

或者不使用公式，直接使用图9.27所示的12分钟跑步/步行测试的转换列线图来估算最大摄氧量[13]。

研究笔记

相对年龄效应的特征是，在一年中的特定时间段出生的个体有很高的代表性。可能由于竞技体育中的选拔过程和各种其他因素，出生在同一个年龄组起始月份（即1月）及接近该月份的运动员的相对年龄较大，而出生在接近特定出生年份结束时（即12月）的运动员的相对年龄较小，并且前者的人数多于后者。例如，据报告，在青少年高山滑雪运动员中，1月至3月出生的人数（占28%~34%）多于10月至12月出生的人数（占18%~21%)[18]。

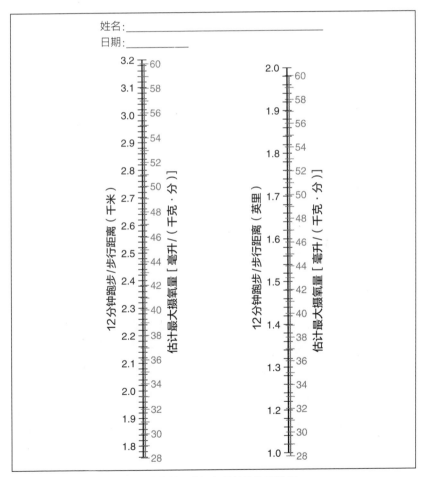

图9.27　通过12分钟跑步/步行距离估算最大摄氧量的转换列线图

[源自：D. Fukuda, *Assessments for Sport and Athletic Performance* (Champaign, Il : Human Kinetics, 2019).]
（使用的公式源自本章文献[13]。）

相应地，在13~14岁的滑雪标准中，下半年出生的人在12分钟跑步/步行测试中移动的距离短于上半年出生的人。此外，在21岁以下的高山滑雪标准中，入选国家队和落选的运动员在12分钟跑步/步行测试中的移动距离也有差异[17]。

一项综述了123项心肺适能评估的研究发现，12分钟跑步/步行测试是常用的基于时间的现场测试中与最大摄氧量关联性最强的测试[35]。

标准数据

图9.28和图9.29所示分别为成年男性和女性的12分钟跑步/步行测试的距离分级标准。图9.30和图9.31所示分别是男子和女子青少年高山滑雪标准的12分钟跑步/步行测试的平均值。

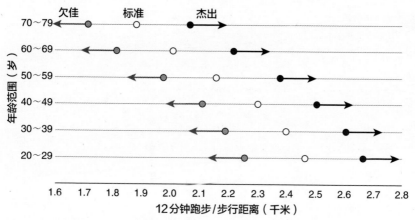

图9.28 成年男性12分钟跑步/步行测试的距离分级：杰出75%；标准50%；欠佳25%（数据源自本章文献[4]。）

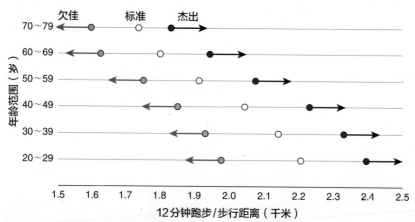

图9.29 成年女性12分钟跑步/步行测试的距离分级：杰出75%；标准50%；欠佳25%（数据源自本章文献[4]。）

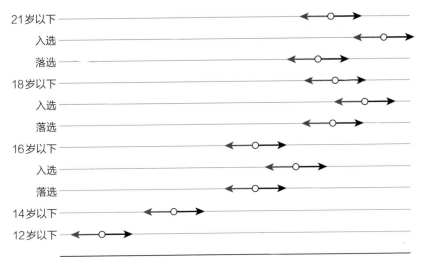

图9.30 男子青少年高山滑雪运动员的平均值
（数据源自本章文献[17]。）

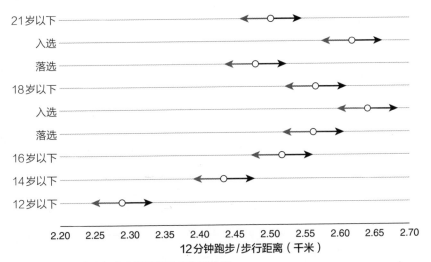

图9.31 女子青少年高山滑雪运动员的平均值
（数据源自本章文献[17]。）

次极量台阶测试

目的

次极量台阶测试（或皇后学院台阶测试、YMCA台阶测试）利用连续的固定节奏的方案来测量心肺适能。

结果

恢复心率，单位为次/分；估计最大摄氧量。

需要的器材

稳固的训练凳、台阶或箱子，高度为41.3厘米；计时设备；节拍器；心率监测器（如果有）。

开始之前

查看第10章提供的心率测量指南。对于女性客户或运动员，将节拍器设置为每分钟88拍（即每分钟上下台阶22次的节奏）；对于男性客户或运动员，则设置为每分钟96拍（即每分钟上下台阶24次的节奏）。

方案

1. 在开始时，首先对客户或运动员说："在你完成3分钟台阶测试后，我们将测量你的心率。你准备好了吗？如果准备好了，请站在训练凳前。"

2. 接下来，向客户或运动员解释："当我说'开始'时，首先用一条脚踏上训练凳，然后踏上另一只脚，再以相反的顺序放下来。你可以选择任何一条腿作为前导腿并开始踏步，如果这一侧的腿觉得疲劳，可以随时换用另一侧腿作为前导腿。尽量让每一步都跟上节拍器所提供的声音信号。3分钟后，我会告诉你测试结束了。请保持站立姿势，双脚都放在地上，同时我会将手指放在你的颈部或手腕上，以测量你的恢复心率。"（见图9.32）

3. 发口头信号通知客户或运动员"3，2，1，开始"，并检查客户或运动员是否可以在保证安全的情况下跟上节拍器的节奏。如果客户或运动员在受到鼓励后仍无法保持规定的速度，停止测试并考虑采用替代方案。测试完成后大约5秒，测量并记录15秒脉搏次数。

替代或修改方案

YMCA台阶测试使用相同的方案，但训练凳高度为33厘米，心率测量则在测试后1分钟采用坐姿进行[60]。

在Forestry台阶测试中，男性和女性使用不同高度的训练凳，男性使用40厘米的，女性使用33厘米的，踏步速度为每分钟22.5步（每分钟90拍），测试时间为5分钟，并在测试后15秒开始测量恢复心率[2]。

对于老年人，测试时长为两分钟并且不使用真实的台阶。而是采用原地踏步（类似于齐步走）的方式，要求将前导腿至少抬升到膝盖骨和髋骨顶部之间的中间位置[47]。

图9.32　a. 次极量台阶测试；b. 测量恢复心率
注意：在皇后学院台阶测试中，应以站姿测量恢复心率，而在YMCA台阶测
试中则以坐姿测量恢复心率。

完成之后

以在测试结束时测量的15秒脉搏次数作为最终结果。将此值乘以4可以计算出心率，单位为次/分，可用于估算最大摄氧量，计算方法见以下适用于健康的年轻成年人的公式[36]。

女性；单位为毫升/（千克·分）

$$最大摄氧量 = 65.81 - 0.1847 × 心率（次/分）$$

男性；单位为毫升/（千克·分）

$$最大摄氧量 = 111.33 - 0.42 × 心率（次/分）$$

例如，一名女性完成次极量台阶测试，其运动后的即时心率为每分钟120次（15秒脉搏计数乘以4），其估计最大摄氧量为：

$$最大摄氧量 = 65.81 - 0.1847 × 120次/分$$
$$= 65.81 - 22.164 = 43.646 毫升/（千克·分）$$

或者不使用公式，直接使用图9.33所示的次极量台阶测试的转换列线图来估算最大摄氧量[36]。

研究笔记

虽然在大多数环境中很容易进行台阶测试，并且台阶测试与普通的健康成年人的心肺适能的相关性已得到证明[8]，但台阶测试并非适用于所有人。一份研究报告显示，在189人中，73%的人仅能够完成2分钟或更短时间的YMCA台阶测试，其中年龄

（＞50岁）、性别（女性）、身高（较矮的人）和健康状况（自我报告的风险因素更多）等因素可能均有影响[9]。

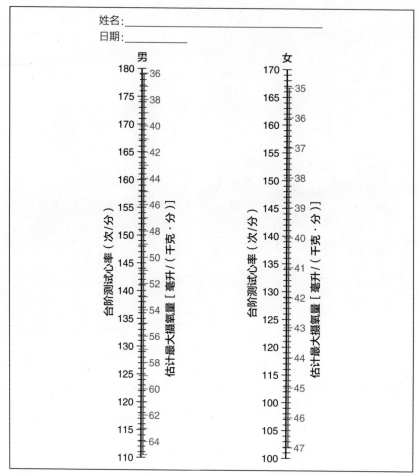

图9.33　使用在完成台阶测试5秒后测量的恢复心率估算最大摄氧量的转换列线图
［源自：D. Fukuda, *Assessments for Sport and Athletic Performance* (Champaign, IL: Human Kinetics, 2019). ］
（使用的公式源自本章文献[36]。）

　　由于与消防的任务相似，台阶测试通常可用于评估消防员的心肺适能。与标准运动服装相比，当消防员穿戴个人防护装备和自给式空气呼吸器时，他们在皇后学院台阶测试中测试值的估计最大摄氧量会下降大约18%[43]。此外，13%的消防员无法在携带额外的安全设备时完成测试。

标准数据

　　图9.34所示为台阶测试5秒后的恢复心率分级标准，图9.35（男性）和图9.36（女性）则为台阶测试1分钟后的恢复心率分级标准。

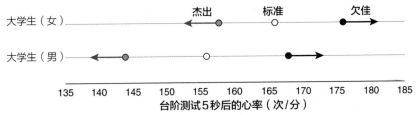

图9.34 未经训练的大学生的次极量台阶测试恢复心率（5秒后）分级。女性：杰出75%；标准50%；欠佳25%（测试使用41.3厘米高的训练凳）
（数据源自本章文献[36]。）

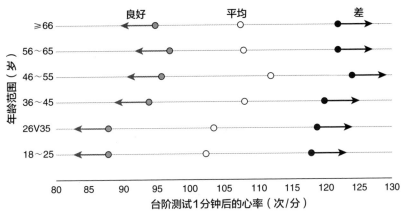

图9.35 男性在各年龄阶段的YMCA台阶测试恢复心率（1分钟后）分级（测试使用33厘米高的训练凳）
（数据源自本章文献[40a]。）

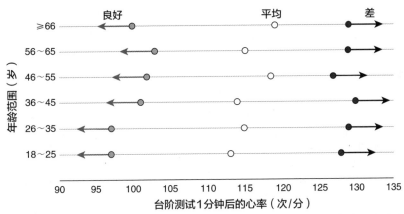

图9.36 女性在各年龄阶段的YMCA台阶测试恢复心率（1分钟后）分级（测试使用33厘米高的训练凳）
（数据源自本章文献[40a]。）

次极量划船测功仪测试

目的

次极量划船测功仪测试利用连续的固定节奏的方案来测量心肺适能。

结果

恢复心率，单位为次/分；估计最大摄氧量。

需要的器材

Concept2划船测功仪；计时设备；心率监测器（如果有）。

开始之前

与客户或运动员一起回顾表7.1所列出的划船动作基本要素（最好在测试前的熟悉训练中进行）。其余事项见第10章提供的心率测量指南。按照第4章中列出的步骤测量客户或运动员的体重（千克或磅）。将可调阻力设置为最高水平[10]，机载计算机显示每分钟的功率和划桨次数（如果有心率监测器，还能显示心率）。在开始评估之前，客户或运动员应进行标准化的热身，然后休息和恢复3~5分钟。

方案

1. 在开始时，首先对客户或运动员说："我们将测量你在划船测功仪上以舒适的强度锻炼时的心率。你准备好了吗？如果准备好了，请坐在划船测功仪上，绑紧脚上的脚踏板绑带，然后用双手抓住手柄。"

2. 接下来，向客户或运动员解释："当我说'开始'时，拉动手柄，同时以你认为自己可以保持5~10分钟运动的强度完整地进行开始、划动、完成和恢复阶段。不要尝试以最高强度执行。我们将在你开始运动后每隔一分钟测量一次你的心率，直到你的心率趋于平稳，这表示测试将结束。"

3. 评估员应站在一个可以清楚地查看心率监测器的位置。发口头信号通知客户或运动员"3，2，1，开始"，并确认客户或运动员的次极量强度和划桨频率保持不变，心率低于170次/分。如果使用心率监测器，则监测器会显示心率；如果没有使用心率监测器，教练或健身专业人员就需要要求客户或运动员保持起始姿势并用双手抓住手柄，以测量心率。

4. 在客户或运动员的心率连续两分钟都保持稳定时，记录此值及功率输出（单位为瓦），并结束测试。

完成之后

以在测试的最后两分钟测得的稳定心率作为最终结果。使用图9.37所示的列线图（适用于健康、年轻且未经训练的划船者）估算绝对最大摄氧量（单位为升/分）。然后，使用以下公式之一将绝对最大摄氧量转换为估计的相对最大摄氧量 [单位为毫升/（千克·分）]。

$$相对最大摄氧量[毫升/(千克·分)]=\frac{绝对最大摄氧量(升/分)}{体重(千克)}\times1000$$

$$相对最大摄氧量[毫升/(千克·分)]=\frac{绝对最大摄氧量(升/分)}{体重(磅)\div2.2}\times1000$$

例如，体重为72.6千克的男性完成2分钟划船后，心率为每分钟146次，功率输出为225瓦，绝对最大摄氧量为3.5升/分。则相对最大摄氧量的计算过程如下。

$$相对最大摄氧量[毫升/(千克·分)]=\frac{3.5(升/分)}{72.6千克}\times1000$$

$$\approx0.04821\times1000$$

$$=48.21毫升/(千克·分)$$

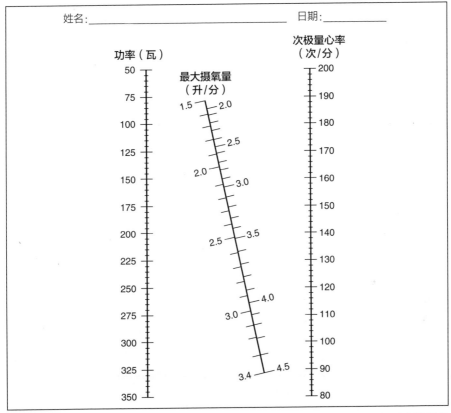

图9.37　利用在次极量划船测功仪测试过程中测得的功率输出和心率估算绝对最大摄氧量的列线图

［源自：D. Fukuda, *Assessments for Sport and Athletic Performance* (Champaign, IL: Human Kinetics, 2019). *Concept II Rowing Ergometer Nomogram for Prediction of Maximal Oxygen Consumption*, by Dr. Fritz Hagerman, Ohio University, Athens, OH. The nomogram is not appropriate for use with non-Concept2 rowing ergometers and is designed to be used by noncompetitive or unskilled rowers participating in aerobic conditioning programs. Adapted by permission of Concept2, Inc., 105 Industrial Park Drive, Morrisville, VT 05661 (800) 245-5676.］

研究笔记

因为划船训练包含有氧耐力训练和阻力训练，可使心肺适能和肌肉骨骼产生较大的适应性变化[5]。此外，划船是一种非负重活动，体内大部分肌肉均会参与：估计在划船过程中所产生的功率有50%来自躯干，40%来自腿部，10%来自手臂[53]。因此，建议坚持进行划船训练，以改善运动表现和健康状况[5, 25]。

划船运动的这些特点使其成为以跑步为主的现场心肺适能评估的一种替代方案。运动强度和次极量划船的心率反应已被证明可以预测训练有素的和未经训练的划船者的心肺适能[29]。

标准数据

通过次极量划船测功仪测试估算出的最大摄氧量可与图9.38（男性）和图9.39（女性）所示的标准数据进行比较。

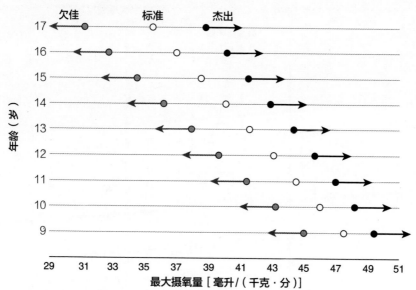

图9.38 男性最大摄氧量分级：杰出75%；标准50%；欠佳25%
（数据源自本章文献[4]。）

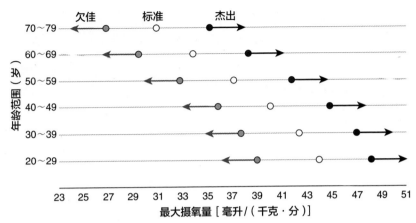

图9.39 女性最大摄氧量分级：杰出75%；标准50%；欠佳25%
（数据源自本章文献[4]。）

45秒深蹲测试

目的

45秒深蹲测试（或Ruffier-Dickson测试）可提供固定节奏方案来测量恢复心率，并以此作为心肺适能的衡量指标。

结果

心率恢复值；Ruffier-Dickson指数；估计最大摄氧量。

需要的器材

坚固的训练台；计时设备；节拍器；心率监测器（如果有）。

开始之前

按照第4章提供的方法测量客户或运动员的身高。其余事项见第10章提供的心率测量指南。将节拍器设置为每分钟80拍，即节奏为每分钟深蹲40次。

方案

1. 在开始时，首先对客户或运动员说："我们将在你完成30次自重深蹲之前和之后测量你的心率。你需要随着节拍器的哔声同步深蹲并重新站起来。按照节拍器设定的速度，你需要在45秒内完成30次深蹲。你准备好了吗？如果准备好了，请在训练台上躺5分钟，以便我们测量你的静息心率。"

2. 在静息结束时，记录心率监测器显示的读数，或者说："我现在要将手指放在你的颈部或手腕上测量你的心率。"

3. 接下来，指示客户或运动员："请站起来，双臂在胸前交叉或伸展，双脚平行并分开至与肩同宽。当我说'开始'时，开始屈膝和屈髋，将身体降低，呈下蹲姿势，直到你的踝关节、膝关节和髋关节成直角（90度）。在整个动作过程中保持背部挺直，目视前方。快速下蹲，在听到哔声的同时蹲至最低。然后伸展膝关节和髋关节，在下一次哔声发出时及时回到起始位置。"（见图9.40）

4. 指示客户或运动员："在整个测试过程中保持正常呼吸，并在45秒的时间内随着节拍深蹲。在你完成30次深蹲后，我会让你重新躺在训练台上，以测量你的心率。"

5. 评估员应站在一个可以清楚地看到深蹲动作的位置。发口头信号通知客户或运动员"3，2，1，开始"，并确认客户或运动员以所要求的节奏做动作，同时计量时间。

6. 45秒后，指示客户或运动员："请重新躺在训练台上，以便我测量你的心率。"

7. 在客户或运动员躺下后尽早（在15秒内）测量并记录心率值，并在其首次测量后1分钟（即在75秒内）再次测量并记录心率值。

图9.40 45秒深蹲测试

替代或修改方案

45秒深蹲测试要求客户或运动员完成一个完全下蹲动作，脚跟靠近臀部，但考虑到有些人的下半身动作范围有限，也可以将该测试修改为下蹲至膝关节屈曲90度的位置。

完成之后

静息心率（$HR_{静息}$）、运动后15秒心率（$HR_{15秒}$）和首次测量后1分钟心率（$HR_{75秒}$）记录可用于计算Ruffier-Dickson指数（RDI），公式如下。

$$RDI=\frac{(HR_{15秒}-70)+2\times(HR_{75秒}-HR_{静息})}{10}$$

例如，客户或运动员的$HR_{静息}$为每分钟47次，$HR_{15秒}$为每分钟121次，$HR_{75秒}$为每分钟50次，则其RDI为：

$$RDI=\frac{(121次/分-70)+2\times(50次/分-47次/分)}{10}$$

$$=\frac{51+2\times3}{10}=\frac{51+6}{10}=\frac{57}{10}=5.7$$

RDI可用于评估一般的心肺适能，或者与年龄和身高相结合，通过以下公式估算绝对最大摄氧量（升/分）。

男

$$绝对最大摄氧量 = -0.0309 \times 年龄（岁）+ 4.533 \times \frac{身高（厘米）}{100} - 0.0864 \times RDI - 3.228$$

$$绝对最大摄氧量 = -0.0309 \times 年龄（岁）+ 4.533 \times 身高（英寸）\times 0.0254 \\ - 0.0864 \times RDI - 3.228$$

女

$$绝对最大摄氧量 = -0.0309 \times 年龄（岁）+ 4.533 \times \frac{身高（厘米）}{100} - 0.0864 \times RDI - 3.788$$

$$绝对最大摄氧量 = -0.0309 \times 年龄（岁）+ 4.533 \times 身高（英寸）\times 0.0254 \\ - 0.0864 \times RDI - 3.788$$

例如，一名28岁男性，RDI为6.7，身高为68英寸，计算其绝对最大摄氧量。

$$绝对最大摄氧量 = -0.0309 \times 28岁 + 4.533 \times 68英寸 \times 0.0254 - 0.0864 \times 6.7 - 3.228$$

$$绝对最大摄氧量 \approx -0.865 + 7.829 - 0.579 - 3.228 \approx 3.16升/分$$

然后可以利用以下公式之一将绝对最大摄氧量转换为相对最大摄氧量［毫升/（千克·分）］。

$$相对最大摄氧量［毫升/（千克·分）］= \frac{绝对最大摄氧量（升/分）}{体重（千克）} \times 1000$$

$$相对最大摄氧量［毫升/（千克·分）］= \frac{绝对最大摄氧量（升/分）}{体重（磅）\div 2.2} \times 1000$$

例如，一名男性的体重为79.4千克，绝对最大摄氧量为3.16升/分，计算其相对最大摄氧量。

$$相对最大摄氧量［毫升/（千克·分）］= \frac{3.16（升/分）}{79.4千克} \times 1000$$

$$\approx 0.03980 \times 1000$$

$$= 39.80毫升/（千克·分）$$

研究笔记

在45秒深蹲测试过程中直接测量耗氧量，该结果比静息能量消耗高约6倍。这相当于体能较差的个体的剧烈运动强度，体能较好的个体的中等运动强度[51]。研究显示，RDI值与健康个体的最大摄氧量[51]及英式橄榄球运动员在45秒深蹲测试恢复期间的血流量均相关[44]。虽然运动员的RDI值较低（如男性英式橄榄球运动员为2.5），但RDI所估算出的心肺适能的准确性可能有限，因为体能较差的个体往往被高估，而体能非常好的个体会被低估[3, 44, 51]。

一项研究调查了3种不同的体力活动干预训练（均持续2周）：基于移动设备的计步应用程序、基于移动设备的训练和基于健身房的监督训练课程，参与这些干预训练的个体的RDI值均降低（表明心肺适能可能有所改善）[49]。

标准数据

一般而言，RDI值较低表示心肺适能较好，而RDI值较高表示心肺适能较差。有建议[51]中提出，RDI值小于或等于5代表心肺适能水平良好，6~10代表一般，大于或等于11则代表差。如果要计算最大摄氧量的估计值，则可以使用图9.41（男性）和图9.42（女性）所示的标准数据。

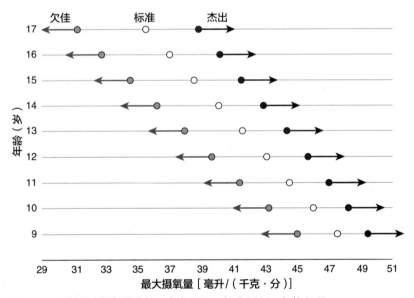

图9.41 男性最大摄氧量分级：杰出75%；标准50%；欠佳25%
（数据源自本章文献[4]。）

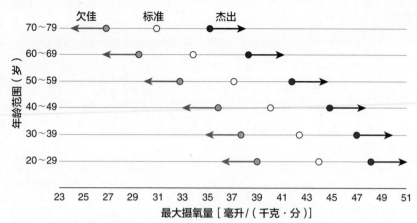

图9.42 女性最大摄氧量分级：杰出 75%；标准 50%；欠佳 25%（数据源自本章文献[4]。）

第10章

监测训练

第2部分中的大多数评估旨在用作基准评估或定期跟进（再测试）的一部分，以确定训练计划或其他干预措施的效果。执行全面的测试既耗时又让人非常疲劳，因此测试只能每几个月进行一次，过于频繁是不现实的。然而，教练或健身专业人员需要不断观察其客户或运动员，并每天或每周调整训练计划，以最大限度地提高客户或运动员的运动表现水平，并最大限度地降低受伤风险，这一过程称为监测。训练监测工具有助于教练或健身专业人员将测试结果与常见值或特定阈值进行比较（例如，与之前的测试或基准相比，变化超过5%~10%），从而评估运动表现的改善趋势，确定客户或运动员是已进入了训练的稳定期，还是出现了积极训练适应或消极训练适应状态。

例如，心率测量可以作为衡量运动强度的指标及评估客户或运动员对运动的反应的手段，这两项用途对于监测训练可能都特别有用。体重维持、水合状态和液体流失后的补充都是可以在训练课前后监测的因素。

除了这些生理因素外，监测训练负荷和身体准备情况可以明确了解客户或运动员的训练适应状态。外部训练负荷（客户或运动员完成的训练活动）和内部训练负荷（客户或运动员对训练活动的反应）的平衡与否会对训练负荷造成影响[21, 37]。图10.1所示为外部和内部训练负荷的平衡决策矩阵。值得注意的是，训练负荷类型的不平衡可能代表着正适应（高外部训练负荷、低内部训练负荷）或负适应（低外部训练负荷、高内部训练负荷）[21]。若两个类别均为低值表明需要进行更激进的训练，而两个类别均为高值则表明需要降低训练的激进程度。

身体准备情况是指客户或运动员在特定日期参与训练活动的能力[21, 37]。训练负荷和身体准备都必须考虑到客户或运动员对训练过程的耐受性，这被称为主观健康感知[21, 37]。

图10.2所示为主观健康感知和身体准备情况及主观健康感知和训练负荷的平衡决策矩阵。训练负荷和主观健康感知的失衡表明可能需要修改训练计划，两个类别均为高值表示训练环境稳定，两个类别均为低值可能表明问题出在训练计划之外[21]。身体准备情况和主观健康感知的失衡可能表明需要做额

外的身体准备（主观健康感知程度高、身体准备水平低）或心理准备（主观健康感知程度低、身体准备水平高）。两个类别均为高值

表示训练环境稳定，两个类别均为低值则可能表明需要额外的恢复或替代干预措施[21]。

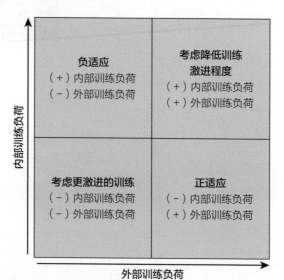

图10.1 外部和内部训练负荷的平衡决策矩阵
［源自：T. J. Gabbett, G. P. Nassis, E. Oetter, et al., "The Athlete Monitoring Cycle: A Practical Guide to Interpreting and Applying Training Monitoring Data," *British Journal of Sports Medicine* 51 (2017): 1451-1452. ］

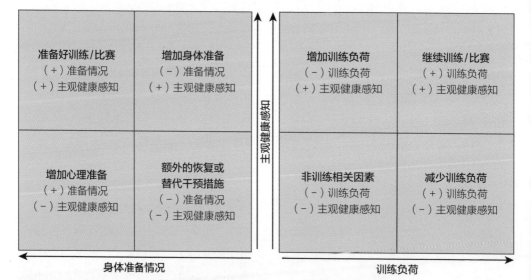

图10.2 主观健康感知和身体准备情况及主观健康感知和训练负荷的平衡决策矩阵
［源自：T. J. Gabbett, G. P. Nassis, E. Oetter, et al., "The Athlete Monitoring Cycle: A Practical Guide to Interpreting and Applying Training Monitoring Data," *British Journal of Sports Medicine* 51 (2017): 1451-1452. ］

决策矩阵所提供各部分的信息只是建议，必须结合教练或健身专业人员的直觉判断、专业准备及运动项目或活动的专业知识为客户或运动员指导。

除了身体指标外，本章还提供了对外部训练负荷、内部训练负荷、主观健康感知和身体准备情况的评估方案，并且可以通过使用训练日志收集大部分训练监测数据。

本章介绍的评估如下。

- 心率测量[26]。
- 体重维持和水合状态[1]。
- 液体流失评估[36]。
- 外部训练负荷[21, 34, 37]。
- 内部训练负荷[21, 37]。
- 主观健康感知[21, 37]。
- 身体准备情况[21, 37]。

心率测量

目的

　　心率（Heart Rate, HR）用于衡量多个生理系统的平衡与否和身体当前的状态，包括身体运动后的恢复能力和对运动的适应能力。

背景和方法

　　不同个体的心率值差异非常大，静息心率通常为每分钟60~80次。女性的静息心率通常比男性高，而12岁以下儿童的静息心率通常高于成年人。为了最大限度地减少与训练无关的每日心率波动，需要使测试条件标准化，因为许多环境、饮食、生理和心理因素都会影响静息心率。此外，一些药物对静息心率和运动心率也会有直接或间接的影响。

　　中指和食指一起在要测量的动脉附近轻微施加压力，以找到客户或运动员的脉搏。桡动脉位于腕部，在拇指和手掌交叉处（见图10.3a），而颈动脉位于颈部，在喉咙的侧面和下颚下面（见图10.3b）。拇指本身有脉搏，不应使用拇指来进行心率测量。

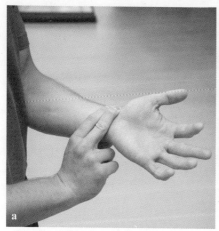

图10.3　a. 桡动脉；b. 颈动脉的位置

　　在找到脉搏之后，数出在预定时间段内感觉到的心跳次数（静息心率的测量时间应为15~60秒，运动心率或运动后心率的测量时间则应小于15秒，以获得实时值）。启动计时装置时，将数到的第1次心跳计为0；然而，如果使用的计时装置是持续运行的（即圈数计时器或壁挂式时钟），则将数到的第1次心跳计为1。

　　静息心率测量应在以坐姿或卧姿休息5~10分钟后完成。运动心率和运动后心率的测量应尽可能在运动刚结束时或在指定时间内完成，以尽量减少恢复的影响。可将脉搏计数代入表10.1中所示的公式来计算心率。

表10.1　脉搏计数转换公式，用于计算静息和运动心率（单位为次/分）

运动		6秒脉搏计数	×	10	=	心率
		10秒脉搏计数	×	6	=	心率
	静息	15秒脉搏计数	×	4	=	心率
		30秒脉搏计数	×	2	=	心率
		60秒脉搏计数	×	1	=	心率

替代或修改方案

心率监测器有很多种，可以使用胸带、佩戴在手臂或腕部的设备连续测量心率，并同步将数据传输到手表或移动应用程序上。

了解客户或运动员的最大心率，就可以对运动强度进行更合理的评估，并明确特定评估何时到达适当的停止点（例如，在次极量测试过程中的停止点约为达到最大心率的85%）。虽然最好在强度逐渐增加至最大努力程度的运动评估（例如第9章中介绍的20米多阶段折返跑测试或Yo-Yo间歇恢复测试）中进行最大心率的实际测量，但是，可以使用以下公式之一计算按年龄预测的最大心率[56a]。

按年龄预测的最大心率（次/分）=220 – 年龄（岁）

按年龄预测的最大心率（次/分）=208- [0.7 × 年龄（岁）]

研究笔记

运动后心率恢复到静息水平的速度在接受训练后会有所改善，并且经过训练的人比未经训练的人恢复得更快[4, 14]。心率作为训练过程中的监测工具，其有效性可能取决于训练计划的时长及其测量方法[7]。较短的训练期（<2周）可使静息心率发生明显变化，而较长的训练期（>2周）可使次极量运动心率发生明显变化，并且较短和较长的训练期都会让极量运动心率发生变化。此外，建议将心率指标与其他监测工具结合使用，以便教练或健身专业人员更好地了解如何使客户或运动员应对训练计划的压力[8]。

应用示例

以下是两个应用示例。

场景1　某客户或运动员30岁，30秒静息脉搏计数为27次，请确定其静息心率和按年龄预测的最大心率（使用两个公式），单位为次/分。

静息心率 = 27次 × 2=54次/分

按年龄预测的最大心率 = 220-30岁 =190次/分

按年龄预测的最大心率=208-0.7 × 30岁 =187次/分

场景2　某客户或运动员22岁，10秒运动脉搏计数为25次，请确定其运动心率和按年龄预测的最大心率（使用两个公式），单位为次/分。

运动心率 = 25次 × 6=150次/分

按年龄预测的最大心率=220-22岁 =198次/分

按年龄预测的最大心率=208-0.7 × 22岁 ≈ 193次/分

体重维持和水合状态

目的

体重变化可用于衡量水合状态。

背景和方法

使运动中的液体流失和液体摄入达到平衡是训练和比赛的关键考虑因素。相应地，已经有证据显示随时间流逝而加重的脱水可能会对运动表现和认知功能产生负面影响[32, 39]。要确定水合状态，最直接的方法就是频繁地测量体重，这一方法适用于客户或运动员没有特意减重或增重及液体摄入量保持不变的情况。可以使用第4章介绍的方案，计算3次连续测量体重的结果的平均值，即得到稳定的正常体重。随后，体重的每日变化应相差不超过1%；如果变化大于2%，尤其当这种变化由脱水造成时，就是值得关注的情况[1, 12]。以下公式可用于计算各次测量之间的体重变化百分比（或与稳定的正常体重进行对比）。

$$体重变化百分比 = \frac{第2天体重 - 第1天体重}{第1天体重} \times 100\%$$

$$体重变化百分比 = \frac{测量的体重 - 正常体重}{正常体重} \times 100\%$$

水合状态也可以通过检查尿液的颜色来确定。这种简单的评估可以由客户或运动员自行完成，客户或运动员在透明容器中收集尿液样本，并在白色背景下将其颜色与市售色卡进行比较[1]。1~3级的尿液颜色表明水合状态良好（接近非常浅的黄色）；7~8级的颜色（更接近绿色）表示重度脱水。如果在一天中多次发现尿液颜色较深，则客户或运动员应该在第2天中定时地饮用更多水，直到尿液恢复到浅黄色。但是，液体摄入不应过量或一次性摄入当天的全部饮水量，因为体液中钠浓度不足会导致严重的并发症（这种状态被称为低钠血症），这可能会导致若干健康问题并需要住院治疗。有些水果和蔬菜、维生素和药物，以及剧烈的运动都会导致尿液变色，因此在评估水合状态时，需要考虑客户或运动员的饮食或训练方案在近期是否有变化。

替代或修改方案

为了进一步简化水合状态的评估过程，省却购买容器和处理尿液的麻烦，客户或运动员也可以直接观察尿线的颜色[28]或在排尿后观察马桶中尿液的颜色。但是，这些方法可能不够准确。

研究笔记

对于在竞赛中按体重划分级别的运动项目来说，脱水是一个重要的问题。在准备比赛期间，运动员常常会减掉2%~5%，甚至高达10%的体重[19]。在对摔跤、跆拳道和拳击项目的运动员进行评估后发现，运动员在充分水合状态和在严重脱水状态时的尿液颜色存在显著差异[17]。

在大多数运动环境中，水合状态的重要性都显而易见。例如，一项关于在典型水合状态（尿液颜色等级为2）和脱水状态（尿液颜色等级为4）下的高尔夫球手的研究表明，在限制液体摄入进而导致体重减少1.5%后，球手使用不同球杆（5号、7号和9号铁杆）的击球距离缩短且准确性下降[44]。

应用示例

以下是两个应用示例。

场景1

某客户或运动员目前的体重为76.5千克，其稳定的正常体重为78千克，请确定其体重变化百分比。

$$体重变化百分比 = \frac{76.5千克 - 78千克}{78千克} \times 100\% \approx -1.92\%$$

场景2

某客户或运动员今天的体重为112磅，其昨天的体重为112.5磅，请确定其体重变化百分比。

$$体重变化百分比 = \frac{112磅 - 112.5磅}{112.5磅} \times 100\% \approx -0.44\%$$

液体流失评估

目的

液体流失评估用于衡量训练课的水合需求。

背景和方法

客户或运动员在训练课过程中可能会损失不同的液体量，其中排汗率、运动持续时间、运动强度和环境因素（即热度和湿度）都会改变其对补充水分的需求。因此，教练或健身专业人员制订补液指南时，可以选择跟踪客户或运动员的液体摄入量和汗液流失量。

在训练课之前，要求客户或运动员上洗手间，并且如果可能，在完成运动后的测量之前不要再上洗手间。按照第4章列出的方法测量客户或运动员的初始体重（磅或千克）。记录训练课过程中可能饮用的任何饮料的初始体积（盎司*或毫升）。继续进行训练，确保客户或运动员仅用先前测量过的容器饮用饮料。训练结束后，要求客户或运动员擦去皮肤上的所有汗液，并记录运动后体重（磅或千克）。从初始饮料体积中减去余下饮料的体积，就可以确定客户或运动员在训练课中的饮用量，然后可以使用以下公式之一计算液体流失。

液体流失（毫升）=［初始体重（千克）-最终体重（千克）］×1000+
初始饮料体积（毫升）-最终饮料体积（毫升）

液体流失（盎司）=［初始体重（磅）-最终体重（磅）］×15.34+
初始饮料体积（盎司）-最终饮料体积（盎司）

在接下来的8~12小时内，客户或运动员的液体摄入量应该是计算出的在训练课中的液体流失量的1~1.5倍。更简单地说，每损失1千克体重，应摄入1.5升液体。

替代或修改方案

如果客户或运动员在持续时间较短的训练课中不打算补充水分，则可以将液体流失的计算简化为仅考虑初始体重和最终体重的差值。对于持续时间较长的训练课，可能需要跟踪尿液量并从液体流失公式中减去尿液量。

如果要测量训练课的持续时间，则可以使用以下公式计算客户或运动员的排汗率。

$$排汗率（毫升/分或盎司/分）=\frac{液体流失（毫升或盎司）}{训练课持续时间（分钟）}$$

由于每个客户或运动员的排汗率都不一样，因此该值可用于确定在不同时间长度的训练课中不同个体应摄入多少液体。方法很简单，只需用排汗率乘以训练课的预期时长。

特定运动项目的排汗率是很难确定的，因为液体平衡和脱水风险受多种因素影响，包括高强度运动的频率、液体的提供和饮用机会及环境条件[43]。因此，图10.4为团队项目的运动员提供了排汗率范围。请注意，以毫升/分为单位计算的排汗率必须乘以60分钟并除以1000毫升，才可以与以升/小时为单位报告的排汗率进行比较；或乘以60

---

* 1盎司约为29.6毫升，余同。

分钟并除以体重（以千克为单位），再与以毫升 /（千克·小时）为单位报告的排汗率进行比较。

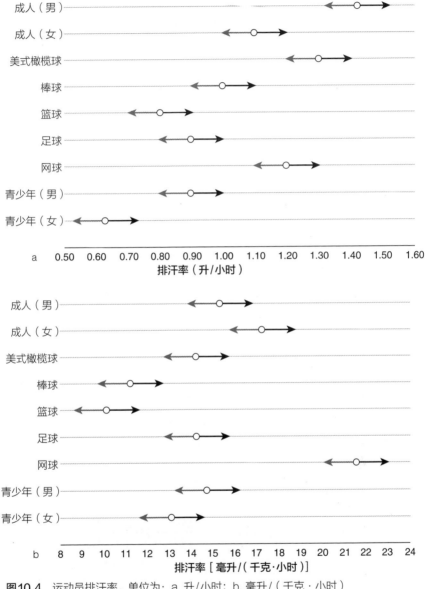

图10.4 运动员排汗率，单位为：a. 升/小时；b. 毫升/（千克·小时）
（数据源自本章文献[1a]。）

研究笔记

高温和潮湿的环境更需要关注液体平衡。在炎热气候条件下（温度为29.5摄氏度，相对湿度为78%）进行常规的90分钟训练后，尽管保持了其日常的液体摄入习惯，但男女青少年柔道运动员的液体仍流失600~1200毫升[50]，其排汗率为6.7~13.3毫升/分。大多数运动员可在24小时内恢复其在训练课中减少的体重；然而，在此期间仍有一些人出现脱水症状，如口渴和头痛。

在较温和的气候条件下，液体平衡也是一个需要考虑的问题。在凉爽的环境（温度为9.8摄氏度，相对湿度为63%）中进行90分钟的训练后，女青少年足球运动员的体重减少了0.84%（液体流失约1150毫升），排汗率为11.5毫升/分，这表明个体未摄入足够的液体并且出现轻度脱水症状[23]。研究人员还指出，训练过程中的体重减少量差异很大，有些球员的体重减少超过2%（从而增加了他们在连续训练课中更频繁地出现更严重的脱水相关症状的风险）。

应用示例

以下是两个应用示例。

场景1

某客户或运动员在训练前的体重为73千克，训练后的体重为72千克。他准备了500毫升的饮料，在90分钟的训练课后剩下300毫升。他的液体流失量的计算过程如下。

液体流失（毫升）=（73千克−72千克）×1000+（500毫升−300毫升）=1200毫升

该客户或运动员应在未来8~12小时内饮用1200~1800毫升的液体。他的排汗率的计算过程如下。

$$排汗率（毫升/分）=\frac{1200毫升}{90分钟} \approx 13.3毫升/分$$

如果以后在类似的环境条件下进行仅持续60分钟的训练，则客户或运动员可能需在运动时饮用798毫升液体（60分钟×13.3毫升/分），以维持其运动前的体重。

场景2

某客户或运动员在训练前的体重为120磅，训练后的体重为118.5磅。她准备了32盎司的饮料，在45分钟的训练课后剩下28盎司。她的液体流失量的计算过程如下。

液体流失（盎司）=（120磅−118.5磅）×15.34+（32盎司−28盎司）≈ 27盎司

该客户或运动员应在未来8~12小时内饮用27~40.5盎司液体。她的排汗率的计算过程如下。

$$排汗率（盎司/分）=\frac{27盎司}{45分钟}=0.6盎司/分$$

如果以后在类似的环境条件下进行持续75分钟的训练，则客户或运动员可能需在运动时饮用45盎司液体（75分钟×0.6盎司/分），以维持其运动前的体重。

外部训练负荷

目的

外部训练负荷用于衡量训练课给身体造成的压力。

背景和方法

外部训练负荷的评估取决于客户或运动员参与的运动项目或活动，并且通常按训练量或强度来衡量，或者同时衡量这两个因素。训练量可简单地计算为完成的重复次数（举重、冲刺、间隔、跳跃等）、所移动的距离或训练课的持续时间。本书讨论的定义和计算均基于阻力训练。

训练量为在阻力训练课中完成动作的总重复次数。

$$训练量（重复次数）=组数 × 重复次数$$

然而，为了更清楚地衡量真正的外部训练负荷，通常用总重复次数乘以特定练习所推举的重量，以计算出训练量负荷（Volume Load, VL）[35]。

$$VL（千克或磅）=组数 × 重复次数 × 负荷（千克或磅）$$

如果在一节训练课中安排几个不同的练习（具有特定的组数、重复次数和负荷量），则针对每个练习单独计算VL，然后全部累加，得出训练课的总VL。

$$总VL（千克或磅）=练习A的VL（千克或磅）+练习B的VL（千克或磅）$$

训练强度可以量化为个人最大强度的百分比，以心率、速度、力量或功率等表示。在阻力训练课期间，也可以使用以下公式计算每次重复所推举的平均重量[56]，该值即为训练强度。

$$训练强度（千克/次或磅/次）=\frac{总VL（千克或磅）}{总重复次数}$$

测量训练强度的另一种方法以练习之间的休息时间为基础，得到运动密度[34]。继续以阻力训练为例，用VL除以各组之间的总休息时间来计算运动密度（注意：最后一组练习后的休息时间不计算在内）。此计算可以区分训练量负荷相近的两种训练课：运动密度较大，则休息时间较短；而运动密度较小，则休息时间较长。

$$运动密度（千克/秒或磅/秒）=\frac{总VL（千克或磅）}{组间休息总时间（秒）}$$

替代或修改方案

来自可穿戴设备的实时心率监测和全球定位系统（GPS）数据可在整节训练课中提供反馈，以帮助测量外部训练负荷。具体而言，该信息可用于确定客户或运动员在特定强度范围内（例如，最大心率、速度或功率输出的百分比范围）的训练时长。许多心率监测设备和GPS设备本身也具有外部训练负荷测量功能。设备和移动应用程序可用于测量在特定推举运动过程中的总功和杠铃的速度（或身体、几乎所有器材的移动速度），可以将这些数据与最大值或标准数据进行比较。

研究笔记

有证据表明，当一个人可以自己选择练习而不是进行规定的练习时，在为期9周、每周3节训练课的阻力训练计划中，其训练量负荷更大[49]。这研究结果对于阻力训练计划期间与训练量负荷有关的肌肉力量和肌肉大小的变化可能有重要意义[47]。

一项阻力训练计划旨在增强肌肉力量（5组，每组5次重复，使用5RM，组间休息180秒），另一个计划旨在增加肌肉围度（3组，每组10次重复，使用10RM，组间休息60秒），两者在完成的重复次数上存在差异，但训练量负荷没有差异[34]。有趣的是，肌肉力量计划的训练强度更大，但肌肉围度计划的运动密度更大。但是，只有运动密度和完成的重复次数这两者与训练引起的整体代谢压力有关。

应用示例

以下是两个应用示例。

场景1

某客户或运动员完成的训练课包括5组练习，每组5次重复，使用150磅负荷进行深蹲练习，使用110磅负荷进行卧推练习，组间休息时间为180秒。外部负荷各指标的计算过程如下。

$$深蹲VL= 5组 \times 5次重复/组 \times 150磅 = 3750磅$$
$$卧推VL= 5组 \times 5次重复/组 \times 110磅 = 2750磅$$
$$总VL= 3750磅（深蹲VL）+2750磅（卧推VL）=6500磅$$

$$训练强度 = \frac{6500磅（总VL）}{25次（深蹲）+25次（卧推）} = 130磅/次$$

$$运动密度 = \frac{6500磅（总VL）}{9次休息 \times 180秒/次} \approx 4.0磅/秒$$

场景2

某客户或运动员完成的训练课包括3组练习，每组10次重复，使用80千克负荷进行深蹲练习，使用60千克负荷进行卧推练习，组间休息时间为60秒。外部负荷各指标的计算如下。

$$深蹲VL=3组 \times 10次重复/组 \times 80千克 = 2400千克$$
$$卧推VL=3组 \times 10次重复/组 \times 60千克 = 1800千克$$
$$总VL=2400千克（深蹲VL）+1800千克（卧推VL）=4200千克$$

$$训练强度 = \frac{4200千克（总VL）}{30次（深蹲）+30次（卧推）} = 70千克/次$$

$$运动密度 = \frac{4200千克（总VL）}{5次休息 \times 60秒/次} = 14千克/秒$$

内部训练负荷

目的

内部训练负荷提供衡量客户或运动员对训练课反应的指标。

背景和方法

客户或运动员对训练课的主观感受提供了一种以非侵入方式测量内部训练负荷的方法，否则需要使用先进的可穿戴技术、血液样本或进行耗氧量分析才能确定内部训练负荷。

在主观衡量内部训练负荷时，重要的是让客户或运动员清楚地了解量表，包括其定义、评分系统、最高和最低锚定值的含义，以及关于评分的其他细节，让客户或运动员准确区分（然后选择）量表中的值。同样重要的是，客户或运动员应明白不存在正确或不正确的答案，因为该信息是个体特有的。此外，应鼓励客户或运动员，让他们提供关于内部训练负荷的真实描述。

主观用力（Rating of Perceired Exertion, RPE）量表的评分通常用于评估客户或运动员在训练课中的主观用力程度[16]。RPE量表通常用于评估整个身体的用力程度，包括生理（即肺和所涉及的肌肉）和心理的组成部分。RPE量表有若干个变体，但是大多数都用0或1表示不用力或什么都不做，不同量表的最高分则有所不同，但都表示最大的努力或不能继续锻炼。图10.5所示为10分制的RPE量表示例。

可以在训练课中以合理的间隔记录RPE值，例如在转换练习或在组间休息时记录。在可能的情况下，RPE应与运动心率一起使用，以提供关于内部训练负荷的多维视图及主观和客观的综合反馈。

图10.5 RPE量表示例

此外，应将教练或健身专业人员在训练计划中设计的预期RPE值与客户或运动员在训练课中提供的实际RPE值进行比较，这是一种有效的监测方式，可以为训练的调整提供指导。

教练或健身专业人员还可以要求客户或运动员提供描述整节训练课或比赛的RPE值（称为训练课RPE），用该值乘以活动的持续时间或完成的重复次数，就可以确定训练课负荷[18]，计算公式如下。

训练课负荷（任意单位）=训练课RPE × 活动的持续时间（分钟）

训练课负荷（任意单位）=训练课RPE × 重复次数

计算出训练课负荷就可以对持续时间不同或包含不同重复次数的训练课进行比较，在这些训练中客户或运动员报告的RPE值相近。

尽管RPE量表最初旨在评估整个身体的用力程度，但它也可用于评估不同肌群或身体区域的发力程度。其中一种方法是向客户或运动员提供解剖图，并要求客户或运动员提供特定肌肉的RPE值，以确定训练活动或比赛的主观用力感要求[42]。图10.6所示为带有标记的解剖图，图10.7所示为空白的用于记录肌群RPE值的模板。

监测训练课内的恢复至关重要，可以使用主观准备情况感知量表来量化客户或运动员对继续训练准备程序的自我评价[15]。可以在各组练习或间隔之间记录主观准备情况感知分数，最低分1为"完全恢复"或"能够以最大强度运动"，最高分7为"精疲力竭"或"无法运动"（见图10.8）。总之，RPE量表和主观准备情况感知量表提供的信息有助于教练或健身专业人员在训练课中合理制订工作休息比。

替代或修改方案

博格（Borg）提出的原始RPE量表的评分范围是6~20[6]，评分乘以10后就与运动期间的典型心率反应相对应（即6×10=60次/分，该结果表示静息心率；20×10=200次/分，该结果表示最大心率）。10分制RPE量表也被扩展为100分制量表[5]，这可能更直观，因为它可以表示为最大用力程度的百分比。

研究笔记

在阻力训练期间使用RPE量表已被证明与负荷强度（即一次重复最大力量的百分比）有关，而训练课RPE则被建议用于监测各种活动和运动项目的训练[24, 54]。

在整个赛季中，精英足球运动员报告比赛期间的训练课负荷（约600个任意单位）明显高于比赛日之后的训练（<50个任意单位，包括恢复干预）及正常训练日的负荷（200~300个任意单位）[57]。作为训练量递减的衡量指标，在比赛前3天内，训练课负荷每天减少大约60个任意单位[57]。相反，精英男子击剑运动员报告的训练课负荷则是训练高于比赛，训练包括步法（约93个任意单位）和对练（约525个任意单位），比赛包括初赛或小组赛（约31个任意单位）、淘汰赛（约137个任意单位）[59]。

据报告，古典摔跤运动员在世界锦标赛期间的平均整体RPE值为13.8（使用博格6~20量表），并且前臂屈肌、三角肌和肱二头肌的肌群RPE值最高，该运动项目主要依赖于上半身力量，RPE值结果与运动项目特点相符[42]。另外，在6周内完成12节走扁带（即行走于固定在两点之间的聚酯带之上，保持身体平衡）训练课的人表示平均整体RPE值为8.3（使用博格6~20量表），并且腓肠肌、腘绳肌、比目鱼肌、股四头肌、腰伸肌和胫骨前肌的肌群RPE值最高。下半身肌肉和控制姿势的肌肉对此类活动最重要，RPE结果与活动特点相符[51]。

美国大学生体育协会一级冰球运动员在赛季前和赛季后的测试中要在无动力跑步机上完成重复冲刺评估，包括5次45秒冲刺，每次冲刺后有90秒的恢复期，这些冲刺旨在模拟变线[30]。与赛季前的测试结果相比，运动员在赛季后的测试中所报告的第4次和第5次冲刺之前的主观准备情况感知分数较低，并且第3次、第4次和第5次冲刺后的RPE值下降[30]。在重复冲刺评估中，主观准备情况感知和RPE评分均显示出与运动表现变量的相关性，这些变量包括平均功率和下降百分比[30]。

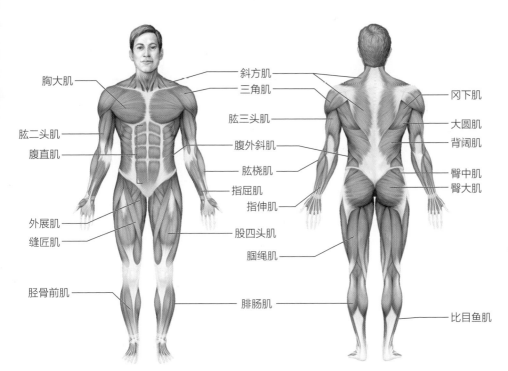

图10.6 标记了特定肌群的解剖图

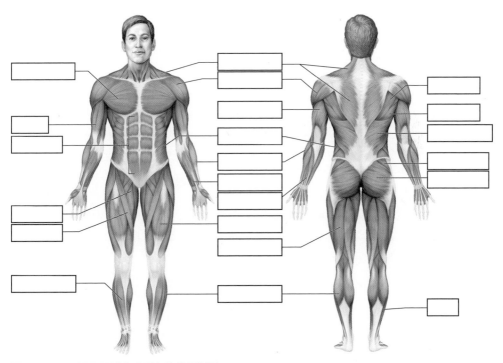

图10.7 用于记录肌群主观用力值的解剖图

[源自：D. Fukuda, *Assessments for Sport and Athletic Performance* (Champaign, IL: Human Kinetics, 2019).]

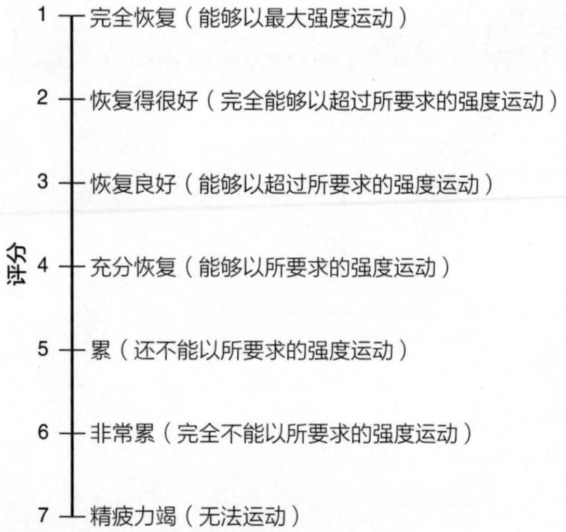

1 — 完全恢复（能够以最大强度运动）

2 — 恢复得很好（完全能够以超过所要求的强度运动）

3 — 恢复良好（能够以超过所要求的强度运动）

评分 4 — 充分恢复（能够以所要求的强度运动）

5 — 累（还不能以所要求的强度运动）

6 — 非常累（完全不能以所要求的强度运动）

7 — 精疲力竭（无法运动）

图10.8 主观准备情况感知量表

应用示例

以下是3个应用示例。

场景1

足球运动员在90分钟的训练课后报告训练课RPE为4（使用1~10分量表），请确定其训练课负荷。

训练课负荷＝训练课RPE（4）×90分钟＝360任意单位

场景2

柔道运动员在5分钟的比赛后报告训练课RPE为8（使用1~10分量表），请确定其训练课负荷。

训练课负荷＝训练课RPE（8）×5分钟＝40任意单位

场景3

运动员在完成50次重复的训练课后报告训练课RPE为7（使用1~10分量表），请确定其训练课负荷。

训练课负荷＝训练课RPE（7）×50次重复＝350任意单位

主观健康感知

目的

主观健康感知指标用于衡量客户或运动员对训练过程的耐受程度。

背景和方法

尽管主观健康感知和内部训练负荷都由客户或运动员提供主观测量数据，但主观健康感知旨在确定训练活动对客户或运动员的生活产生的更广泛的影响，而不仅仅是对给定训练课中完成的活动的影响。

主观健康感知指标的范围从单一重点指标（如肌肉酸痛感或恢复）到涵盖客户或运动员生活若干个不同方面的健康状况指标。有一种方法是让客户或运动员对整体睡眠质量、肌肉酸痛感、压力水平和疲劳水平进行主观评估，汇总各项个人评分，得出一个指数（当使用1~7评分量表时，称为Hooper指数）[27]。图10.9所示为健康状况调查问卷的示例，评分越高，主观健康感知越强。这种方法的价值在于教练或健身专业人员可以审查各所选类别的单独评分和总体评分，还可以将其与其他监测因素进行比较，以确认当前训练计划的合理性或修改当前训练计划。

我们可以使用主观健康感知测量工具来评估个人的主观恢复状态感知（在短暂的热身之后），以确定其在即将进行的训练课中的运动表现潜力[31]。图10.10所示为主观恢复状态感知量表，其中0代表恢复得非常差或感到极度疲倦，10代表恢复得非常好或感到精力充沛[31]。相应地，主观评分为1~3分的客户或运动员的运动表现水平可能会下降，主观评分为3~7分的客户或运动员的运动表现水平则可能无较大变化，而主观评分为7~10分的客户或运动员的运动表现水平可能会有所提高，这3种预期分别与低、中、高的恢复程度相对应。

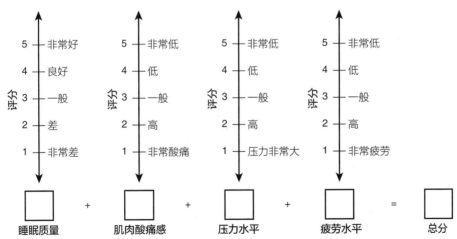

图10.9　健康状况：睡眠质量、肌肉酸痛感、压力水平和疲劳水平

[源自：D. Fukuda, *Assessments for Sport and Athletic Performance* (Champaign, IL: Human Kinetics, 2019).]

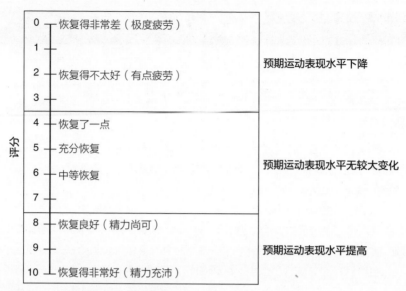

图10.10 主观恢复状态感知量表

除了标准化的数字评分量表以外，有时也会使用视觉模拟量表（Visual Analog Scales, VAS）来量化感知。VAS由预定长度（如100毫米）的线条表示，其中一端为最低分，而另一端为最高分[44]。可以通过这种方式监测延迟性肌肉酸痛（Delayed-Onset Muscle Soreness, DOMS）导致的疼痛程度，线条的左侧表示无疼痛，而线条的右侧表示无法忍受的疼痛[29]。要求客户或运动员在VAS上做出标记，以确定当前的整体疼痛程度。然后，沿着VAS线，计算标记长度相对于线条总长度（毫米）的比值，结果即为报告的疼痛程度，或者只需比较两次训练课的评分。图10.11所示为带有数字评分的VAS和肌肉酸痛感的参考图示。用于评估疼痛的VAS方法还可以延伸为评估先前训练课对某肌群的延迟效应的方法，其方式类似于对不同肌群或身体区域进行特定的主观用力感评分。

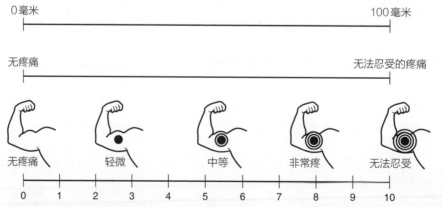

图10.11 视觉模拟量表（VAS）和修改后的带有数字评分的VAS和肌肉酸痛感的参考图示
[源自：M. McGuigan, *Monitoring Training and Performance in Athletes* (Champaign, IL: Human Kinetics, 2017), 92.]

替代或修改方案

主观健康感知指标有很多变体。例如，总体身体状况恢复量表涵盖了自我报告的营养和水合状态、睡眠和休息、放松和情感支持及拉伸和积极性休息的领域。图10.12所示的0~10评分量表中，0表示恢复得非常非常差，5表示合理的恢复，10表示恢复得非常非常好[37]。

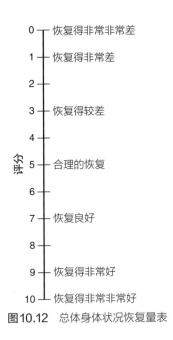

0 — 恢复得非常非常差

1 — 恢复得非常差

2 —

3 — 恢复得较差

4 —

评分

5 — 合理的恢复

6 —

7 — 恢复良好

8 —

9 — 恢复得非常好

10 — 恢复得非常非常好

图10.12　总体身体状况恢复量表

研究笔记

有证据表明，主观的健康感知指标反映了短期和长期训练进展的变化[52]。据报告，精英足球运动员的主观健康感知评分（包括自我报告的肌肉酸痛感、睡眠质量、疲劳水平、压力水平和精力水平）的下降导致其外部训练负荷变量（包括在训练中的高速跑动总距离和以最大速度跑动的次数）下降[33]。此外，精英足球运动员在比赛日的主观健康感知评分最高，在比赛后两天主观健康感知评分会急剧下降，然后评分会持续提高，直到下一场比赛开始[33]。

主观恢复状态感知评分已被证明与完成一系列高强度间歇性冲刺所需时间的变化有关，并且有助于预测个人后续表现水平的提高或下降[31]。据报告，在高容量阻力训练期间，主观恢复状态感知评分在48小时后下降（使用0~10量表，从8.6下降到4.2），并且它与肌酸激酶（肌肉损伤的血液标记物）显著相关[53]。有意思的是，精英足球运动员在夜间比赛之后报告的主观恢复状态感知评分（使用0~6量表，0表示完全没有恢复，6表示完全恢复）较低，评分约为1.9，而白天比赛后的评分约为3.5，训练日的评分约为4.5[20]。

在不同类型的阻力训练课的恢复过程中，使用VAS进行疼痛评分的结果也不同。

大训练量（8组，每组3次重复，强度为90%1RM的深蹲）对基准评分几乎没有影响[3]。另一方面，在之前接受过训练的男性中，在进行高强度训练（8组，每组10次重复，70%1RM深蹲）3天后评分显著上升[3]。

应用示例

以下是两个应用示例。

场景1

确定评分可能欠佳的客户或运动员的健康指数（见图10.13）。

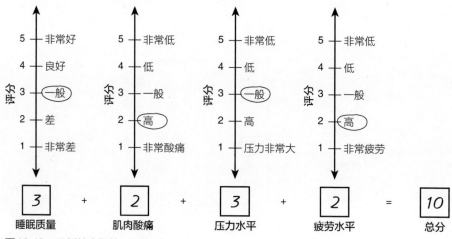

图10.13 示例健康指数：欠佳

确定评分可能最高的客户或运动员的健康指数（见图10.14）。

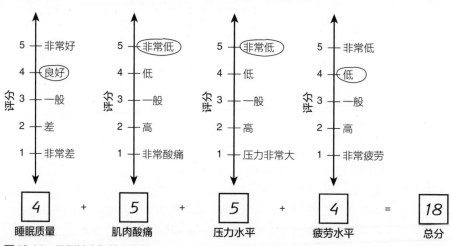

图10.14 示例健康指数：最佳

场景2

在训练课A后第2天报告的VAS评分。

在训练课B后第2天报告的VAS评分。

比较不同训练课后的疼痛VAS评分。

身体准备情况

目的

身体准备情况评估可以衡量客户或运动员是否为即将进行的训练课做好了准备。

背景和方法

身体准备情况评估通常是非疲劳性测试，可以在训练课之前快速完成。所选择的评估应该标准化，以便将评估结果与客户或运动员之前的结果进行比较或对一组客户或运动员的评估结果进行比较。此外，教练或健身专业人员可能需要依靠自己的专业知识和认知来确定每日身体准备情况变化达到多大幅度时需要修改训练计划。本节中衡量身体准备情况的两种方法为运动前爆发力或速度测试（与标准值进行比较）以及客户或运动员对次极量运动的心率反应。

使用爆发力或速度测试来确定身体准备情况，要将客户或运动员运动前的最大爆发力或速度与其之前测得的爆发力或速度进行比较，以评估标准能力的百分比。解释身体准备情况的公式因测试值而异，具体取决于运动表现的值是越高越好还是越低越好。对于跳高或爆发力，较低的值表示能力降低，使用以下公式。

$$标准能力的百分比 = \frac{测量的跳跃值}{标准跳跃值} \times 100\%$$

对于冲刺速度，较长的冲刺时间表示能力降低，使用以下公式。

$$标准能力的百分比 = \frac{标准的冲刺时间}{测量的冲刺时间} \times 100\%$$

一般而言，接近标准能力的测量值表明运动员为即将进行的训练课做好了更充分的身体准备。

第7章提供了多种爆发力评估。虽然大多数爆发力测试都适用于评估身体准备情况，但最直接的方法可能是基于距离的评估，例如纵跳、跳远或药球投掷等。类似地，使用第6章中提供的直线冲刺测试方案，短距离（通常≤30米）冲刺时间有助于进一步了解身体准备情况的日常变化[22, 40]。

次极量心率反应测试需要客户或运动员完成某项标准化训练且事先测量好客户或运动员在该标准化训练活动中的标准心率反应。评估还可以充当训练课之前的热身。可以简单地让客户或运动员以设定的次极量速度跑5分钟，例如9千米/小时，在测试后立即进行坐姿心率评估，并在恢复60秒后再次测量心率[9]。然后，使用以下公式计算绝对心率恢复。

$$绝对心率恢复（次/分）= 测试后的即时心率 - 恢复后心率$$

如果已知客户或运动员的最大心率，则可以将其作为参考，并且可以用5分钟心率（即进行5分钟次极量跑步之后的即时心率）除以最大心率，以确定客户或运动员的最大心率的百分比[10]，如下。

$$运动后心率（最大心率百分比）= \frac{5分钟心率}{最大心率} \times 100\%$$

使用以下参数值，可以预先录制一系列的哔声来设定5分钟次极量跑步过程中的跑步速度，或者使用计时系统指示客户或运动员在给定时间范围内移动特定距离。

9千米/小时　　　　　　　**5.6英里/小时**

20米/8秒　　　　　　　　　20码/7.3秒

50米/20秒　　　　　　　　 50码/18.3秒

100米/40秒　　　　　　　　100码/36.5秒

也可以使用跑步机，只需将其设定为所需速度。此外，还可以使用自行车，运动员以130瓦的功率在固定自行车上骑5分钟，蹬踏速度为每分钟85转[58]。

第9章中的一些次极量测试涉及在测试过程中测量运动心率，例如45秒深蹲测试和次极量划船测功仪测试；但是，大多数标准化的活动都可以在修改后应用于确定身体准备情况。一种常见的方法是使用Yo-Yo间歇性跑步1级（IR1）和2级（IR2）测试的次极量版本。Yo-Yo IR1测试的次极量版本只要求完成方案的前6分钟的活动（以14.5千米/小时这一速度完成阶段6），并在完成测试后立即以站姿测量心率，并在恢复90秒或120秒后再次测量[46]。然后，使用以下公式计算心率恢复的百分比。

$$心率恢复百分比 = \frac{第6分钟心率 - 恢复后心率}{第6分钟心率} \times 100\%$$

如果已知客户或运动员的标准最大心率，则可以将其作为参考，并且可以用第6分钟心率除以该值，以确定其最大心率百分比[38]，如下。

$$运动后心率（最大心率百分比）= \frac{第6分钟心率}{最大心率} \times 100\%$$

Yo-Yo IR2测试的次极量版本将每趟距离从标准的20米缩短为18米，并且只需完成方案的前4分钟的活动，完成测试后立即测量客户或运动员的站姿心率，并在恢复120秒或180秒后再次测量心率[60]。然后，使用以下公式计算心率恢复百分比。

$$心率恢复百分比 = \frac{第4分钟心率 - 恢复后心率}{第4分钟心率} \times 100\%$$

研究笔记

反向跳高度可用于在整个训练期间监测神经肌肉功能（注意，教练或健身专业人员应该采用几次跳跃的平均值，而不是单次最佳跳跃高度）[13]。例如，据报告，客户或运动员在进行为期6天的力量训练（约为最大负荷的93.6%）或高强度间歇训练（约为最大负荷的91.6%）后，反向跳高度都下降，然后在恢复3天后回到基准水平[48, 61]。足球运动员在比赛后24小时的反向跳高度下降与其在比赛中的突然变向次数有关，并且反向跳高度在3天监测期内并未回到基准水平[41]。青少年英式橄榄球运动员在7周比赛期内的反向跳高度持续下降（约为参考值的85.4%），表明其可能在10场比赛中累积了一定程序的疲劳[45]。反向跳高度的下降可能表明，与标准的、非疲劳的运动表现能力相比，客户或运动员的身体准备情况受到负面影响。

5分钟次极量跑步后的运动心率已经证明可区分心肺适能较强（第5分钟心率较低）和心肺适能较弱（第5分钟心率较高）的青少年足球运动员，而心率恢复则与重复冲刺表现显著相关[11]。

次极量Yo-Yo IR1测试的运动后心率以最大心率的百分比表示，该值已被证明与足球比赛期间的高强度跑动距离有关，较低的心率表示能够以较快速度跑动较远距离[2]。在赛季前，在次极量Yo-Yo IR1测试之后，足球运动员的心率测量值为每分钟176次，在整个常规赛期间，该值下降至每分钟166~169次[38]。这一发现恰好与以最大心率的百分比表示的运动后心率变化一致，运动后心率在赛季前约为97%，在比赛刚开始时下降到约87%，表明心肺适能在准备期间有所改善[38]。

应用示例

以下是5个应用示例。

场景1

某客户或运动员的标准的反向跳高度为82厘米，并且其在训练前的反向跳评估中的高度为78厘米，请计算该客户或运动员的最大跳跃高度的百分比。

$$标准能力的百分比=\frac{78厘米（测量的跳跃高度）}{82厘米（标准的跳跃高度）}\times100\%\approx95.1\%$$

在此场景中，该客户或运动员以其标准能力的95%的能力跳跃，这也可以被解释为比标准的跳跃高度低5%。

场景2

某客户或运动员的标准的30米冲刺时间为4.5秒，并且以4.8秒完成训练前的20米冲刺，请计算该客户或运动员的最大冲刺时间百分比。

$$标准能力的百分比=\frac{4.5秒（标准冲刺时间）}{4.8秒（测量的冲刺时间）}\times100\%\approx93.8\%$$

在此场景中，该客户或运动员的20米冲刺速度是其标准能力的93.8%，这也可以被解释为需要多6.2%的时间来移动所要求的距离。

场景3

已知某运动员的最大心率为每分钟202次，并且在以9千米/小时的速度跑步5分钟后，其即时心率值为每分钟172次，恢复60秒后的心率为每分钟118次，请计算该运动员的绝对心率恢复和最大心率的百分比。

$$绝对心率恢复=172次/分（5分钟心率）-118次/分（恢复后心率）=54次/分$$

$$运动后心率（最大心率的百分比）=\frac{172次/分（5分钟心率）}{202次/分（最大心率）}\times100\%\approx85.1\%$$

场景4

已知某运动员的最大心率为每分钟198次，并且在6分钟次极量Yo-Yo IR1测试后，其即时心率为每分钟170次，恢复90秒后的心率为每分钟105次，请计算该运动员的绝对心率恢复和最大心率的百分比。

$$心率恢复的百分比=\frac{170次/分（6分钟心率）-105次/分（恢复后心率）}{170次/分（6分钟心率）}\times100\%\approx38.2\%$$

$$运动后心率（最大心率的百分比）=\frac{170次/分（恢复后心率）}{198次/分（最大心率）}\times 100\% \approx 85.9\%$$

场景5

    某运动员在4分钟次极量Yo-Yo IR2测试后的即时心率为每分钟175次，恢复90秒后的心率为110次/分钟，请计算该运动员的心率恢复的百分比。

$$心率恢复的百分比=\frac{175次/分（4分钟心率）-110次/分（恢复后心率）}{175次/分（4分钟心率）}\times 100\% \approx 37.1\%$$

参考文献

第1章

[1] Armstrong, LE, Maresh, CM, Castellani, JW, Bergeron, MF, Kenefick, RW, LaGasse, KE, and Riebe, D. Urinary indices of hydration status. *Int J Sport Nutr* 4: 265–279, 1994.

[2] Armstrong, LE, Soto, JA, Hacker, FT, Jr., Casa, DJ, Kavouras, SA, and Maresh, CM. Urinary indices during dehydration, exercise, and rehydration. *Int J Sport Nutr* 8: 345–355, 1998.

[3] Australian Institute of Sport. AIS Sports Draft searches for future champions. 2015.

[4] Center for Community Health and Development. Assessing community needs and resources. Section 14. SWOT analysis: Strengths, weaknesses, opportunities, and threats. In *Community Tool Box*. Lawrence, KS: University of Kansas, 2017.

[5] David, FR. *Strategic Management: Concepts and Cases*. 13th ed. Upper Saddle River, NJ: Prentice Hall, 2011.

[6] Gonzalez–Badillo, JJ, and Sanchez–Medina, L. Movement velocity as a measure of loading intensity in resistance training. *Int J Sports Med* 31: 347–352, 2010.

[7] Hewett, TE, Ford, KR, Hoogenboom, BJ, and Myer, GD. Understanding and preventing ACL injuries: Current biomechanical and epidemiologic considerations—Update 2010. *N Am J Sports Phys Ther* 5: 234–251, 2010.

[8] Hewett, TE, Myer, GD, Ford, KR, Heidt, RS, Jr., Colosimo, AJ, McLean, SG, van den Bogert, AJ, Paterno, MV, and Succop, P. Biomechanical measures of neuromuscular control and valgus loading of the knee predict anterior cruciate ligament injury risk in female athletes: A prospective study. *Am J Sports Med* 33: 492–501, 2005.

[9] Johnson, CN. The benefits of PDCA: Use this cycle for continual process improvement. *Quality Progress* 35: 120–120, 2002.

[10] Lloyd, RS, and Oliver, JL. The youth physical development model: A new approach to long-term athletic development. *Strength Cond J* 34: 61–72, 2012.

[11] Lloyd, RS, and Oliver, JL. *Strength and Conditioning for Young Athletes: Science and Application*. New York: Routledge, 2013.

[12] Lloyd, RS, Oliver, JL, Faigenbaum, AD, Howard, R, De Ste Croix, MB, Williams, CA, Best, TM, Alvar, BA, Micheli, LJ, Thomas, DP, Hatfield, DL, Cronin, JB, and Myer, GD. Long–term athletic development, part 1: A pathway for all youth. *J Strength Cond Res* 29: 1439–1450, 2015.

[13] Maughan, RJ, and Shirreffs, SM. Dehydration and rehydration in competitive sport. *Scand J Med Sci Sports* 20 Suppl 3: 40–47, 2010.

[14] Meir, R, Diesel, W, and Archer, E. Developing a prehabilitation program in a collision sport: A model developed within English premiership rugby union football. *Strength Cond J* 29: 50–62, 2007.

[15] Meylan, C, and Cronin, JB. Talent identification. In *Strength and Conditioning for Young Athletes: Science and Application*. Lloyd, RS, Oliver, JL, eds. New York: Routledge, 19–32, 2013.

[16] Newell, KM. Constraints on the development of coordination. In *Motor Development in Children: Aspects of Coordination and Control*. Wade, MG, Whiting, HTA, eds. Boston: Martinus Nijhoff, 341–361, 1986.

[17] Philippaerts, RM, Vaeyens, R, Janssens, M, Van Renterghem, B, Matthys, D, Craen, R, Bourgois, J, Vrijens, J, Beunen, G, and Malina, RM. The relationship between peak height velocity and physical performance in youth soccer players. *Journal of Sports Sciences* 24: 221–230, 2006.

[18] Rampinini, E, Bishop, D, Marcora, SM, Ferrari Bravo, D, Sassi, R, and Impellizzeri, FM. Validity of simple field tests as indicators of match–related physical performance in top–level professional soccer players. *Int J Sports Med* 28: 228–235, 2007.

[19] Reilly, T, Williams, AM, Nevill, A, and Franks, A. A multidisciplinary approach to talent identification in soccer. *J Sports Sci* 18: 695–702, 2000.

[20] Rivera–Brown, AM, and De Felix–Davila, RA. Hydration status in adolescent judo athletes before and after training in the heat. *Int J Sports Physiol Perform* 7: 39–46, 2012.

[21] Stolberg, M, Sharp, A, Comtois, AS, Lloyd, RS, Oliver, JL, and Cronin, J. Triple and quintuple hops: Utility, reliability, asymmetry, and relationship to performance. *Strength Cond J* 38: 18–25, 2016.

[22] Suchomel, TJ, and Bailey, CA. Monitoring and managing fatigue in baseball players. *Strength*

Cond J 36: 39–45, 2014.

[23] Vaeyens, R, Lenoir, M, Williams, AM, and Phi-lippaerts, RM. Talent identification and development programmes in sport: Current models and future directions. *Sports Med* 38: 703–714, 2008.

[24] Wattie, N, Schorer, J, and Baker, J. The relative age effect in sport: A developmental systems model. *Sports Med* 45: 83–94, 2015.

[25] Weihrich, H. The tows matrix: A tool for situational analysis. *Long Range Planning* 15: 54–66, 1982.

[26] Wild, CY, Steele, JR, and Munro, BJ. Why do girls sustain more anterior cruciate ligament injuries than boys? A review of the changes in estrogen and musculoskeletal structure and function during puberty. *Sports Med* 42: 733–749, 2012.

[27] Williams, CA, Oliver, JL, and Lloyd, RS. Talent Development. In *Strength and Conditioning for Young Athletes: Science and Application.* Lloyd, RS, Oliver, JL, eds. New York: Routledge, 33–46, 2013.

第2章

[1] Brechue, WF. Structure–function relationships that determine sprint performance and running speed in sport. *Int J Appl Sports Sci* 23: 313–350, 2011.

[2] Coswig, VS, Machado Freitas, DF, Gentil, P, Fukuda, DH, and Del Vecchio, FB. Kinematics and kinetics of multiple sets using lifting straps during deadlift training. *J Strength Cond Res* 29: 3399–3404, 2015.

[3] Earp, JE, and Newton, RU. Advances in electronic timing systems: Considerations for selecting an appropriate timing system. *J Strength Cond Res* 26: 1245–1248, 2012.

[4] Fukuda, DH, Smith–Ryan, AE, Kendall, KL, Moon, JR, and Stout, JR. Simplified method of clinical phenotyping for older men and women using established field–based measures. *Exp Gerontol* 48: 1479–1488, 2013.

[5] Heyward, VH, and Wagner, DR. *Bioelectrical Impedance Analysis Method.* 2nd ed. Champaign, IL: Human Kinetics, 2004.

[6] Hudy, A. Facility design, layout, and organization. In *Essentials of Strength Training and Conditioning.* 4th ed. Haff, G, Triplett, NT, eds. Champaign, IL: Human Kinetics, 623–639, 2016.

[7] Kattan, MW, and Marasco, J. What is a real nomogram? *Seminars in Oncology* 37: 23–26, 2010.

[8] Kendall, KL, Fukuda, DH, Hyde, PN, Smith–Ryan, AE, Moon, JR, and Stout, JR. Estimating

fat–free mass in elitelevel male rowers: A four–compartment model validation of laboratory and field methods. *J Sports Sci* 35: 624–633, 2017.

[9] Malyszek, KK, Harmon, RA, Dunnick, DD, Costa, PB, Coburn, JW, and Brown, LE. Comparison of Olympic and hexagonal barbells with midthigh pull, deadlift, and countermovement jump. *J Strength Cond Res* 31: 140–145, 2017.

[10] McGuigan, M. Principles of test selection and administration. In *Essentials of Strength Training and Conditioning.* 4th ed. Haff, G, Triplett, NT, eds. Champaign, IL: Human Kinetics, 249–258, 2016.

[11] Rana, S, and White, JB. Fitness assessment selection and administration. In *NSCA's Essentials of Personal Training.* 2nd ed. Coburn, JW, Malek, MH, eds. Champaign, IL: Human Kinetics, 179–200, 2012.

[12] Renfro, GJ, and Ebben, WP. A review of the use of lifting belts. *Strength Cond J* 28: 68–74, 2006.

[13] Tanner, JM, Goldstein, H, and Whitehouse, RH. Standards for children's height at ages 2–9 years allowing for heights of parents. *Arch Dis Child* 45: 755–762, 1970.

第3章

[1] Bredin, SS, Gledhill, N, Jamnik, VK, and Warburton, DE. PAR–Q+ and ePARmed–X+: New risk stratification and physical activity clearance strategy for physicians and patients alike. *Can Fam Physician* 59: 273–277, 2013.

[2] Center for Community Health and Development. Assessing community needs and resources. Section 14. SWOT analysis: Strengths, weaknesses, opportunities, and threats. In *Community Tool Box.* Lawrence, KS: University of Kansas, 2017.

[3] Chiarlitti, NA, Delisle–Houde, P, Reid, RER, Kennedy, C, and Andersen, RE. The importance of body composition in the national hockey league combine physiologic assessments. *J Strength Cond Res,* 2017.

[4] David, FR. *Strategic Management: Concepts and Cases.* 13th ed. Upper Saddle River, NJ: Prentice Hall, 2011.

[5] Fernandez–Fernandez, J, Ulbricht, A, and Ferrauti, A. Fitness testing of tennis players: How valuable is it? *Br J Sports Med* 48 Suppl 1: i22–31, 2014.

[6] Flanagan, SP. Putting it all together. In *Biomechanics: A Case-Based Approach.* 1st ed. Burlington, MA: Jones & Bartlett Learning, 327–354, 2014.

[7] Hurley, WL, Denegar, CR, and Hertel, J. Validity and reliability. In *Research Methods: A Framework for Evidence-Based Clinical Practice*. 1st ed. Philadelphia: Wolters Kluwer/Lippincott Williams & Wilkins Health, 139–154, 2011.

[8] Julio, UF, Panissa, VLG, Esteves, JV, Cury, RL, Agostinho, MF, and Franchini, E. Energy–system contributions to simulated judo matches. *Int J Sports Physiol Perform* 12: 676–683, 2017.

[9] Kondo, M, Abe, T, Ikegawa, S, Kawakami, Y, and Fukunaga, T. Upper limit of fat–free mass in humans: A study on Japanese sumo wrestlers. *Am J Hum Biol* 6: 613–618, 1994.

[10] Kovacs, MS. Tennis physiology: Training the competitive athlete. *Sports Med* 37: 189–198, 2007.

[11] Little, T, and Williams, AG. Effects of sprint duration and exercise: Rest ratio on repeated sprint performance and physiological responses in professional soccer players. *J Strength Cond Res* 21: 646–648, 2007.

[12] Mann, JB, Stoner, JD, and Mayhew, JL. NFL–225 test to predict 1RM bench press in NCAA Division I football players. *J Strength Cond Res* 26: 2623–2631, 2012.

[13] McBride, JM, Triplett–McBride, T, Davie, A, and Newton, RU. A comparison of strength and power characteristics between power lifters, Olympic lifters, and sprinters. *J Strength Cond Res* 13:58–66, 1999.

[14] McGuigan, M. Administration, scoring, and interpretation of selected tests. In *Essentials of Strength Training and Conditioning*. 4th ed. Haff, G, Triplett, NT, eds. Champaign, IL: Human Kinetics, 259–316, 2016.

[15] McGuigan, M. Principles of test selection and administration. In *Essentials of Strength Training and Conditioning*. 4th ed. Haff, G, Triplett, NT, eds. Champaign, IL: Human Kinetics, 249–258, 2016.

[16] Newell, KM. Constraints on the development of coordination. In *Motor Development in Children: Aspects of Coordination and Control*. Wade, MG, Whiting, HTA, eds. Boston: Martinus Nijhoff, 341–361, 1986.

[17] Perrin, P, Deviterne, D, Hugel, F, and Perrot, C. Judo, better than dance, develops sensorimotor adaptabilities involved in balance control. *Gait Posture* 15: 187–194, 2002.

[18] Rana, S, and White, JB. Fitness assessment selection and administration. In *NSCA's Essentials of Personal Training*. 2nd ed. Coburn, JW, Malek, MH, eds. Champaign, IL: Human Kinetics, 179–200, 2012.

[19] Ryan, ED, and Cramer, JT. Fitness testing protocols and norms. In *NSCA's Essentials of Personal Training*. 2nd ed. Coburn, JW, Malek, MH, eds. Champaign, IL: Human Kinetics, 201–247, 2012.

[20] Serpell, BG, Ford, M, and Young, WB. The development of a new test of agility for rugby league. *J Strength Cond Res* 24:3270–3277, 2010.

[21] Wattie, N, Schorer, J, and Baker, J. The relative age effect in sport: A developmental systems model. *Sports Med* 45: 83–94, 2015.

[22] Weihrich, H. The tows matrix: A tool for situational analysis. *Long Range Planning* 15: 54–66, 1982.

[23] Wells, AJ, Hoffman, JR, Beyer, KS, Hoffman, MW, Jajtner, AR, Fukuda, DH, and Stout, JR. Regular– and postseason comparisons of playing time and measures of running performance in NCAA Division I women soccer players. *Appl Physiol Nutr Metab* 40: 907–917, 2015.

[24] Woolford, SM, Polglaze, T, Rowsell, G, and Spencer, M. Field testing principles and protocols. In *Physiological Tests for Elite Athletes*. 2nd ed. Tanner, RK, Gore, CJ, eds. Champaign, IL: Human Kinetics, 231–248, 2013.

[25] Stratton, G. and J. L. Oliver (2013). The Impact of Growth and Maturation on Physical Performance. *Strength and Conditioning for Young Athletes: Science and Application*. R. S. Lloyd and J. L. Oliver. New York, Routledge: 3–18.

第4章

[1] Artioli, GG, Franchini, E, Nicastro, H, Sterkowicz, S, Solis, MY, and Lancha, AH, Jr. The need of a weight management control program in judo: A proposal based on the successful case of wrestling. *J Int Soc Sports Nutr* 7: 15, 2010.

[1a] Baechle, TR, Earle, RW, eds. *Essentials of Strength Training and Conditioning*. 3rd ed. Champaign, IL: Human Kinetics, 2008.

[2] Baun, WB, Baun, MR, and Raven, PB. A nomogram for the estimate of percent body fat from generalized equations. *Res Q Exerc Sport* 52: 380–384, 1981.

[3] Bray, GA. Definition, measurement, and classification of the syndromes of obesity. *Int J Obes* 2: 99–112, 1978.

[4] Bray, GA, and Gray, DS. Obesity: Part I—Patho-

genesis. *West J Med* 149: 429–441, 1988.

[5] Douda, HT, Toubekis, AG, Avloniti, AA, and Tokmakidis, SP. Physiological and anthropometric determinants of rhythmic gymnastics performance. *Int J Sports Physiol Perform* 3: 41–54, 2008.

[6] Fryar, CD, Gu, Q, and Ogden, CL. Anthropometric reference data for children and adults: United States, 2007–2010. *Vital Health Stat 11*: 1–48, 2012.

[7] Haff, GG, and Triplett, NT, eds. *Essentials of Strength Training and Conditioning*. 4th ed. Champaign, IL: Human Kinetics, 2016.

[8] Heyward, VH, and Gibson, AL. Assessing body composition. In *Advanced Fitness Assessment and Exercise Prescription*. 7th ed. Champaign, IL: Human Kinetics, 219–266, 2014.

[9] Jackson, AS, and Pollock, ML. Generalized equations for predicting body density of men. *Br J Nutr* 40: 497–504, 1978.

[10] Jackson, AS, Pollock, ML, and Ward, A. Generalized equations for predicting body density of women. *Med Sci Sports Exerc* 12: 175–181, 1980.

[11] Marfell–Jones, MJ, Stewart, AD, and de Ridder, JH. *International Standards for Anthropometric Assessment*. Wellington, New Zealand: International Society for the Advancement of Kinanthropometry, 2012.

[12] Moon, JR. Body composition in athletes and sports nutrition: An examination of the bioimpedance analysis technique. *Eur J Clin Nutr* 67 Suppl 1: S54–59, 2013.

[13] Ratamess, NA. Body composition. In *NSCA's Guide to Tests and Assessments*. Miller, T, ed. Champaign, IL: Human Kinetics, 15–41, 2012.

[14] Rossow, LM, Fukuda, DH, Fahs, CA, Loenneke, JP, and Stout, JR. Natural bodybuilding competition preparation and recovery: A 12–month case study. *Int J Sports Physiol Perform* 8: 582–592, 2013.

[15] Ryan, ED, and Cramer, JT. Fitness testing protocols and norms. In *NSCA's Essentials of Personal Training*. 2nd ed. Coburn, JW, Malek, MH, eds. Champaign, IL: Human Kinetics, 201–247, 2012.

[16] Santos, DA, Dawson, JA, Matias, CN, Rocha, PM, Minderico, CS, Allison, DB, Sardinha, LB, and Silva, AM. Reference values for body composition and anthropometric measurements in athletes. *PLoS One* 9: e97846, 2014.

[17] Sedeaud, A, Marc, A, Marck, A, Dor, F, Schipman, J, Dorsey, M, Haida, A, Berthelot, G, and Toussaint, JF. BMI, a performance parameter for speed improvement. *PLoS One* 9: e90183, 2014.

[18] Slater, G, Woolford, SM, and Marfell–Jones, MJ. Assessment of physique. In *Physiological Tests for Elite Athletes*. 2nd ed. Tanner, RK, Gore, CJ, eds. Champaign, IL: Human Kinetics, 167–198, 2013.

[19] W. H. O. Expert Consultation. Appropriate body–mass index for Asian populations and its implications for policy and intervention strategies. *Lancet* 363: 157–163, 2004.

第 5 章

[1] SCAT3. *Br J Sports Med* 47: 259, 2013.

[2] Acevedo, EO, and Starks, MA. Evaluating flexibility. In *Exercise Testing and Prescription Lab Manual*. 2nd ed. Champaign, IL: Human Kinetics, 65–74, 2011.

[3] Boguszewski, D, Adamczyk, JG, Buda, M, Kloda, M, and Bialoszewski, D. The use of functional tests to assess risk of injuries in judokas. *Arch Budo Sci Martial Arts Extrem Sports* 12:57–62, 2016.

[4] Bressel, E, Yonker, JC, Kras, J, and Heath, EM. Comparison of static and dynamic balance in female collegiate soccer, basketball, and gymnastics athletes. *J Athl Train* 42: 42–46, 2007.

[5] Castro–Piñero, J, Girela–Rejón, MJ, Gonzá lez–Montesinos, JL, Mora, J, Conde–Caveda, J, Sjöström, M, and Ruiz, JR. Percentile values for flexibility tests in youths aged 6 to 17 years: Influence of weight status. *Eur J Sport Sci* 13: 139–148, 2013.

[5a] Cornell, DJ, Gnacinski, SL, Langford, MH, Mims, J, and Ebersole, KT. Backwards overhead medicine ball throw and countermovement jump performance among firefighter candidates. *J Trainol* 4: 11–14, 2015.

[6] Davis, WJ, Wood, DT, Andrews, RG, Elkind, LM, and Davis, WB. Concurrent training enhances athletes' strength, muscle endurance, and other measures. *J Strength Cond Res* 22: 1487–1502, 2008.

[7] Dejanovic, A, Cambridge, ED, and McGill, S. Isometric torso muscle endurance profiles in adolescents aged 15–18: Normative values for age and gender differences. *Ann Hum Biol* 41: 153–158, 2014.

[8] Dejanovic, A, Harvey, EP, and McGill, SM. Changes in torso muscle endurance profiles in children aged 7 to 14 years: Reference values. *Arch Phys Med Rehabil* 93: 2295–2301, 2012.

[9] Duncan, PW, Weiner, DK, Chandler, J, and

Studenski, S. Functional reach: A new clinical measure of balance. *J Gerontol* 45: M192–M197, 1990.

[10] Durall, CJ, Udermann, BE, Johansen, DR, Gibson, B, Reineke, DM, and Reuteman, P. The effects of preseason trunk muscle training on low–back pain occurrence in women collegiate gymnasts. *J Strength Cond Res* 23: 86–92, 2009.

[11] Gorman, M, Hecht, S, Samborski, A, Lunos, S, Elias, S, and Stovitz, SD. SCAT3 assessment of non–head injured and head injured athletes competing in a large international youth soccer tournament. *Appl Neuropsychol Child* 6: 364–368, 2017.

[12] Haff, GG, and Dumke, C. Flexibility testing. In *Laboratory Manual for Exercise Physiology*. Champaign, IL: Human Kinetics, 79–114, 2012.

[13] Hetu, FE, Christie, CA, and Faigenbaum, AD. Effects of conditioning on physical fitness and club head speed in mature golfers. *Percept Mot Skills* 86: 811–815, 1998.

[14] Heyward, VH, and Gibson, AL. Assessing flexi–bility. In *Advanced Fitness Assessment and Exercise Prescription*. 7th ed. Champaign, IL: Human Kine–tics, 305–324, 2014.

[15] Hoeger, WWK, Hoeger, SA, Hoeger, CI, and Fawson, AL. Muscular flexibility. In *Lifetime Physical Fitness and Wellness*. Stamford, CT: Cengage Learning, 302–330, 2018.

[16] Hong, Y, Li, JX, and Robinson, PD. Balance control, flexibility, and cardiorespiratory fitness among older Tai Chi practitioners. *Br J Sports Med* 34: 29–34, 2000.

[17] Hutchinson, MR. Low back pain in elite rhythmic gymnasts. *Med Sci Sports Exerc* 31:1686–1688, 1999.

[18] Isles, RC, Choy, NL, Steer, M, and Nitz, JC. Normal values of balance tests in women aged 20–80. *J Am Geriatr Soc* 52: 1367–1372, 2004.

[19] Iverson, GL, and Koehle, MS. Normative data for the balance error scoring system in adults. *Rehabil Res Pract* 2013: 846418, 2013.

[19a]Johnson, BL, Nelson, JK. *Practical Measurements for Evaluation in Physical Education*. Minneapolis, MN: Burgess Publishing Company, 1969.

[20] Kjaer, IG, Torstveit, MK, Kolle, E, Hansen, BH, and Anderssen, SA. Normative values for muscu–loskeletal– and neuromotor fitness in apparently healthy Norwegian adults and the association with obesity: A cross–sectional study. *BMC Sports Sci Med Rehabil* 8: 37, 2016.

[21] McGill, SM, Childs, A, and Liebenson, C. Endurance times for low back stabilization exer–cises: Clinical targets for testing and training from a normal database. *Arch Phys Med Rehabil* 80: 941–944, 1999.

[22] McGuigan, M. Administration, scoring, and inter–pretation of selected tests. In *Essentials of Strength Training and Conditioning*. 4th ed. Haff, G, Triplett, NT, eds. Champaign, IL: Human Kinetics, 259–316, 2016.

[23] McLeod, TC, Armstrong, T, Miller, M, and Sauers, JL. Balance improvements in female high school basketball players after a 6–week neuro–muscular–training program. *J Sport Rehabil* 18: 465–481, 2009.

[24] Nieman, DC. Musculoskeletal Fitness. In *Exercise Testing and Prescription: A Health-Related App–roach*. 7th ed. Boston: McGraw–Hill, 136–158, 2011.

[25] Oldham, JR, DiFabio, MS, Kaminski, TW, DeWolf, RM, and Buckley, TA. Normative tandem gait in collegiate student–athletes: Implications for clinical concussion assessment. *Sports Health* 9: 305–311, 2017.

[26] Reiman, MP, and Manske, RC. Balance testing. In *Functional Testing in Human Performance*. Champaign, IL: Human Kinetics, 103–117, 2009.

[27] Reiman, MP, and Manske, RC. Trunk testing. In *Functional Testing in Human Performance*. Champaign, IL: Human Kinetics, 211–240, 2009.

[28] Ryan, ED, and Cramer, JT. Fitness testing protocols and norms. In *NSCA's Essentials of Personal Training*. 2nd ed. Coburn, JW, Malek, MH, eds. Champaign, IL: Human Kinetics, 201–247, 2012.

[29] Santo, A, Lynall, RC, Guskiewicz, KM, and Mihalik, JP. Clinical utility of the Sport Concussion Assessment Tool 3 (SCAT3) tandem–gait test in high school athletes. *J Athl Train* 52: 1096–1100, 2017.

[30] Schneiders, AG, Sullivan, SJ, Gray, AR, Hammond–Tooke, GD, and McCrory, PR. Normative values for three clinical measures of motor performance used in the neurological assessment of sports concussion. *J Sci Med Sport* 13: 196–201, 2010.

[31] Schneiders, AG, Sullivan, SJ, Handcock, P, Gray, A, and McCrory, PR. Sports concussion assessment: The effect of exercise on dynamic and static balance. *Scand J Med Sci Sports* 22: 85–90, 2012.

[32] Sekendiz, B, Cug, M, and Korkusuz, F. Effects of Swiss–ball core strength training on strength,

endurance, flexibility, and balance in sedentary women. *J Strength Cond Res* 24:3032–3040, 2010.

[33] Stanziano, DC, Signorile, JF, Mow, S, Davidson, EE, Ouslander, JG, and Roos, BA. The modified total body rotation test: A rapid, reliable assessment of physical function in older adults. *J Am Geriatr Soc* 58: 1965–1969, 2010.

[34] Tomkinson, GR, Carver, KD, Atkinson, F, Daniell, ND, Lewis, LK, Fitzgerald, JS, Lang, JJ, and Ortega, FB. European normative values for physical fitness in children and adolescents aged 9–17 years: Results from 2779165 Eurofit performances representing 30 countries. *Br J Sports Med*, 2017.

[35] Vescovi, JD, Murray, TM, and Vanheest, JL. Positional performance profiling of elite ice hockey players. *Int J Sports Physiol Perform* 1: 84–94, 2006.

[36] Warr, BJ, Heumann, KJ, Dodd, DJ, Swan, PD, and Alvar, BA. Injuries, changes in fitness, and medical demands in deployed National Guard soldiers. *Mil Med* 177: 1136–1142, 2012.

第6章

[1] Beckett, JR, Schneiker, KT, Wallman, KE, Dawson, BT, and Guelfi, KJ. Effects of static stretching on repeated sprint and change of direction performance. *Med Sci Sports Exerc* 41: 444–450, 2009.

[2] Burgess, DJ, and Gabbett, TJ. Football (soccer) players. In *Physiological Tests for Elite Athletes*. 2nd ed. Tanner, RK, Gore, CJ, eds. Champaign, IL: Human Kinetics, 323–330, 2013.

[3] Castro-Pinero, J, Gonzalez-Montesinos, JL, Keating, XD, Mora, J, Sjostrom, M, and Ruiz, JR. Percentile values for running sprint field tests in children ages 6–17 years: Influence of weight status. *Res Q Exerc Sport* 81:143–151, 2010.

[4] Gabbett, T, and Georgieff, B. Physiological and anthropometric characteristics of Australian junior national, state, and novice volleyball players. *J Strength Cond Res* 21: 902–908, 2007.

[5] Gabbett, TJ, Kelly, JN, and Sheppard, JM. Speed, change of direction speed, and reactive agility of rugby league players. *J Strength Cond Res* 22: 174–181, 2008.

[6] Gabbett, TJ, and Sheppard, JM. Testing and training agility. In *Physiological Tests for Elite Athletes*. 2nd ed. Tanner, RK, Gore, CJ, eds. Champaign, IL: Human Kinetics, 199–205, 2013.

[7] Gillam, GM, and Marks, M. 300 yard shuttle run. *Strength Cond J* 5: 46–46, 1983.

[8] Grier, TL, Canham-Chervak, M, Bushman, TT, Anderson, MK, North, WJ, and Jones, BH. Evaluating injury risk and gender performance on health-and skill-related fitness assessments. *J Strength Cond Res* 31: 971–980, 2017.

[9] Haff, GG, and Dumke, C. Anaerobic fitness measurements. In *Laboratory Manual for Exercise Physiology*. Champaign, IL: Human Kinetics, 305–360, 2012.

[10] Haugen, T, Tonnessen, E, Hisdal, J, and Seiler, S. The role and development of sprinting speed in soccer. *Int J Sports Physiol Perform* 9: 432–441, 2014.

[11] Herman, SL, and Smith, DT. Four-week dynamic stretching warm-up intervention elicits longer-term performance benefits. *J Strength Cond Res* 22: 1286–1297, 2008.

[12] Hoffman, J. Anaerobic power. In *Norms for Fitness, Performance, and Health*. Champaign, IL: Human Kinetics, 53–66, 2006.

[13] Hoffman, J. Athletic performance testing and normative data. In *Physiological Aspects of Sport Training and Performance*. Second edition. ed. Champaign, IL: Human Kinetics, 237–267, 2014.

[14] Langley, JG, and Chetlin, RD. Test retest reliability of four versions of the 3-cone test in non-athletic men. *J Sports Sci Med* 16:44–52, 2017.

[15] Lockie, RG, Jeffriess, MD, McGann, TS, Callaghan, SJ, and Schultz, AB. Planned and reactive agility performance in semiprofessional and amateur basketball players. *Int J Sports Physiol Perform* 9: 766–771, 2014.

[16] Mangine, GT, Hoffman, JR, Vazquez, J, Pichardo, N, Fragala, MS, and Stout, JR. Predictors of fielding performance in professional baseball players. *Int J Sports Physiol Perform* 8: 510–516, 2013.

[17] McGuigan, M. Administration, scoring, and interpretation of selected tests. In *Essentials of Strength Training and Conditioning*. 4th ed. Haff, G, Triplett, NT, eds. Champaign, IL: Human Kinetics, 259–316, 2016.

[18] Nuzzo, JL. The National Football League scouting combine from 1999 to 2014: Normative reference values and an examination of body mass normalization techniques. *J Strength Cond Res* 29: 279–289, 2015.

[19] Paul, DJ, Gabbett, TJ, and Nassis, GP. Agility in team sports: Testing, training and factors affecting performance. *Sports Med* 46: 421–442, 2016.

[20] Pauole, K, Madole, K, Garhammer, J, Lacourse,

M, and Rozenek, R. Reliability and validity of the T-test as a measure of agility, leg power, and leg speed in college-aged men and women. *J Strength Cond Res* 14:443–450, 2000.

[21] Rampinini, E, Bishop, D, Marcora, SM, Ferrari Bravo, D, Sassi, R, and Impellizzeri, FM. Validity of simple field tests as indicators of match-related physical performance in top-level professional soccer players. *Int J Sports Med* 28: 228–235, 2007.

[22] Reiman, MP, and Manske, RC. Lower extremity anaerobic power testing. In *Functional Testing in Human Performance*. Champaign, IL: Human Kinetics, 263–274, 2009.

[23] Reiman, MP, and Manske, RC. Speed, agility, and quickness testing. In *Functional Testing in Human Performance*. Champaign, IL: Human Kinetics, 191–208, 2009.

[24] Reiman, MP, and Manske, RC. Strength and power testing. In *Functional Testing in Human Performance*. Champaign, IL: Human Kinetics, 131–190, 2009.

[25] Robbins, DW, Goodale, TL, Kuzmits, FE, and Adams, AJ. Changes in the athletic profile of elite college American football players. *J Strength Cond Res* 27:861–874, 2013.

[26] Seitz, LB, Reyes, A, Tran, TT, Saez de Villarreal, E, and Haff, GG. Increases in lower-body strength transfer positively to sprint performance: a systematic review with meta-analysis. *Sports Med* 44: 1693–1702, 2014.

[27] Sheppard, JM, Young, WB, Doyle, TL, Sheppard, TA, and Newton, RU. An evaluation of a new test of reactive agility and its relationship to sprint speed and change of direction speed. *J Sci Med Sport* 9: 342–349, 2006.

[28] Sierer, SP, Battaglini, CL, Mihalik, JP, Shields, EW, and Tomasini, NT. The National Football League Combine: performance differences between drafted and nondrafted players entering the 2004 and 2005 drafts. *J Strength Cond Res* 22: 6–12, 2008.

[29] Slater, LV, Vriner, M, Zapalo, P, Arbour, K, and Hart, JM. Difference in agility, strength, and flexibility in competitive figure skaters based on level of expertise and skating discipline. *J Strength Cond Res* 30:3321–3328, 2016.

[30] Speirs, DE, Bennett, MA, Finn, CV, and Turner, AP. Unilateral vs. bilateral squat training for strength, sprints, and agility in academy rugby players. *J Strength Cond Res* 30: 386–392, 2016.

[31] Spiteri, T, Nimphius, S, Hart, NH, Specos, C, Sheppard, JM, and Newton, RU. Contribution of strength characteristics to change of direction and agility performance in female basketball athletes. *J Strength Cond Res* 28: 2415–2423, 2014.

[32] Triplett, NT. Speed and agility. In *NSCA's Guide to Tests and Assessments*. Miller, T, ed. Champaign, IL: Human Kinetics, 253–274, 2012.

[33] Wong del, P, Chan, GS, and Smith, AW. Repeated-sprint and change-of-direction abilities in physically active individuals and soccer players: Training and testing implications. *J Strength Cond Res* 26: 2324–2330, 2012.

[34] Wong del, P, Hjelde, GH, Cheng, CF, and Ngo, JK. Use of the RSA/RCOD index to identify training priority in soccer players. *J Strength Cond Res* 29: 2787–2793, 2015.

第7章

[1] Beckenholdt, SE, and Mayhew, JL. Specificity among anaerobic power tests in male athletes. *J Sports Med Phys Fitness* 23: 326–332, 1983.

[2] Chu, DA. Assessment. In *Explosive Power and Strength: Complex Training for Maximum Results*. Champaign, IL: Human Kinetics, 167–180, 1996.

[3] Clayton, MA, Trudo, CE, Laubach, LL, Linderman, JK, De Marco, GM, and Barr, S. Relationships between isokinetic core strength and field based athletic performance tests in male collegiate baseball players. *J Exerc Physiol Online* 14, 2011.

[4] Clemons, J, and Harrison, M. Validity and reliability of a new stair sprinting test of explosive power. *J Strength Cond Res* 22: 1578–1583, 2008.

[5] Clemons, JM, Campbell, B, and Jeansonne, C. Validity and reliability of a new test of upper body power. *J Strength Cond Res* 24: 1559–1565, 2010.

[6] Cornell, DJ, Gnacinski, SL, Langford, MH Mims, J, and Ebersole, KT. Backwards overhead medicine ball throw and canter movement jump performance among firefighter candidates. *J Trainol* 4: 11–14, 2015.

[6a]Davis, KL, Kang, M, Boswell, BB, DuBose, KD, Altman, SR, and Binkley, HM. Validity and reliability of the medicine ball throw for kindergarten children. *J Strength Cond Res* 22: 1958–1963, 2008.

[7] Dobbs, CW, Gill, ND, Smart, DJ, and McGuigan, MR. Relationship between vertical and horizontal jump variables and muscular performance in athletes. *J Strength Cond Res* 29: 661–671, 2015.

[8] Duncan, MJ, Al-Nakeeb, Y, and Nevill, AM. Influence of familiarization on a backward, overhead medicine ball explosive power test. *Res Sports Med* 13: 345–352, 2005.

[9] Ellenbecker, TS, and Roetert, EP. An isokinetic profile of trunk rotation strength in elite tennis players. *Med Sci Sports Exerc* 36:1959–1963, 2004.

[10] Fernandez–Fernandez, J, Saez de Villarreal, E, Sanz–Rivas, D, and Moya, M. The effects of 8–week plyometric training on physical performance in young tennis players. *Pediatr Exerc Sci* 28: 77–86, 2016.

[11] Freeston, JL, Carter, T, Whitaker, G, Nicholls, O, and Rooney, KB. Strength and power correlates of throwing velocity on subelite male cricket players. *J Strength Cond Res* 30: 1646–1651, 2016.

[12] Haff, GG, and Dumke, C. Anaerobic fitness measurements. In *Laboratory Manual for Exercise Physiology*. Champaign, IL: Human Kinetics, 305–360, 2012.

[13] Hamilton, RT, Shultz, SJ, Schmitz, RJ, and Perrin, DH. Triple–hop distance as a valid predictor of lower limb strength and power. *J Athl Train* 43: 144–151, 2008.

[14] Harris, C, Wattles, AP, DeBeliso, M, Sevene–Adams, PG, Berning, JM, and Adams, KJ. The seated medicine ball throw as a test of upper body power in older adults. *J Strength Cond Res* 25: 2344–2348, 2011.

[15] Hetzler, RK, Vogelpohl, RE, Stickley, CD, Kuramoto, AN, Delaura, MR, and Kimura, IF. Development of a modified Margaria–Kalamen anaerobic power test for American football athletes. *J Strength Cond Res* 24: 978–984, 2010.

[16] Hoffman, J. Athletic performance testing and normative data. In *Physiological Aspects of Sport Training and Performance*. 2nd ed. Champaign, IL: Human Kinetics, 237–267, 2014.

[17] Hoffman, JR, Ratamess, NA, Klatt, M, Faigenbaum, AD, Ross, RE, Tranchina, NM, McCurley, RC, Kang, J, and Kraemer, WJ. Comparison between different off–season resistance training programs in Division III American college football players. *J Strength Cond Res* 23: 11–19, 2009.

[18] Hoog, P, Warren, M, Smith, CA, and Chimera, NJ. Functional hop tests and tuck jump assessment scores between female Division I collegiate athletes participating in high versus low ACL injury prone sports: A cross sectional analysis. *Int J Sports Phys Ther* 11: 945–953, 2016.

[19] Housh, TJ, Cramer, JT, Weir, JP, Beck, TW, and Johnson, GO. Muscular power. In *Physical Fitness Laboratories on a Budget*. Scottsdale, AZ: Holcomb Hathaway, 127–162, 2009.

[20] Ikeda, Y, Kijima, K, Kawabata, K, Fuchimoto, T, and Ito, A. Relationship between side medicine–ball throw performance and physical ability for male and female athletes. *Eur J Appl Physiol* 99: 47–55, 2007.

[21] Izquierdo–Gabarren, M, Exposito, RG, de Villarreal, ES, and Izquierdo, M. Physiological factors to predict on traditional rowing performance. *Eur J Appl Physiol* 108: 83–92, 2010.

[22] Kellis, SE, Tsitskaris, GK, Nikopoulou, MD, and Mousikou, KC. The evaluation of jumping ability of male and female basketball players according to their chronological age and major leagues. *J Strength Cond Res* 13: 40–46, 1999.

[23] Kendall, KL, and Fukuda, DH. Rowing ergometer training for combat sports. *Strength Cond J* 33: 80–85, 2011.

[24] Lawton, TW, Cronin, JB, and McGuigan, MR. Strength, power, and muscular endurance exercise and elite rowing ergometer performance. *J Strength Cond Res* 27: 1928–1935, 2013.

[25] Lockie, RG, Stage, AA, Stokes, JJ, Orjalo, AJ, Davis, DL, Giuliano, DV, Moreno, MR, Risso, FG, Lazar, A, Birmingham–Babauta, SA, and Tomita, TM. Relationships and predictive capabilities of jump assessments to soccer–specific field test performance in Division I collegiate players. *Sports* 4, 2016.

[26] Loturco, I, Pereira, LA, Cal Abad, CC, D'Angelo, RA, Fernandes, V, Kitamura, K, Kobal, R, and Nakamura, FY. Vertical and horizontal jump tests are strongly associated with competitive performance in 100–m dash events. *J Strength Cond Res* 29: 1966–1971, 2015.

[27] Marques, MC, Izquierdo, M, Gabbett, TJ, Travassos, B, Branquinho, L, and van den Tillaar, R. Physical fitness profile of competitive young soccer players: Determination of positional differences. *Int J Sports Sci Coa* 11: 693–701, 2016.

[28] Marques, MC, Tillaar, R, Vescovi, JD, and Gonzalez–Badillo, JJ. Changes in strength and power performance in elite senior female professional volleyball players during the inseason: A case study. *J Strength Cond Res* 22: 1147–1155, 2008.

[29] Marques, MC, van den Tillaar, R, Gabbett, TJ, Reis, VM, and Gonzalez–Badillo, JJ. Physical fitness qualities of professional volleyball players: Determination of positional differences. *J Strength Cond Res* 23: 1106–1111, 2009.

[30] Mayhew, JL, Bemben, MG, Rohrs, DM, and Bemben, DA. Specificity among anaerobic power

tests in college female athletes. *J Strength Cond Res* 8: 43–47, 1994.

[31] Mayhew, JL, Bird, M, Cole, ML, Koch, AJ, Jacques, JA, Ware, JS, Buford, BN, and Fletcher, KM. Comparison of the backward overhead medicine ball throw to power production in college football players. *J Strength Cond Res* 19: 514–518, 2005.

[32] Mayhew, JL, Piper, FC, Etheridge, GL, Schwegler, TM, Beckenholdt, SE, and Thomas, MA. The Margaria–Kalamen anaerobic power test: Norms and correlates. *J Hum Movement Stud* 18: 141–150, 1991.

[33] McGuigan, MR, Doyle, TL, Newton, M, Edwards, DJ, Nimphius, S, and Newton, RU. Eccentric utilization ratio: Effect of sport and phase of training. *J Strength Cond Res* 20: 992–995, 2006.

[34] Metikos, B, Mikulic, P, Sarabon, N, and Markovic, G. Peak power output test on a rowing ergometer: A methodological study. *J Strength Cond Res* 29: 2919–2925, 2015.

[35] Moran, JJ, Sandercock, GR, Ramirez–Campillo, R, Meylan, CM, Collison, JA, and Parry, DA. Age–related variation in male youth athletes' countermovement jump after plyometric training: A meta–analysis of controlled trials. *J Strength Cond Res* 31: 552–565, 2017.

[36] Myers, BA, Jenkins, WL, Killian, C, and Rundquist, P. Normative data for hop tests in high school and collegiate basketball and soccer players. *Int J Sports Phys Ther* 9: 596–603, 2014.

[37] Noyes, FR, Barber, SD, and Mangine, RE. Abnormal lower limb symmetry determined by function hop tests after anterior cruciate ligament rupture. *Am J Sports Med* 19: 513–518, 1991.

[38] Nuzzo, JL. The National Football League scouting combine from 1999 to 2014: Normative reference values and an examination of body mass normalization techniques. *J Strength Cond Res* 29: 279–289, 2015.

[39] Palozola, MV, Koch, AJ, and Mayhew, JL. Relationship of backward overhead medicine ball throw with Olympic weightlifting performances. *J Strength Cond Res* 24: 1, 2010.

[40] Patterson, DD, and Peterson, DF. Vertical jump and leg power norms for young adults. *Meas Phys Educ Exerc Sci* 8: 33–41, 2004.

[41] Peterson, MD. Power. In *NSCA's Guide to Tests and Assessments*. Miller, T, ed. Champaign, IL: Human Kinetics, 217–252, 2012.

[42] Power, A, Faught, BE, Przysucha, E, McPherson, M, and Montelpare, W. Establishing the test–retest reliability & concurrent validity for the Repeat Ice Skating Test (RIST) in adolescent male ice hockey players. *Meas Phys Educ Exerc Sci* 16: 69–80, 2012.

[43] Read, PJ, Lloyd, RS, De Ste Croix, M, and Oliver, JL. Relationships between field–based measures of strength and power and golf club head speed. *J Strength Cond Res* 27: 2708–2713, 2013.

[44] Reiman, MP, and Manske, RC. *Functional Testing in Human Performance*. Champaign, IL: Human Kinetics, 2009.

[45] Reiman, MP, and Manske, RC. Strength and power testing. In *Functional Testing in Human Performance*. Champaign, IL: Human Kinetics, 131–190, 2009.

[46] Reiman, MP, and Manske, RC. Upper extremity testing. In *Functional Testing in Human Performance*. Champaign, IL: Human Kinetics, 241–262, 2009.

[47] Salonia, MA, Chu, DA, Cheifetz, PM, and Freidhoff, GC. Upper–body power as measured by medicine–ball throw distance and its relationship to class level among 10–and 11–year–old female participants in club gymnastics. *J Strength Cond Res* 18: 695–702, 2004.

[48] Sayers, SP, Harackiewicz, DV, Harman, EA, Frykman, PN, and Rosenstein, MT. Cross–validation of three jump power equations. *Med Sci Sports Exerc* 31: 572–577, 1999.

[49] Seiler, S, Taylor, M, Diana, R, Layes, J, Newton, P, and Brown, B. Assessing anaerobic power in collegiate football players. *J Strength Cond Res* 4: 9–15, 1990.

[50] Stockbrugger, BA, and Haennel, RG. Validity and reliability of a medicine ball explosive power test. *J Strength Cond Res* 15: 431–438, 2001.

[51] Stockbrugger, BA, and Haennel, RG. Contributing factors to performance of a medicine ball explosive power test: a comparison between jump and non–jump athletes. *J Strength Cond Res* 17: 768–774, 2003.

[52] Stoggl, R, Muller, E, and Stoggl, T. Motor abilities and anthropometrics in youth cross–country skiing. *Scand J Med Sci Sports* 25: e70–81, 2015.

[53] Stojanovic, E, Ristic, V, McMaster, DT, and Milanovic, Z. Effect of plyometric training on vertical jump performance in female athletes: A systematic review and meta–analysis. *Sports Med* 47: 975–986, 2017.

[54] Stolberg, M, Sharp, A, Comtois, AS, Lloyd, RS, Oliver, JL, and Cronin, J. Triple and quintuple hops:

Utility, reliability, asymmetry, and relationship to performance. *Strength Cond J* 38: 18–25, 2016.

[55] Suchomel, TJ, Sole, CJ, and Stone, MH. Comparison of methods that assess lower–body stretch–shortening cycle utilization. *J Strength Cond Res* 30: 547–554, 2016.

[56] Szymanski, DJ, Szymanski, JM, Schade, RL, Bradford, TJ, McIntyre, JS, DeRenne, C, and Madsen, NH. The relation between anthropometric and physiological variables and bat velocity of high–school baseball players before and after 12 weeks of training. *J Strength Cond Res* 24: 2933–2943, 2010.

[57] Tomkinson, GR, Carver, KD, Atkinson, F, Daniell, ND, Lewis, LK, Fitzgerald, JS, Lang, JJ, and Ortega, FB. European normative values for physical fitness in children and adolescents aged 9–17 years: Results from 2 779 165 Eurofit performances representing 30 countries. *Br J Sports Med*, 2017.

[58] Ulbricht, A, Fernandez–Fernandez, J, and Ferrauti, A. Conception for fitness testing and individualized training programs in the German Tennis Federation. *Sport Orthop Traumatol* 29: 180–192, 2013.

[59] Wagner, DR, and Kocak, MS. A multivariate approach to assessing anaerobic power following a plyometric training program. *J Strength Cond Res* 11: 251–255, 1997.

[60] Zwolski, C, Schmitt, LC, Thomas, S, Hewett, TE, and Paterno, MV. The utility of limb symmetry indices in return–to–sport assessment in patients with bilateral anterior cruciate ligament reconstruction. *Am J Sports Med* 44: 2030–2038, 2016.

第8章

[1] American College of Sports Medicine. Health–related physical fitness testing and interpretation. In *ACSM's Guidelines for Exercise Testing and Prescription*. 9th ed. Pescatello, LS, Arena, R, Riebe, D, Thompson, PD, eds. Philadelphia: Wolters Kluwer/Lippincott Williams & Wilkins Health, 60–113, 2014.

[2] Baker, DG, and Newton, RU. Discriminative analyses of various upper body tests in professional rugby–league players. *Int J Sports Physiol Perform* 1: 347–360, 2006.

[3] Baláš, J, Pecha, O, Martin, AJ, and Cochrane, D. Hand–arm strength and endurance as predictors of climbing performance. *Eur J Sport Sci* 12: 16–25, 2012.

[4] Bianco, A, Lupo, C, Alesi, M, Spina, S, Raccuglia, M, Thomas, E, Paoli, A, and Palma, A. The sit up test to exhaustion as a test for muscular endurance evaluation. *Springerplus* 4: 309, 2015.

[5] Bohannon, RW, Steffl, M, Glenney, SS, Green, M, Cashwell, L, Prajerova, K, and Bunn, J. The prone bridge test: Performance, validity, and reliability among older and younger adults. *J Bodyw Mov Ther*, 22: 385–389, 2018.

[6] Brzycki, M. Strength testing—predicting a one–rep max from reps–to–fatigue. *J Phys Health Educ Recreat Dance* 64: 88–90, 1993.

[7] Caulfield, S, and Berninger, D. Exercise technique for free weight and machine training. In *Essentials of Strength Training and Conditioning*. 4th ed. Haff, G, Triplett, NT, eds. Champaign, IL: Human Kinetics, 351–408, 2016.

[8] Centers for Disease Control and Prevention. *National Health and Nutrition Examination Survey (NHANES): Muscle Strength Procedures Manual*. Atlanta: Centers for Disease Control and Prevention, 2011.

[9] Cronin, J, Lawton, T, Harris, N, Kilding, A, and McMaster, DT. A brief review of handgrip strength and sport performance. *J Strength Cond Res* 31: 3187–3217, 2017.

[10] Haff, GG, Berninger, D, and Caulfield, S. Exercise technique for alternative modes and nontraditional implement training. In *Essentials of Strength Training and Conditioning*. 4th ed. Haff, G, Triplett, NT, eds. Champaign, IL: Human Kinetics, 409–438, 2016.

[11] Heyward, VH, and Gibson, AL. Assessing muscular fitness. In *Advanced Fitness Assessment and Exercise Prescription*. 7th ed. Champaign, IL: Human Kinetics, 153–180, 2014.

[12] Hodgdon, JA. A history of the US Navy physical readiness program from 1976 to 1999. San Diego, CA: Naval Health Research Center, 1999.

[13] Hoffman, J. Muscular endurance. In *Norms for Fitness, Performance, and Health*. Champaign, IL: Human Kinetics, 41–52, 2006.

[14] Hoffman, J. Muscular strength. In *Norms for Fitness, Performance, and Health*. Champaign, IL: Human Kinetics, 27–40, 2006.

[15] Jurimae, T, Perez–Turpin, JA, Cortell–Tormo, JM, Chinchilla–Mira, IJ, Cejuela–Anta, R, Maestu, J, Purge, P, and Jurimae, J. Relationship between rowing ergometer performance and physiological responses to upper and lower body exercises in rowers. *J Sci Med Sport* 13: 434–437, 2010.

[16] Kayihan, G. Comparison of physical fitness levels of adolescents according to sports participation:

Martial arts, team sports and non–sports. *Arch Budo* 10: 227–232, 2014.

[17] Kim, PS, Mayhew, JL, and Peterson, DF. A modified YMCA bench press test as a predictor of 1 repetition maximum bench press strength. *J Strength Cond Res* 16: 440–445, 2002.

[18] Kramer, JF, Leger, A, Paterson, DH, and Morrow, A. Rowing performance and selected descriptive, field, and laboratory variables. *Can J Appl Physiol* 19: 174–184, 1994.

[19] Kyrolainen, H, Hakkinen, K, Kautiainen, H, Santtila, M, Pihlainen, K, and Hakkinen, A. Physical fitness, BMI and sickness absence in male military personnel. *Occup Med (Lond)* 58: 251–256, 2008.

[20] Leyk, D, Witzki, A, Willi, G, Rohde, U, and Ruther, T. Even one is too much: Sole presence of one of the risk factors overweight, lack of exercise, and smoking reduces physical fitness of young soldiers. *J Strength Cond Res* 29 Suppl 11: S199–S203, 2015.

[21] McGuigan, M. Administration, scoring, and interpretation of selected tests. In *Essentials of Strength Training and Conditioning*. 4th ed. Haff, G, Triplett, NT, eds. Champaign, IL: Human Kinetics, 259–316, 2016.

[22] McIntosh, G, Wilson, L, Affieck, M, and Hall, H. Trunk and lower extremity muscle endurance: Normative data for adults. *J Rehabil Outcome Meas* 2: 20–39, 1998.

[23] Moir, GL. Muscular endurance. In *NSCA's Guide to Tests and Assessments*. Miller, T, ed. Champaign, IL: Human Kinetics, 193–216, 2012.

[24] Nieman, DC. Physical fitness norms. In *Exercise Testing and Prescription: A Health-Related Approach*. 7th ed. Boston: McGraw–Hill, 582–622, 2011.

[25] Pearson, SN, Cronin, JB, Hume, PA, and Slyfield, D. Kinematics and kinetics of the bench–press and bench–pull exercises in a strength–trained sporting population. *Sports Biomech* 8: 245–254, 2009.

[26] Peterson, MD, and Krishnan, C. Growth charts for muscular strength capacity with quantile regression. *Am J Prev Med* 49: 935–938, 2015.

[27] Phillips, M, Petersen, A, Abbiss, CR, Netto, K, Payne, W, Nichols, D, and Aisbett, B. Pack hike test finishing time for Australian firefighters: Pass rates and correlates of performance. *Appl Ergon* 42: 411–418, 2011.

[28] Reiman, MP, and Manske, RC. Trunk testing.

In *Functional Testing in Human Performance*. Champaign, IL: Human Kinetics, 211–240, 2009.

[29] Reiman, MP, and Manske, RC. Upper extremity testing. In *Functional Testing in Human Performance*. Champaign, IL: Human Kinetics, 241–262, 2009.

[30] Reynolds, JM, Gordon, TJ, and Robergs, RA. Prediction of one repetition maximum strength from multiple repetition maximum testing and anthropometry. *J Strength Cond Res* 20: 584–592, 2006.

[31] Ryman Augustsson, S, and Ageberg, E. Weaker lower extremity muscle strength predicts traumatic knee injury in youth female but not male athletes. *BMJ Open Sport Exerc Medi* 3: e000222, 2017.

[32] Sanchez–Medina, L, Gonzalez–Badillo, JJ, Perez, CE, and Pallares, JG. Velocity– and power–load relationships of the bench pull vs. bench press exercises. *Int J Sports Med* 35: 209–216, 2014.

[33] Schram, B, Hing, W, and Climstein, M. Profiling the sport of stand–up paddle boarding. *J Sports Sci* 34: 937–944, 2016.

[34] Sheppard, JM, and Triplett, NT. Program design for resistance training. In *Essentials of Strength Training and Conditioning*. 4th ed. Haff, G, Triplett, NT, eds. Champaign, IL: Human Kinetics, 439–470, 2016.

[35] Speranza, MJ, Gabbett, TJ, Johnston, RD, and Sheppard, JM. Muscular strength and power correlates of tackling ability in semiprofessional rugby league players. *J Strength Cond Res* 29: 2071–2078, 2015.

[36] Speranza, MJ, Gabbett, TJ, Johnston, RD, and Sheppard, JM. Effect of strength and power training on tackling ability in semiprofessional rugby league players. *J Strength Cond Res* 30: 336–343, 2016.

[37] Stoggl, T, Muller, E, Ainegren, M, and Holmberg, HC. General strength and kinetics: Fundamental to sprinting faster in cross country skiing? *Scand J Med Sci Sports* 21: 791–803, 2011.

[37a] Strand, SL, Hjelm, J, Shoepe, TC, and Fajardo, MA. Norms for an Isometric Muscle Endurance Test. *J Hum Kinet* 40: 93–102, 2014.

[38] Tanner, RK, Gore, CJ, and Australian Institute of Sport. *Physiological Tests for Elite Athletes*. 2nd ed. Champaign, IL: Human Kinetics, 2013.

[39] Tomkinson, GR, Carver, KD, Atkinson, F, Daniell, ND, Lewis, LK, Fitzgerald, JS, Lang, JJ, and Ortega, FB. European normative values for physical fitness in children and adolescents aged 9–17 years: Results from 2 779 165 Eurofit performances representing 30 countries. *Br J Sports Med*, 2017.

[40] Tong, RJ, and Wood, GL. A comparison of upper

body strength in collegiate rugby players. In *Science and Football III: Proceedings of the Third World Congress of Science and Football, Cardiff, Wales, 9-13 April, 1995.* Bangsbo, J, Reilly, T, Hughes, M, eds. London: Taylor & Francis, 16–20, 1997.

[41] Vaara, JP, Kyrolainen, H, Niemi, J, Ohrankammen, O, Hakkinen, A, Kocay, S, and Hakkinen, K. Associations of maximal strength and muscular endurance test scores with cardiorespiratory fitness and body composition. *J Strength Cond Res* 26: 2078–2086, 2012.

[42] Wathen, D. Load selection. In *Essentials of Strength and Conditioning.* 1st ed. Baechle, TR, ed. Champaign, IL: Human Kinetics, 435–436, 1994.

[43] Wilkerson, GB, Giles, JL, and Seibel, DK. Prediction of core and lower extremity strains and sprains in collegiate football players: A preliminary study. *J Athl Train* 47: 264–272, 2012.

[44] Wind, AE, Takken, T, Helders, PJ, and Engelbert, RH. Is grip strength a predictor for total muscle strength in healthy children, adolescents, and young adults? *Eur J Pediatr* 169: 281–287, 2010.

[45] Zourladani, A, Zafrakas, M, Chatzigiannis, B, Papasozomenou, P, Vavilis, D, and Matziari, C. The effect of physical exercise on postpartum fitness, hormone and lipid levels: A randomized controlled trial in primiparous, lactating women. *Arch Gynecol Obstet* 291: 525–530, 2015.

第9章

[1] *Army Physical Readiness Training, Training Circular 3-22.20.* Washington, DC: Headquarters, Department of the Army, 2010.

[2] Adams, GM, and Beam, WC. Aerobic stepping. In *Exercise Physiology Laboratory Manual.* 7th ed. New York: McGraw-Hill, 135–144, 2014.

[3] Almansba, R, Sterkowicz, S, Belkacem, R, Sterkowicz–Przybycien, K, and Mahdad, D. Anthropometrical and physiological profiles of the Algerian Olympic judoists. *Arch Budo* 6: 185–193, 2010.

[4] American College of Sports Medicine. Health-related physical fitness testing and interpretation. In *ACSM's Guidelines for Exercise Testing and Prescription.* 9th ed. Pescatello, LS, Arena, R, Riebe, D, Thompson, PD, eds. Philadelphia: Wolters Kluwer/Lippincott Williams & Wilkins Health, 60–113, 2014.

[5] Asaka, M, and Higuchi, M. Rowing: A favorable tool to promote elderly health which offers both aerobic and resistance exercise. In *Physical Activity, Exercise, Sedentary Behavior and Health.* Kanosue, K, Oshima, S, Cao, Z–B, Oka, K, eds. Tokyo: Springer Japan, 307–318, 2015.

[6] Bangsbo, J, Iaia, FM, and Krustrup, P. The Yo–Yo intermittent recovery test: A useful tool for evaluation of physical performance in intermittent sports. *Sports Med* 38: 37–51, 2008.

[7] Bendiksen, M, Ahler, T, Clausen, H, Wedderkopp, N, and Krustrup, P. The use of Yo–Yo intermittent recovery level 1 and Andersen testing for fitness and maximal heart rate assessments of 6– to 10–year–old school children. *J Strength Cond Res* 27: 1583–1590, 2013.

[8] Bennett, H, Parfitt, G, Davison, K, and Eston, R. Validity of submaximal step tests to estimate maximal oxygen uptake in healthy adults. *Sports Med* 46: 737–750, 2016.

[9] Bohannon, RW, Bubela, DJ, Wang, YC, Magasi, SS, and Gershon, RC. Six–minute walk test vs. three–minute step test for measuring functional endurance. *J Strength Cond Res* 29: 3240–3244, 2015.

[10] Bradley, PS, Bendiksen, M, Dellal, A, Mohr, M, Wilkie, A, Datson, N, Orntoft, C, Zebis, M, Gomez–Diaz, A, Bangsbo, J, and Krustrup, P. The application of the Yo–Yo intermittent endurance level 2 test to elite female soccer populations. *Scand J Med Sci Sports* 24: 43–54, 2014.

[11] Castagna, C, Impellizzeri, FM, Belardinelli, R, Abt, G, Coutts, A, Chamari, K, and D'Ottavio, S. Cardiorespiratory responses to Yo–Yo intermittent endurance test in nonelite youth soccer players. *J Strength Cond Res* 20: 326–330, 2006.

[12] Castagna, C, Impellizzeri, FM, Rampinini, E, D'Ottavio, S, and Manzi, V. The Yo–Yo intermittent recovery test in basketball players. *J Sci Med Sport* 11: 202–208, 2008.

[13] Cooper, KH. A means of assessing maximal oxygen intake: Correlation between field and treadmill testing. *J Amer Med Assoc* 203: 201–&, 1968.

[14] Cureton, KJ, Sloniger, MA, O'Bannon, JP, Black, DM, and McCormack, WP. A generalized equation for prediction of VO_{2peak} from 1–mile run/walk performance. *Med Sci Sports Exerc* 27: 445–451, 1995.

[15] Fanchini, M, Castagna, C, Coutts, AJ, Schena, F, McCall, A, and Impellizzeri, FM. Are the Yo–

Yo intermittent recovery test levels 1 and 2 both useful? Reliability, responsiveness and interchangeability in young soccer players. *J Sports Sci* 32: 1950–1957, 2014.

[16] George, JD, Vehrs, PR, Allsen, PE, Fellingham, GW, and Fisher, AG. VO2max estimation from a submaximal 1–mile track jog for fit college–age individuals. *Med Sci Sports Exerc* 25: 401–406, 1993.

[17] Gorski, T, Rosser, T, Hoppeler, H, and Vogt, M. An anthropometric and physical profile of young Swiss alpine skiers between 2004 and 2011. *Int J Sports Physiol Perform* 9: 108–116, 2014.

[18] Gorski, T, Rosser, T, Hoppeler, H, and Vogt, M. Relative age effect in young Swiss Alpine skiers from 2004 to 2011. *Int J Sports Physiol Perform* 11: 455–463, 2016.

[19] Haff, GG, and Dumke, C. Aerobic power field assessments. In *Laboratory Manual for Exercise Physiology*. Champaign, IL: Human Kinetics, 187–208, 2012.

[20] Haff, GG, and Dumke, C. Submaximal exercise testing. In *Laboratory Manual for Exercise Physiology*. Champaign, IL: Human Kinetics, 165–186, 2012.

[21] Heyward, VH, and Gibson, AL. Assessing cardiorespiratory fitness. In *Advanced Fitness Assessment and Exercise Prescription*. 7th ed. Champaign, IL: Human Kinetics, 79–120, 2014.

[22] Hoffman, J. Aerobic power and endurance. In *Norms for Fitness, Performance, and Health*. Champaign, IL: Human Kinetics, 67–80, 2006.

[23] Ingebrigtsen, J, Bendiksen, M, Randers, MB, Castagna, C, Krustrup, P, and Holtermann, A. Yo–Yo IR2 testing of elite and sub–elite soccer players: Performance, heart rate response and correlations to other interval tests. *J Sports Sci* 30: 1337–1345, 2012.

[24] Johnston, RD, Gabbett, TJ, Jenkins, DG, and Hulin, BT. Influence of physical qualities on post–match fatigue in rugby league players. *J Sci Med Sport* 18: 209–213, 2015.

[25] Kendall, KL, and Fukuda, DH. Rowing ergometer training for combat sports. *Strength Cond J* 33: 80–85, 2011.

[26] Krustrup, P, and Bangsbo, J. Physiological demands of top–class soccer refereeing in relation to physical capacity: Effect of intense intermittent exercise training. *J Sports Sci* 19: 881–891, 2001.

[27] Krustrup, P, and Mohr, M. Physical demands in competitive Ultimate Frisbee. *J Strength Cond Res* 29: 3386–3391, 2015.

[28] Krustrup, P, Mohr, M, Nybo, L, Jensen, JM, Nielsen, JJ, and Bangsbo, J. The Yo-Yo IR2 test: Physiological response, reliability, and application to elite soccer. *Med Sci Sports Exerc* 38: 1666–1673, 2006.

[29] Lakomy, HK, and Lakomy, J. Estimation of maximum oxygen uptake from submaximal exercise on a Concept II rowing ergometer. *J Sports Sci* 11: 227–232, 1993.

[30] Latour, AW, Peterson, DD, Rittenhouse, MA, and Riner, DD. Comparing alternate aerobic tests for United States Navy physical readiness test. *Int J Kinesiol High Educ* 1: 89–99, 2017.

[31] Leger, LA, Mercier, D, Gadoury, C, and Lambert, J. The multistage 20 metre shuttle run test for aerobic fitness. *J Sports Sci* 6: 93–101, 1988.

[32] Lockie, RG, Moreno, MR, Lazar, A, Orjalo, AJ, Giuliano, DV, Risso, FG, Davis, DL, Crelling, JB, Lockwood, JR, and Jalilvand, F. The physical and athletic performance characteristics of Division I collegiate female soccer players by position. *J Strength Cond Res* 32: 334–343, 2018.

[33] Mara, JK, Thompson, KG, Pumpa, KL, and Ball, NB. Periodization and physical performance in elite female soccer players. *Int J Sports Physiol Perform* 10: 664–669, 2015.

[34] Mayorga–Vega, D, Aguilar–Soto, P, and Viciana, J. Criterion–related validity of the 20–m shuttle run test for estimating cardiorespiratory fitness: A meta–analysis. *J Sports Sci Med* 14: 536–547, 2015.

[35] Mayorga–Vega, D, Bocanegra–Parrilla, R, Ornelas, M, and Viciana, J. Criterion–related validity of the distance– and time–based walk/run field tests for estimating cardiorespiratory fitness: A systematic review and meta–analysis. *PLoS One* 11: e0151671, 2016.

[36] McArdle, WD, Katch, FI, and Katch, VL. Measuring and evaluating human–generating capacities during exercise. In *Essentials of Exercise Physiology*. 3rd ed. Baltimore, MD: Lippincott Williams & Wilkins, 223–259, 2006.

[37] McClain, JJ, and Welk, GJ. Comparison of two versions of the PACER aerobic fitness test. *Med Sci Sports Exerc* 36: S5–S5, 2004.

[38] McGuigan, M. Administration, scoring, and interpretation of selected tests. In *Essentials of Strength Training and Conditioning*. 4th ed. Haff, G, Triplett, NT, eds. Champaign, IL: Human Kinetics, 259–316, 2016.

[39] Mello, RP, Murphy, MM, and Vogel, JA. Relationship between a two mile run for time and maximal oxygen uptake. *J Strength Cond Res* 2: 9–12, 1988.

[40] Mohr, M, and Krustrup, P. Yo–Yo intermittent recovery test performances within an entire football league during a full season. *J Sports Sci* 32: 315–327, 2014.

[40a] Morrow, JR, Jackson, A, Disch, J, and Mood, D. Measurement and evaluation in human performance. 3E. Champaign, IL: Human Kinetics, 2005.

[41] Mujika, I, Santisteban, J, Impellizzeri, FM, and Castagna, C. Fitness determinants of success in men's and women's football. *J Sports Sci* 27: 107–114, 2009.

[42] Owen, C, Jones, P, and Comfort, P. The reliability of the submaximal version of the Yo–Yo intermittent recovery test in elite youth soccer. *J Trainol* 6: 31–34, 2017.

[43] Perroni, F, Guidetti, L, Cignitti, L, and Baldari, C. Absolute vs. weight–related maximum oxygen uptake in firefighters: Fitness evaluation with and without protective clothing and self–contained breathing apparatus among age group. *PLoS One* 10: e0119757, 2015.

[44] Piquet, L, Dalmay, F, Ayoub, J, Vandroux, JC, Menier, R, Antonini, MT, and Pourcelot, L. Study of blood flow parameters measured in femoral artery after exercise: Correlation with maximum oxygen uptake. *Ultrasound Med Biol* 26: 1001–1007, 2000.

[45] Purkhus, E, Krustrup, P, and Mohr, M. High–intensity training improves exercise performance in elite women volleyball players during a competitive season. *J Strength Cond Res* 30: 3066–3072, 2016.

[46] Reiman, MP, and Manske, RC. Aerobic testing. In *Functional Testing in Human Performance*. Champaign, IL: Human Kinetics, 119–130, 2009.

[47] Rikli, RE, and Jones, CJ. *Senior fitness test manual*. 2nd ed. Champaign, IL: Human Kinetics, 2013.

[48] Roberts, CK, Freed, B, and McCarthy, WJ. Low aerobic fitness and obesity are associated with lower standardized test scores in children. *J Pediatr* 156: 711–718, 718 e711, 2010.

[49] Rospo, G, Valsecchi, V, Bonomi, AG, Thomassen, IW, van Dantzig, S, La Torre, A, and Sartor, F. Cardiorespiratory improvements achieved by American College of Sports Medicine's exercise prescription implemented on a mobile app. *JMIR Mhealth Uhealth* 4: e77, 2016.

[50] Santana, CCA, Azevedo, LB, Cattuzzo, MT, Hill, JO, Andrade, LP, and Prado, WL. Physical fitness and academic performance in youth: A systematic review. *Scand J Med Sci Sports* 27: 579–603, 2017.

[51] Sartor, F, Bonato, M, Papini, G, Bosio, A, Mohammed, RA, Bonomi, AG, Moore, JP, Merati, G, La Torre, A, and Kubis, HP. A 45–second self–test for cardiorespiratory fitness: Heart rate–based estimation in healthy individuals. *PLoS One* 11: e0168154, 2016.

[52] Silva, G, Aires, L, Mota, J, Oliveira, J, and Ribeiro, JC. Normative and criterion–related standards for shuttle run performance in youth. *Pediatr Exerc Sci* 24: 157–169, 2012.

[53] Tachibana, K, Yashiro, K, Miyazaki, J, Ikegami, Y, and Higuchi, M. Muscle cross–sectional areas and performance power of limbs and trunk in the rowing motion. *Sports Biomech* 6: 44–58, 2007.

[54] Tomkinson, GR, Lang, JJ, Tremblay, MS, Dale, M, LeBlanc, AG, Belanger, K, Ortega, FB, and Leger, L. International normative 20 m shuttle run values from 1 142 026 children and youth representing 50 countries. *Br J Sports Med* 51: 1545–1554, 2017.

[55] Tomkinson, GR, Leger, LA, Olds, TS, and Cazorla, G. Secular trends in the performance of children and adolescents (1980–2000): An analysis of 55 studies of the 20m shuttle run test in 11 countries. *Sports Med* 33: 285–300, 2003.

[56] Vernillo, G, Silvestri, A, and La Torre, A. The Yo–Yo intermittent recovery test in junior basketball players according to performance level and age group. *J Strength Cond Res* 26: 2490–2494, 2012.

[57] Veugelers, KR, Naughton, GA, Duncan, CS, Burgess, DJ, and Graham, SR. Validity and reliability of a submaximal intermittent running test in elite Australian football players. *J Strength Cond Res* 30: 3347–3353, 2016.

[58] Wong, PL, Chaouachi, A, Castagna, C, Lau, PWC, Chamari, K, and Wisloff, U. Validity of the Yo–Yo intermittent endurance test in young soccer players. *Eur Sport Sci* 11: 309–315, 2011.

[59] Woolford, SM, Polglaze, T, Rowsell, G, and Spencer, M. Field testing principles and protocols. In *Physiological Tests for Elite Athletes*. 2nd ed. Tanner, RK, Gore, CJ, eds. Champaign, IL: Human Kinetics, 231–248, 2013.

[60] YMCA of the USA. *YMCA Fitness Testing and Assessment Manual*. 4th ed. Champaign, IL: Human Kinetics, 2000.

[61] Thomas, A, Dawson, B, and Goodman, C. The

yo–yo–test: reliability and association with a 20m shuttle run and VO$_{2max}$. *Int J Sports Physiol Perform* 1: 137–149, 2006.

第10章

[1] Armstrong, LE. Assessing hydration status: The elusive gold standard. *J Am Coll Nutr* 26: 575S–584S, 2007.

[1a] Baker, LB, Barnes, KA, Anderson, ML, Passe, DH, and Stofan, JR. Normative data for regional sweat sodium concentration and whole–body sweating rate in athletes. *J Sports Sci* 34: 358–368, 2016.

[2] Bangsbo, J, Iaia, FM, and Krustrup, P. The Yo–Yo intermittent recovery test: A useful tool for evaluation of physical performance in intermittent sports. *Sports Med* 38: 37–51, 2008.

[3] Bartolomei, S, Sadres, E, Church, DD, Arroyo, E, Gordon, JA, III, Varanoske, AN, Wang, R, Beyer, KS, Oliveira, LP, Stout, JR, and Hoffman, JR. Comparison of the recovery response from high–intensity and high–volume resistance exercise in trained men. *Eur J Appl Physiol* 117: 1287–1298, 2017.

[4] Bellenger, CR, Fuller, JT, Thomson, RL, Davison, K, Robertson, EY, and Buckley, JD. Monitoring athletic training status through autonomic heart rate regulation: A systematic review and meta–analysis. *Sports Med* 46: 1461–1486, 2016.

[5] Borg, E, and Borg, G. A comparison of AME and CR100 for scaling perceived exertion. *Acta Psychol (Amst)* 109: 157–175, 2002.

[6] Borg, GA. Perceived exertion. *Exerc Sport Sci Rev* 2: 131–153, 1974.

[7] Bosquet, L, Merkari, S, Arvisais, D, and Aubert, AE. Is heart rate a convenient tool to monitor over–reaching? A systematic review of the literature. *Br J Sports Med* 42: 709–714, 2008.

[8] Buchheit, M. Monitoring training status with HR measures: Do all roads lead to Rome? *Front Physiol* 5: 73, 2014.

[9] Buchheit, M, Mendez–Villanueva, A, Quod, MJ, Poulos, N, and Bourdon, P. Determinants of the variability of heart rate measures during a competitive period in young soccer players. *Eur J Appl Physiol* 109: 869–878, 2010.

[10] Buchheit, M, Simpson, BM, Garvican–Lewis, LA, Hammond, K, Kley, M, Schmidt, WF, Aughey, RJ, Soria, R, Sargent, C, Roach, GD, Claros, JCJ, Wachsmuth, N, Gore, CJ, and Bourdon, PC. Wellness, fatigue and physical performance acclimatisation to a 2–week soccer camp at 3600 m (ISA3600). *Br J Sports Med* 47: i100–i106, 2013.

[11] Buchheit, M, Simpson, MB, Al Haddad, H, Bourdon, PC, and Mendez–Villanueva, A. Monitoring changes in physical performance with heart rate measures in young soccer players. *Eur J Appl Physiol* 112: 711–723, 2012.

[12] Cheuvront, SN, Carter, R, 3rd, Montain, SJ, and Sawka, MN. Daily body mass variability and stability in active men undergoing exercise–heat stress. *Int J Sport Nutr Exerc Metab* 14: 532–540, 2004.

[13] Claudino, JG, Cronin, J, Mezencio, B, McMaster, DT, McGuigan, M, Tricoli, V, Amadio, AC, and Serrao, JC. The countermovement jump to monitor neuromuscular status: A meta–analysis. *J Sci Med Sport* 20: 397–402, 2017.

[14] Daanen, HA, Lamberts, RP, Kallen, VL, Jin, A, and Van Meeteren, NL. A systematic review on heart–rate recovery to monitor changes in training status in athletes. *Int J Sports Physiol Perform* 7: 251–260, 2012.

[15] Edwards, AM, Bentley, MB, Mann, ME, and Seaholme, TS. Self–pacing in interval training: A teleoanticipatory approach. *Psychophysiology* 48: 136–141, 2011.

[16] Eston, R. Use of ratings of perceived exertion in sports. *Int J Sports Physiol Perform* 7: 175–182, 2012.

[17] Fernandez–Elias, VE, Martinez–Abellan, A, Lopez–Gullon, JM, Moran–Navarro, R, Pallares, JG, De la Cruz–Sanchez, E, and Mora–Rodriguez, R. Validity of hydration non–invasive indices during the weightcutting and official weigh–in for Olympic combat sports. *PLoS One* 9:e95336, 2014.

[18] Foster, C, Florhaug, JA, Franklin, J, Gottschall, L, Hrovatin, LA, Parker, S, Doleshal, P, and Dodge, C. A new approach to monitoring exercise training. *J Strength Cond Res* 15: 109–115, 2001.

[19] Franchini, E, Brito, CJ, and Artioli, GG. Weight loss in combat sports: Physiological, psychological and performance effects. *J Int Soc Sports Nutr* 9: 52, 2012.

[20] Fullagar, HH, Skorski, S, Duffield, R, Julian, R, Bartlett, J, and Meyer, T. Impaired sleep and recovery after night matches in elite football players. *J Sports Sci* 34: 1333–1339, 2016.

[21] Gabbett, TJ, Nassis, GP, Oetter, E, Pretorius, J, Johnston, N, Medina, D, Rodas, G, Myslinski, T,

Howells, D, Beard, A, and Ryan, A. The athlete monitoring cycle: A practical guide to interpreting and applying training monitoring data. *Br J Sports Med* 51: 1451–1452, 2017.

[22] Gathercole, RJ, Sporer, BC, Stellingwerff, T, and Sleivert, GG. Comparison of the capacity of different jump and sprint field tests to detect neuromuscular fatigue. *J Strength Cond Res* 29: 2522–2531, 2015.

[23] Gibson, JC, Stuart–Hill, LA, Pethick, W, and Gaul, CA. Hydration status and fluid and sodium balance in elite Canadian junior women's soccer players in a cool environment. *Appl Physiol Nutr Metab* 37: 931–937, 2012.

[24] Haddad, M, Stylianides, G, Djaoui, L, Dellal, A, and Chamari, K. Session–RPE method for training load monitoring: Validity, ecological usefulness, and influencing factors. *Front Neurosci* 11: 612, 2017.

[25] Hagerman, P. Aerobic endurance training program design. In *NSCA's Essentials of Personal Training*. 2nd ed. Coburn, JW, Malek, MH, eds. Champaign, IL: Human Kinetics, 389–410, 2012.

[26] Heyward, VH, and Gibson, AL. Preliminary health screening and risk classification. In *Advanced Fitness Assessment and Exercise Prescription*. 7th ed. Champaign, IL: Human Kinetics, 23–46, 2014.

[27] Hooper, SL, Mackinnon, LT, Howard, A, Gordon, RD, and Bachmann, AW. Markers for monitoring overtraining and recovery. *Med Sci Sports Exerc* 27: 106–112, 1995.

[28] Kavouras, SA, Johnson, EC, Bougatsas, D, Arnaoutis, G, Panagiotakos, DB, Perrier, E, and Klein, A. Validation of a urine color scale for assessment of urine osmolality in healthy children. *Eur J Nutr* 55: 907–915, 2016.

[29] Lau, WY, Blazevich, AJ, Newton, MJ, Wu, SS, and Nosaka, K. Assessment of muscle pain induced by elbow–flexor eccentric exercise. *J Athl Train* 50: 1140–1148, 2015.

[30] Laurent, CM, Fullenkamp, AM, Morgan, AL, and Fischer, DA. Power, fatigue, and recovery changes in national collegiate athletic association Division I hockey players across a competitive season. *J Strength Cond Res* 28: 3338–3345, 2014.

[31] Laurent, CM, Green, JM, Bishop, PA, Sjokvist, J, Schumacker, RE, Richardson, MT, and Curtner–Smith, M. A practical approach to monitoring recovery: Development of a perceived recovery status

scale. *J Strength Cond Res* 25: 620–628, 2011.

[32] Lieberman, HR. Hydration and cognition: A critical review and recommendations for future research. *J Am Coll Nutr* 26: 555S–561S, 2007.

[33] Malone, S, Owen, A, Newton, M, Mendes, B, Tiernan, L, Hughes, B, and Collins, K. Wellbeing perception and the impact on external training output among elite soccer players. *J Sci Med Sport* 21: 29–34, 2018.

[34] Marston, KJ, Peiffer, JJ, Newton, MJ, and Scott, BR. A comparison of traditional and novel metrics to quantify resistance training. *Sci Rep* 7: 5606, 2017.

[35] McBride, JM, McCaulley, GO, Cormie, P, Nuzzo, JL, Cavill, MJ, and Triplett, NT. Comparison of methods to quantify volume during resistance exercise. *J Strength Cond Res* 23: 106–110, 2009.

[36] McDermott, BP, Anderson, SA, Armstrong, LE, Casa, DJ, Cheuvront, SN, Cooper, L, Kenney, WL, O'Connor, FG, and Roberts, WO. National Athletic Trainers' Association position statement: Fluid replacement for the physically active. *J Athl Train* 52: 877–895, 2017.

[37] McGuigan, M. Quantifying training stress. In *Monitoring Training and Performance in Athletes*. Champaign, IL: Human Kinetics, 69–102, 2017.

[38] Mohr, M, and Krustrup, P. Yo–Yo intermittent recovery test performances within an entire football league during a full season. *J Sports Sci* 32: 315–327, 2014.

[39] Murray, B. Hydration and physical performance. *J Am Coll Nutr* 26: 542S–548S, 2007.

[40] Nagahara, R, Morin, JB, and Koido, M. Impairment of sprint mechanical properties in an actual soccer match: A pilot study. *Int J Sports Physiol Perform* 11: 893–898, 2016.

[41] Nedelec, M, McCall, A, Carling, C, Legall, F, Berthoin, S, and Dupont, G. The influence of soccer playing actions on the recovery kinetics after a soccer match. *J Strength Cond Res* 28: 1517–1523, 2014.

[42] Nilsson, J, Csergo, S, Gullstrand, L, Tveit, P, and Refsnes, PE. Work–time profile, blood lactate concentration and rating of perceived exertion in the 1998 Greco–Roman Wrestling World Championship. *J Sports Sci* 20: 939–945, 2002.

[43] Nuccio, RP, Barnes, KA, Carter, JM, and Baker, LB. Fluid balance in team sport athletes and the effect of hypohydration on cognitive, technical, and physical performance. *Sports Med* 47: 1951–1982, 2017.

[44] Ohnhaus, EE, and Adler, R. Methodological problems in the measurement of pain: A comparison between the verbal rating scale and the visual analogue scale. *Pain* 1: 379–384, 1975.

[45] Oliver, JL, Lloyd, RS, and Whitney, A. Monitoring of in–season neuromuscular and perceptual fatigue in youth rugby players. *Eur J Sport Sci* 15: 514–522, 2015.

[46] Owen, C, Jones, P, and Comfort, P. The reliability of the submaximal version of the Yo–Yo inter-mittent recovery test in elite youth soccer. *J Trainol* 6: 31–34, 2017.

[47] Peterson, MD, Pistilli, E, Haff, GG, Hoffman, EP, and Gordon, PM. Progression of volume load and muscular adaptation during resistance exercise. *Eur J Appl Physiol* 111: 1063–1071, 2011.

[48] Raeder, C, Wiewelhove, T, Simola, RA, Kellmann, M, Meyer, T, Pfeiffer, M, and Ferrauti, A. Asse-ssment of fatigue and recovery in male and female athletes after 6 days of intensified strength training. *J Strength Cond Res* 30: 3412–3427, 2016.

[49] Rauch, JT, Ugrinowitsch, C, Barakat, CI, Alvarez, MR, Brummert, DL, Aube, DW, Barsuhn, AS, Hayes, D, Tricoli, V, and De Souza, EO. Auto-regulated exercise selection training regimen produces small increases in lean body mass and maximal strength adaptations in strength–trained individuals. *J Strength Cond Res*, 2017.

[50] Rivera–Brown, AM, and De Felix–Davila, RA. Hydration status in adolescent judo athletes before and after training in the heat. *Int J Sports Physiol Perform* 7: 39–46, 2012.

[51] Santos, L, Fernandez–Rio, J, Winge, K, Barragán–Pérez, B, Rodríguez–Pérez, V, González–Díez, V, Blanco–Traba, M, Suman, OE, Philip Gabel, C, and Rodríguez–Gómez, J. Effects of supervised slackline training on postural instability, freezing of gait, and falls efficacy in people with Parkinson's disease. *Disabil Rehabil* 39: 1573–1580, 2017.

[52] Saw, AE, Main, LC, and Gastin, PB. Monitoring the athlete training response: Subjective self–reported measures trump commonly used objective measures: A systematic review. *Br J Sports Med* 50: 281–291, 2016.

[53] Sikorski, EM, Wilson, JM, Lowery, RP, Joy, JM, Laurent, CM, Wilson, SM, Hesson, D, Naimo, MA, Averbuch, B, and Gilchrist, P. Changes in perceived recovery status scale following high–volume muscle damaging resistance exercise. *J Strength Cond Res* 27: 2079–2085, 2013.

[54] Slimani, M, Davis, P, Franchini, E, and Moalla, W. Rating of perceived exertion for quantification of training and combat loads during combat sport–specific activities: A short review. *J Strength Cond Res* 31: 2889–2902, 2017.

[55] Smith, MF, Newell, AJ, and Baker, MR. Effect of acute mild dehydration on cognitive–motor performance in golf. *J Strength Cond Res* 26: 3075–3080, 2012.

[56] Stone, MH, O'Bryant, HS, Schilling, BK, Johnson, RL, Pierce, KC, Haff, GG, and Koch, AJ. Periodization: Effects of manipulating volume and intensity. Part 1. *Strength Cond J* 21: 56, 1999.

[57] Tanaka, H, Monahan, KD, and Seals, DR. Age–predicted maximal heart rate revisited. *J Am Coll Cardiol* 37: 153–6, 2001.

[57a]Thorpe, RT, Strudwick, AJ, Buchheit, M, Atkinson, G, Drust, B, and Gregson, W. Tracking morning fatigue status across in–season training weeks in elite soccer players. *Int J Sports Physiol Perform* 11: 947–952, 2016.

[58] Thorpe, RT, Strudwick, AJ, Buchheit, M, Atkinson, G, Drust, B, and Gregson, W. The influence of changes in acute training load on daily sensitivity of morning–measured fatigue variables in elite soccer players. *Int J Sports Physiol Perform* 12: S2107–S2113, 2017.

[59] Turner, AN, Buttigieg, C, Marshall, G, Noto, A, Phillips, J, and Kilduff, L. Ecological validity of the session rating of perceived exertion for quan-tifying internal training load in fencing. *Int J Sports Physiol Perform* 12: 124–128, 2017.

[60] Veugelers, KR, Naughton, GA, Duncan, CS, Burgess, DJ, and Graham, SR. Validity and relia-bility of a submaximal intermittent running test in elite Australian football players. *J Strength Cond Res* 30: 3347–3353, 2016.

[61] Wiewelhove, T, Raeder, C, Meyer, T, Kellmann, M, Pfeiffer, M, and Ferrauti, A. Markers for routine assessment of fatigue and recovery in male and female team sport athletes during high–intensity interval training. *PLoS One* 10: e0139801, 2015.

关于作者

戴维·H. 富库达（David H. Fukuda），PhD, CSCS*D,
CISSN，中佛罗里达大学副教授兼运动人体系主任。他曾是克
瑞顿大学的助理教授及俄克拉荷马大学的研究助理。他在俄克拉
荷马大学获得了运动生理学博士学位。他的研究方向包括运动表
现测试方法的开发、运动员生理学特征的分析及各类人群运动训
练和营养干预的适应性评估。他于2016年荣获美国国家体能协
会的特里·J. 胡什（Terry J. Housh）杰出青年研究员奖。作为柔
道黑带4段，在过去的20年里，他一直以运动员、教练和裁判的
多重身份参与这项运动。

关于译者

闫琪，国家体育总局体育科学研究所研究员，博士，上海体育学院客座教授；获得美国国家体能协会体能训练专家（NSCA-CSCS）认证和私人体能教练（NSCA-CPT）认证；获得IHP高级功能性体能教练认证和IHP综合格斗体能教练认证；FMS国际认证讲师，FMS、SFMA高级认证专家；中国人民解放军备战第七届世界军人运动会体能训练专家；中国人民解放军某战区空军飞行人员训练伤防治特聘专家；多名奥运会金牌运动员的体能教练；《运动健身日历2019》《运动健身打卡书》作者；翻译出版多部体能训练书籍；承担省部级课题十余项，发表论文三十余篇；获奥运会科技先进个人、全国体育事业突出贡献奖等奖项。

赵芮，北京体育大学运动人体科学学士，悉尼大学交互设计与电子艺术硕士；国家体育总局训练局体能康复中心体能检测师；国家体育总局备战2012伦敦奥运会身体功能训练团队成员，为游泳、羽毛球、排球、篮球等十几个项目的国家队提供体能测试与训练服务；第四届北京体能大会现场翻译；参与编写《身体功能训练动作手册》、"儿童身体训练动作指导丛书"和"青少年身体训练动作指导丛书"。